# An die Ränder der Erde

Anna Gyger

Impressum

Texte© Copyright by Anna Gyger
Umschlag© Copyright by Simon Gyger
Verlag: Selbstverlag Anna Gyger
Schänzlistrasse 43, 3013 Bern, Schweiz
anna.gyger@me.com
Druck: epubli, ein Service der neopubli GmbH, Berlin
Printed in Germany

## Inhaltsverzeichnis

| | |
|---|---:|
| PROLOG | 5 |
| HERBSTMORGEN | 6 |
| DER FREUND | 24 |
| SEEREISE | 33 |
| NOER | 54 |
| DEREFS HAUS | 59 |
| REISE NACH LUUN | 66 |
| EIN WIEDERSEHEN | 88 |
| EINE ALTE GESCHICHTE | 94 |
| AUFBRUCH | 116 |
| DER KRÜCKENVERKÄUFER | 122 |
| NURA | 128 |
| DIE STIMME DER NACHT | 139 |
| EIN TAG DER FRAGEN | 144 |
| DER BAZAR DER WEISEN | 155 |
| DAS GEHEIMNIS DER ZEIT | 169 |
| DIE KLIPPE | 177 |
| EIN ABEND UNTER FREUNDEN | 187 |
| DER RUF | 194 |
| DIE ZWEI BÄUME | 197 |
| DER BAUM DES LEBENS | 220 |
| NEUER BODEN | 227 |
| DAS HAUS DES KÖNIGS | 238 |
| LIJAH | 246 |
| DIE BEGEGNUNG | 249 |
| DER HIRTE | 264 |
| DER GARTEN | 274 |
| ABSCHIED | 285 |
| DAS KÖNIGSLAND | 290 |
| MEERREISE | 298 |
| EPILOG - EINE HEIMREISE | 301 |
| LITERATURVERZEICHNIS | 307 |

**Prolog**

*„Und hier, umarmt und verborgen in tiefem Schlaf, sah ich wieder dieses Land. Diese Anmut, die meine Sinne durchströmte und mein Innerstes festhielt. Dieses weite Land, von dem ich wusste, dass ich es suchen musste, würde es auch alle Tage meines Lebens dauern.*
*Diese Berührung mit dem unerkannten Geheimnis, das doch die erste Sekunde meiner Existenz umgab und niemals mehr ruhen würde. Wie ein inwendiges Feuer, das alle Gewalten des Universums weder erlöschen noch antasten konnten.*
*Selbst höchste Exzellenz menschlicher Worte vermochten diese Schönheit nicht zu beschreiben.*
*Diese weiten, tiefgrünen Felder mit ihren tausenden Blumen, deren Pracht alle Paläste und Schätze der Welt erblassen liessen.*
*Die satten, tiefen Wälder mit ihren Bäumen, die die Wolken des Himmels berührten, sanft und frei, denn sie kannten keinen Winter.*
*Dieses liebliche Land, mit den warmen Hügeln, die am Horizont in ein Gebirge mündeten, dessen Anblick mir den Atem raubte. Mächtig und kraftvoll, unerklimmbar für menschliche Füße.*
*Ich sah Seen, klar wie Glas, ich sah tosende Küsten eines weiten, reinen Meeres.*
*Mir war es, als wären hier die Vegetationen, die mir bekannten und unterschiedlichen Naturgestalten, in einer einzigen, malerischen Fauna vereint. Norden und Süden trafen sich in Einheit. Wälder, Wüsten, Steppen, Gebirge und Weiten fanden ihren Platz neben dem anderen und durchmischten sich in gänzlich neuer Kreativität.*

*Meine Augen sahen es, als wäre es niemals anders gewesen, als hätte es nie einen Widerspruch gegeben und malten eine nie gekannte Vollkommenheit in mein Herz.*
*Es waren nur Augenblicke.*
*Doch gerade eben diese hielten mich gefangen. Niemals könnte ich vergessen.*
*Mir war, als ob ich gesehen hätte, was neu und was alt war. Was ich schon lange in mir trug und was ich suchte.*
*Wie immer verblassten die Bilder langsam vor meinen Augen und ich streckte meine Hände aus: Nach der Ruhe, nach der Geborgenheit dieses Ortes, die mich ergriffen und deren Verlust mich wieder erschreckte. Der Heimat nahe, und wieder wurde ich ihr entrissen. Ich wollte nicht erwachen. Ich wollte es festhalten, das Land, welches meine Erinnerung, meine Geschichte schrieb. Mein Land. Wieder ging es mir verloren. Wieder einmal blieb es verborgen."*


„*Die Kirche sagt: Die Erde ist eine Scheibe. Ich aber weiss, dass sie rund ist, da ich ihren Schatten auf dem Mond gesehen habe.*"

*Fernando Magalhaes (1480 - 1521)*

## Herbstmorgen

Dies ist Amiels Geschichte.

Amiel schreckte auf. In der wirren Zwischenwelt von Schlaf- und Wachzustand hielt er einen Moment inne und fand schliesslich in seine Realität zurück. Er knipste das Licht an und tastete schlaftrunken nach dem Wecker. „05:12" flüsterte dieser ihm erbarmungslos entgegen. Für ein paar Minuten liess er sich lustlos zurück ins Kissen fallen und schloss nochmals die Augen.

Da war er also wieder, dieser Traum. Nach zwei Jahren kehrte er unangekündigt zurück und zerstörte die Hoffnung, ihn als späte Kindheitsfantasie abhaken zu können.

An Schlaf war nun nicht mehr zu denken. Er starrte eine Weile zur Decke hoch. Dann, mit einem Seufzer, schaffte er schliesslich den Schwung aus dem Bett und trat ans Fenster seiner kleinen, heimeligen Dachwohnung. Zu früh, um aufzustehen, zu spät, um weiter zu schlafen. Draussen schimmerte das erste, sachte Blau am sonst schwarzen Nachthimmel und unterstrich die dünne Mondsichel, die dem hellen Morgenstern zur Seite stand.

Ein klarer, frischer Herbstmorgen, der früh erweckte Lebensgeister dazu einlud, ihr Erwachen mit ihm zu teilen.

Er machte sich auf ins Bad. Wie jeden Morgen wusch er sich das Gesicht mehrmals mit eiskaltem Wasser. Die einzige Chance, dem Schlaf zu entfliehen und dem neuen Tage entgegen zu treten. Er legte das Handtuch beiseite und blieb einen Moment still stehen. Seine Augen waren auf sein Spiegelbild gerichtet. Bei dessen Anblick beschlichen sein Herz nachdenkliche Zweifel. Seine Gedanken wühlten in einem chaotischen Eintopf von verstaubten Empfindungen und alten Fragen.

Eine vertraute Leere überkam ihn. Der Blick in ein Gesicht, das ihm so vertraut und gleichzeitig so fremd war. Die Begegnung mit dem eigenen Ich erschien ihm an manchen Tagen wie ein Blick hinunter in eine dunkle, nicht enden wollende Leere, als würde man in einen tiefen, dunklen Brunnen blicken ohne dessen Ende zu erahnen.

Es war nicht Schwermut und auch keine Traurigkeit. Seine Wesensart war meist fröhlich und aufgestellt.

Aber sein Gegenüber war einmal mehr schweigsam, kühl und voller unbeantworteter Fragen.

Sein Spiegelbild war der stille Gruss eines Unbekannten, wie ein weites, unentdecktes Land ohne Karte und Kompass.

Er betrachtete sich einige Minuten. Seine etwas aus der Form geratenen, buschigen Augenbrauen, die Grube am Kinn und die breiten Wangenknochen. Er hatte beinahe schwarzes Haar und tiefblaue Augen, ein gelungenes farbliches Zusammenspiel, wie die Leute sagten.
Er strich über den stoppeligen Ansatz seines Bartes, der längst einer Rasur unterzogen werden müsste, doch nun war ihm das egal. Er hatte vor, sich heute in der Werkstatt zu verkriechen und anderen Tätigkeiten möglichst aus dem Wege zu gehen, denn es war ihm nach dieser kurzen Nacht nicht nach Gesellschaft zumute.

Doch nun musste er raus zum Fluss, weg von seltsamen Träumen und alten Gegebenheiten. Im Grunde gab es nichts Herrlicheres als so ein Morgenlauf, nur war ihm der Preis der frühen Stunden oft zu hoch. Nun ergab sich diese Möglichkeit mal wieder.
Also verpasste er dem Spiegelbild eine Grimasse und kehrte dem Anflug von Grübelei bewusst den Rücken zu. Er begann zu summen und zog sich die Kleider über.
In der Küche gönnte er sich ein rasches Frühstück mit Käse und Brot und eilte schliesslich die Treppe hinunter. Wohl zu laut, denn unten war bereits die verärgerte Stimme von Herr Morreux zu vernehmen, den die quietschenden Treppen ebenfalls zu früh aus dem Schlafe rissen.
Amiel kümmerte sich nicht weiter darum. Der gute Herr Morreux war Amiels Vermieter und ein alter Bekannter. Ein feiner Kerl, den er seit Jahren vom Fischfang her kannte. Vor fünf Jahren bot er Amiel die kleine Wohnung auf dem Dachstock an, da dieser vom Elternhaus genug hatte und - von der frischen Meerbrise angezogen - beschloss, nach Westen aufzubrechen. Weg vom ländlichen Bauernland.
Schon immer träumte Amiel vom offenen Ozean und begann bald als Fischverkäufer und Bootsmechaniker zu arbeiten.

Ausserdem hatte er in seiner Werkstatt alles Mögliche herumstehen, das ihm die Dorfbewohner zur Reparatur brachten. Das Handwerk hatte ihm stets gelegen.

Die Luft war kühl und liess keinen Zweifel, dass der Sommer sich Richtung südliche Hemisphäre bewegte. Wie jedes Jahr kam mit dem harschen Wind, den kürzer werdenden Tagen und dem morgendlichen Nebel ein Hauch von Wehmut auf.
Jedoch war es zweifellos Amiels liebste Jahreszeit. Sie erinnerte ihn an die Tage der Weinernte, die er als Kind in seiner Heimat miterlebte. Die vielen fröhlichen Stunden gemeinsamer Arbeit und abendlichem Feiern, wo es an gutem Essen, Tanz und Gesang nie mangelte.

Er nahm den bekannten Weg. Die Fischer waren längst auf See und brachten den Tagesfang ein. Das Dorf erwachte. Die Bäcker öffneten ihre Rolläden und der verlockende Duft von frisch gebackenem Brot und Croissants stieg ihm in die Nase. Die Marktfrauen schrubbten den Marktplatz und begannen, Eier und Gemüse aufzutürmen. Autos wurden herbei gefahren, Ware wurde ein- und ausgeladen, in der Schreinerwerkstadt ging das Licht an und zwei kleine Hunde jagten eine Katze mit viel Gebell um den Häuserblock.
Amiel liebte die kleine Stadt, so verschlafen und ein wenig altmodisch wie sie war. Doch hat sie all die Jahre ihren alteuropäischen Charme bewahrt und war mächtig stolz auf ihre winzige, aber schmucke Altstadt.
Sie war berühmt für ihre Steinhäuser mit den alten Ziegeldächern und den verzierten Dachgiebeln. Die Häuser der Altstadt waren ringförmig angelegt. In ihrer Mitte befand sich ein stattlicher Kirchplatz mit Pflastersteinen bestückt und einem alten Dorfbrunnen, den die Frauen im Sommer stets mit frischen Blumen schmückten.
Die Kaffeehäuser waren weit herum bekannt und der allmorgendliche Markt war ein beliebter Treffpunkt für Dorfklatsch

und politische Unterredungen. An zwei Tagen die Woche verkaufte Amiel Fisch und war stets amüsiert, den heftig gestikulierenden Dorftanten beim Austausch ihrer neusten Schnäppchen und Skandalberichten zuzuhören.
Es gab nicht viele, die hierherzogen und Amiel brauchte seine Zeit, um das Wohlwollen der alteingesessenen Herren zu gewinnen.
Die Stadt war fern von Metropolen und Mode Erscheinungen. Irgendwo an einer vergessenen Küste, wo der Wind die meisten Besucher vom längeren Verweilen fernhielt. Doch die Menschen hier waren damit vertraut und nahmen es gelassen. Hie und da dachte Amiel daran, ein Leben in Paris oder Wien zu starten, doch waren ihm die runzligen Gesichter zu lieb und die See zu wild, um das alles zu verlassen. Er hatte gute Freunde gefunden und liebte die gesellschaftlichen Abende mit Bier und Männergesprächen, welche hier tief verwurzelte Kultur waren. Es war ein fröhliches und zugleich raues Volk, wie das Meer und die Fischerei es nun mal hervor bringen.

Amiel mochte diesen Weg. Ein kleiner Pfad, der sich Kilometer um Kilometer dem Fluss entlang zog und einem das Gefühl gab, weit in der Wildnis Kanadas verloren zu sein. Nur selten traf er hier auf andere Menschen. Dies war sein liebster Ort und sooft er die Möglichkeit hatte, kam er hierher, sass mit seiner Angel stundenlang auf den grossen Steinen, wanderte oder joggte bis über die Brücke und zurück. Das war seine Zeit zum Nachdenken und Träumen. Ein verkappter Philosoph nannten ihn seine Freunde mit einem Augenzwinkern. Vielleicht war er das, vielleicht auch einfach ein junger Mann, der die Natur liebte und hie und da ein Fleckchen Abgeschiedenheit suchte.
Und der manchmal - wie an diesem Morgen - zurückgeworfen wurde in eine alte Geschichte und in ein Gewirr von Fragen und Erinnerungen, die er verzweifelt zu zuordnen versuchte.

Er grub die Hände tief in seine Jackentasche, denn ihm war kalt. Er hielt an und betrachtete die Flussbiegung, die nun unten am Hügel zu sehen war. Wie er diesen Anblick liebte! Der Nebel lag über dem Fluss und bildete einen geheimnisvollen Hauch von Herbst. Er brach das goldene Morgenlicht wie durch trübes Glas, vollkommener als das Werk jedes Künstlers.

Da fand er sich wieder in den Bildern dieses Traumes, die ihn schmerzlich an der Hand nahmen, und zurückführten in ein vertrautes, ungelöstes Rätsel.

Er erinnerte sich ganz genau. Wann immer er in den Spiegel schaute, kamen Fragmente eines alten Lebensfilmes klar und deutlich vor seine Augen. Viel hätte er darum gegeben, sie endlich von sich zu schütteln, denn er war sie leid und sah keinen Sinn darin, sie Jahr für Jahr mit sich herumzutragen.

Es gelang ihm nicht.

Er war nicht wie alle Anderen.

Er war ein junger Mann, dessen Herkunft niemand kannte. Auch er selbst nicht. Er hatte keine Vergangenheit, zumindest fehlte ihm jegliche Erinnerung daran.

Der Traum der vergangen Nacht war Amiel bekannt. Das Erste, an das sich Amiel in seinem Leben überhaupt erinnern konnte, war exakt derselbe Traum, in voller Intensität und Klarheit.

Er erinnerte sich, wie er damals die Augen aufschlug und sich als fünfjähriges Kind alleine am Waldrand vorfand. Niemand war da und während Stunden sass er starr an Ort und Stelle. In seinem ganzen Leben hatte Amiel nichts Schrecklicheres erfahren, als diese ersten Stunden.

Er erinnerte sich an die völlige Orientierungslosigkeit und Ohnmacht, die es ihm unmöglich machten, in irgendeiner Weise zu agieren. Er sass nur da und fühlte Entsetzen.

Geblieben war ihm nichts als nur dieser Traum, nichts als eine graue Decke und das Gefühl, nackt und bloss im Nirgendwo steckengeblieben zu sein. Keine Erinnerung an seine Eltern,

Geschwister, Herkunft oder Ereignisse. Er war einfach da, und vorher gab es nichts.

Stunden später begann er zu laufen. Es wurde bereits dunkel, als er ein Dorf erreichte. Er setzte sich auf die Türschwelle eines Hofes und blieb die ganze Nacht still an derselben Stelle sitzen.

So fand man Amiel. Niemand erfuhr jemals etwas über die Hintergründe.

Wie viele tausend Stunden Amiel auch fieberhaft, mit der Angel in der Hand, bei der grossen Flussbiegung darüber nachdachte, bis er fast die Besinnung verlor, nicht eine Erinnerung kam zurück.

Der Bauer, welcher Amiel auf der Türschwelle fand, gab dem Jungen zu essen und brachte ihn zur Polizei, wo ihm viele Fragen gestellt wurden. Amiel verstand sie, doch wusste er nicht, wie er zu antworten hatte und blieb stumm.

Während acht Monaten lebte Amiel in einem Kinderheim, ohne ein Wort zu sprechen. Er blieb die meiste Zeit still am Rande sitzen und beobachtete, was um ihn herum geschah und gewann ganz langsam Vertrauen in seine neue Umgebung.

An einem schönen Sommernachmittag kam ein Auto und seine neue Mutter und sein neuer Vater holten ihn zu sich. Er erinnerte sich, wie ihn seine Mutter strahlend und ungehemmt in ihre Arme schloss.

Er wurde adoptiert und erhielt alle erdenkliche Güte von zwei lebenslustigen, herzlichen Eltern. Seine Mutter erkannte schnell seine Furcht vor dem Alleinsein und sorgte dafür, dass er an Stabilität und Vertrauen gewann. Mit viel Feingefühl und Liebe begleite sie ihn zurück ins Leben. An manchen Abenden schaltete sie die Musik ein und tanzte mit Amiel wild durchs Haus, bis beiden vor Lachen die Luft wegblieb. Die Liebe und Fürsorge seiner Eltern heilten seine Schüchternheit und so begann Amiel zu sprechen und als die Schulzeit kam, bemerkte niemand mehr Amiels verlorene Jahre.

Er war stets etwas eigensinnig. Er war nicht unbeliebt, aber eben ein Träumer, den man gerne für den eigenen Vorteil gebrauchte. Nicht viele wussten von seinen ungewöhnlichen Herkunftsbedingungen, doch er selbst vergass sie keinen Augenblick.

Mit viel Kraft rang er darum, eine Identität zu entwickeln, die andere längst besassen.

Seine Mutter trug viel Sorge um ihn, doch war umso erfreuter zu sehen, wie ihr Sohn die Schwierigkeiten anpackte und begann, für seine Zukunft zu kämpfen.

Wenn Amiel heute an sie dachte, wurde ihm klar, welche Sorge sie um ihn getragen haben musste.

Natürlich hatten sie ihre Hypothesen, Ängste und Annahmen betreffend seiner Vergangenheit. Wurde ihm Gewalt zugefügt? Welche Art Trauma konnte einem Jungen widerfahren sein, dass er sich an keine Silbe seines vorgängigen Lebens mehr erinnerte? Natürlich fragten sie ihn immer mal wieder, ob er sich an etwas erinnerte. Seine Mutter tat dies mit aller Vorsicht und mütterlichem Feingefühl, doch Amiel sah die Verwirrung in ihrem Gesicht, als auch beim Eintreten seines 7. Lebensjahres kein Funke an Erinnerung zurückkam.

Seine Eltern beobachteten ihn genau, unterstützten ihn auf alle erdenkliche Weise und konnten ihre Zweifel doch nicht ganz verbergen. Verheimlichte er ihnen etwas? Gab es mehr als er erwähnte? Er konnte beobachten, wie die Frage seiner Identität seine Eltern ebenso bedrängte wie ihn selbst. Doch er verheimlichte Ihnen nichts. Ihnen zuliebe verbrachte er manchen Nachmittag, an dem seine Kameraden auf dem Dorfplatz Fussball spielten damit, im selbstgebauten Baumhaus ihres Gartens zu hocken und nachzudenken. Ihnen zuliebe hätte er so gerne eine Antwort gefunden. Doch es kam keine.

Die befürchteten Spätfolgen blieben aus. Er wurde psychiatrisch abgeklärt, doch gab es - bis auf seine träumerische, etwas verschlossene Lebenshaltung - keine Hinweise auf psychische Auffälligkeiten. Er entwickelte sich normal und zeigte

- bis auf die biographische Eigenart - keinerlei Störungen. Anfangs war er ein sehr fröhliches, wenn auch ruhiges Kind. Erst im Laufe der Jahre, und mit wachsender Verwirrung über seiner eigenen Geschichte, kam eine gewisse Dunkelheit wie ein langsam aufziehender Schatten über ihn. Er war Amiels geheimer Begleiter und dieser hielt beharrlich jedem Versuch stand, sich seiner zu entledigen.

Der Traum jedoch kam zurück. Manchmal alle paar Wochen, dann blieb er eine Weile aus und kam erneut. In gewisser Weise hasste Amiel diesen Traum, denn immer erinnerte er ihn unmittelbar an seine Lebenswunde. Zugleich aber liebte er ihn! Es gab nichts, was ihm herrlicher vorkam als die Bilder dieses seltsamen Landes. Es war sein Schutzort, sein Geheimnis. An jenem Ort war er geborgen und leicht, ganz und gar sich selbst.
Die Mystik dieses Traumes begeisterte ihn und er sann oft darüber nach. War ihm dieser Ort bekannt? Wohnten dort vielleicht seine vergessenen Eltern? Warum gab es diesen Traum und was wollte er ihm sagen?
Als Kind stellte er sich oft vor, an jenem Ort zu sein. Irgendwo ein Haus zu finden, wo ein Cheminéefeuer brannte und ein gedeckter Tisch in der Küche stand. Am Tisch sassen seine erträumten Eltern, seine Brüder und Schwestern. Dort hatte er eine eigene Familie, zu welcher er gehörte.

Mit 10 Jahren hatte Amiel genug von dieser elenden Grübelei. Er beschloss, das alles hinter sich zu lassen und mit Tagträumereien aufzuhören. Das Nachdenken wurde ihm zuwider und er hatte fest vor, das Leben nicht mehr an seine Vergangenheit zu verschwenden.
In diesem Jahr kam sein Bruder Lyon zur Welt. Alles stand auf dem Kopf. Die Eltern waren zutiefst überrascht, denn schon seit Jahren war ihnen klar, dass sie niemals eigene Kinder bekommen konnten. Lyon jedoch schaffte es, sich durch

die medizinische Unmöglichkeit hindurch zu schleichen und brachte grosse, unerwartete Freude in die Familie. Auch für Amiel, denn er hatte sich sehnlichst einen Bruder gewünscht. Selbst wenn dieser ein kleines Baby war und kein ebenbürtiger Spielkamerad, kümmerte er sich rührend um Lyon und platzte oft fast vor Stolz über seinen hübschen Bruder. Die Eltern waren hocherfreut über dieses Geschenk. Es war wie ein frischer Frühling und die sorgenvolle Aufmerksamkeit gegenüber Amiel wurde durch die neue Aufgabe abgelenkt. Über diese gegebene Distanz zu seiner Herkunftsgeschichte war er äusserst dankbar.

Versunken in all diesen Erinnerungen war er am Fluss angekommen. Der Waldboden war übersät mit farbigen Blättern, alles war still und andächtig. Sein Vater war ein begnadeter Pilzesammler und hatte ihm vieles beigebracht. Wie oft waren sie im Wald und suchten nach Pilzen. Er mochte die Naturverbundenheit seines Vaters. Schon sehr früh brachte er ihm das Fischen mit der Angel bei und gelegentlich durfte er mit zur Jagd.
So fand er auch an diesem Morgen einige Pilze, die er zufrieden einsteckte. Er kochte ganz gerne und freute sich auf ein gutes Abendessen. Er begann, nach passenden Kräutern zwischen den Gräsern zu suchen.

Lyon wurde kürzlich 15 Jahre alt. An seinem Geburtstag reiste Amiel seit langem wieder einmal nach Hause. Es war schön zu sehen, welche Fortschritte Lyon machte und wie sehr er sich darüber freute, seinen Bruder zu sehen. Es rührte Amiel tief und er war selber immer wieder überrascht, wie viel Liebe für Lyon in ihm aufstieg, wann immer er ihn sah. Und wie viel Schmerz!
Jahre zurück, als Lyon gerade mal 3 Jahre alt war, änderte sich alles. Amiel wollte nicht daran denken. Er ertrug es schlichtweg nicht.

Es war einer dieser grauen Tage im November. Seine Mutter besuchte eine kranke Arbeitskollegin und bat Amiel, mit Lyon spazieren zu gehen.

An jenem Tag wandelte sich etwas, was sich langsam in seinem innern angebahnt hatte. Denn sein kleiner Bruder wurde grösser, begann zu laufen und zu sprechen. Amiel beobachtete die Entwicklung seines Bruders, wie fröhlich und unbeschwert er war und wie er jedes Herz im Sturm erobern konnte.

Obwohl seine Eltern sich alle Mühe gaben, Amiel dieselbe Aufmerksamkeit zu schenken war es eine unausweichliche Realität, dass er niemals in derselben Weise zur Familie gehören würde, wie Lyon. Der Gedanke schlich sich ein, ihnen lästig zu sein und unterschwellige Wut begann sich breit zu machen.

Die Jugendjahre brachen an und erneut kamen Selbstzweifel auf. Lyon wurde auf einmal zur Bedrohung, denn er kannte seine Herkunft und ging mit einer so offenherzigen, friedlichen Haltung auf die Welt um sich herum zu. Amiel selbst kannte diesen Frieden nicht. Er spürte, wie Verbitterung ihn antrieb und seinen sonst fröhlichen Geist beschwerte und an gewissen Tagen fühlte er eine Art kalte Hand schwer auf seinen Schultern liegen. Er war anders als alle anderen.

An diesem Tag brach das Kartenhaus zusammen. Während er seinen kleinen Bruder im Kinderwagen die Strasse entlang schob, kam nichts als pure Verzweiflung und einen nie gekannten Ärger über ihn. Er wollte Frieden, eine Heimat, die nur ihm gehörte und die er nicht zu teilen brauchte. Er wollte bedeutend sein, in ihm schrie es nach Anerkennung und Wert, ohne diesen ständigen Unterton von Bemitleidung. Er hatte genug davon, sich allem anzupassen und doch nirgends dazuzugehören.

Wütend war er, zum Zerspringen wütend. Die Rolle des armen, verlassenen Kindes legte ihn in Ketten und er war bereit, alles zu tun, um diese abzuschütteln.

Dann fiel sein Blick wieder auf den friedlich schlafenden Bruder- unbeschwert und geborgen- und sein Gegenüber wurde ihm zum Feind. Er fühlte nur noch Eifersucht und Abscheu. Mit grosser Wucht stiess er den Kinderwagen den steilen Hang hinunter, auf dem sie beide standen. Und ohne die geringste Gefühlsregung sah er mit an, wie der Wagen schneller und schneller wurde, sich überschlug und sein Bruder mit einem Schrei herausgeschleudert wurde und mit voller Wucht gegen den harten Asphalt prallte.

Erst einige Sekunden später, als Amiel realisierte, dass Lyon weder weinte noch schrie, sondern ganz stumm und reglos am Boden lag, kam Panik in ihm hoch. Wie versteinert stand er da, als ihm die volle Konsequenz seiner Tat bewusst wurde.

Dann rannte er hin zu seinem Bruder, von dessen kleinem Köpfchen Blut über den Asphalt floss.

Mit einem Schrei hob er ihn hoch und rannte so schnell ihn seine Beine trugen zum nächsten Haus. Schreiend und voller Verzweiflung hämmerte er an die fremde Türe, wie in Trance versunken.

Dann ging alles sehr schnell. In Amiels Erinnerung waren es nichts als Bewegungen von Menschen, Rufen, Sirenen, wie Momente in Zeitlupe. Er stand nur da bei seinem blutenden Bruder und war taub und kraftlos.

Er sass auch noch da, regungslos und verstummt, als er seine Mutter den Flur des Krankenhauses hinauf eilen sah, zerbrochen und von Schmerz überwältigt. Sie schüttelte Amiel ungehalten, drückte ihn gleichzeitig in tiefer Verzweiflung an sich und weinte.

Lyon lag über eine Woche im Koma. Die Computertomographie zeigte die Kopfverletzung, welche ein grosses Hämatom im Gehirn verursacht hatte. Über die Tage stellte man fest, dass sich die Blutung zurückbildete und die Ärzte schöpften Hoffnung.

Die Mutter verliess das Krankenhaus keinen einzigen Tag. Sie sass an seinem Bett und weinte, streichelte seine Hand oder las ihm Geschichten vor. Wenn Amiel sie beide mit seinem Vater besuchte, so fürchtete er sich am meisten vor dem Anblick seiner leidenden Mutter.

Natürlich hatten sie ihn gefragt wie dies alles passieren konnte. Die Wahrheit hätte er niemals sagen können, das war ihm klar. Er berichtete, wie er gestrauchelt sei und dadurch den Wagen los gelassen habe.

Sein Vater entbrannte in Wut und schrie ihn an. Er entschuldigte sich später, doch Amiel wollte keine Entschuldigung. Die Hilflosigkeit seines Vaters, der in diesen schweren Tagen bei ihm zu Hause blieb und sein Bestes tat, seinen Ärger über Amiels Missgeschick zu verbergen, prägten sich in die Seele ein. Er sah ihn abends mit geballten Fäusten vor dem Haus auf der Bank sitzen und erkannte seine Stunden schweren Haders mit dem Schicksal. Doch es war kein Schicksal, es war Bosheit, nackte Bosheit und niemand ausser Amiel selbst wusste es. Nicht einmal Lyon würde jemals wissen, dass es kein Unfall war.

Die Schuldgefühle zerfrassen ihn. Wenn er je zu dieser Familie gehört hatte, so hat er sich nun zweifelsohne selbst daraus ausgeschlossen. Die einzigen Menschen, die ihn liebten, hatte er beraubt und zerstört. Er sah in den Spiegel und seine Identitätslosigkeit schien auf Ewigkeiten beschlossen zu sein, denn ein Zurück würde es für ihn nicht mehr geben.

Es gab Tage, da hätte er ihnen so gerne die Wahrheit gesagt und hat darauf gewartet, dass sie ihn vor die Türe stellten und niemals mehr ein Wort mit ihm redeten.

Die Worte krochen einige Male wie von selbst über die Lippen, doch im letzten Moment hielt er sie erschrocken zurück. Wo sollte er denn hingehen? Es gab keine anderen Menschen, die er kannte und die ihn liebten. So entschied er sich für die eigene Feigheit und hasste sich dafür.

Lyon erwachte nach neun Tagen und sein Zustand wurde stabil. Zunächst kam endlose Erleichterung über die Eltern. Seine Mutter kam wieder nach Hause und schlief sich aus, ass und schöpfte Hoffnung. Sie setzte sich hin zu Amiel und begann mit ihm über alles zu sprechen. Er selbst hielt sich so knapp wie möglich. Er hatte es nicht verdient, dass sie sich ihm wieder zuwandte. Ach, was war seine Mutter für eine starke Frau. Sie hatte ihr einziges Kind fast verloren und entschied sich trotzdem, Amiel nichts nachzutragen oder ihm weiter Vorwürfe zu machen. Sie war offen und ehrlich zu ihm, erzählte ihm von ihrem Schmerz und ihrer Enttäuschung. Sie versicherte ihm, dass sie ihn liebte und ihn niemals dafür bestrafen würde. Sie entschuldigte sich für ihre Härte und den schroffen Umgang der letzten Woche.
Sie gab sich wirklich Mühe, ihm Nähe zu zeigen und ihm zu helfen, sich selber zu verzeihen. Doch dies konnte er nicht annehmen. Ihn ihm schlummerte nur der Gedanke, dass sie ihn niemals mehr lieben könnten, wenn sie beide die Wahrheit kannten.
Er zog sich wieder in seine Welten zurück und erstickte den Keim seiner Selbstabwertung in einigen wilden Jugendjahren.
Dies war die eine Seite. Die andere aber versuchte verzweifelt, das Leid in der Familie zu lindern. Wenn er zu Hause war, dann half er, wo er nur konnte und hielt sich selbst für nichts zu schade.

Der Unfall hinterliess seine Spuren. Lyon hatte ein Schädelhirntrauma erlitten und die Blutungen schädigten die Nervenbahnen. Ein halbes Jahr lang blieb Lyon in der Rehabilitation und seine Eltern waren voll damit beschäftigt, für ihn da zu sein und so viel Zeit wie möglich bei ihm zu verbringen.
Der Schicksalsschlag veränderte die Familie und alles wurde anders. Die Mutter hörte mit ihrer Arbeit auf und wohnte hauptsächlich bei Lyon. Der Vater arbeitete den ganzen Tag,

erledigte mit Amiel den Haushalt und versuchte, so oft er konnte in die Rehabilitationsklinik zu fahren.
Für Amiel blieb wenig Zeit, doch hätte er dies auch nie erwartet. Mit Sorge betrachtete er, wie die Eltern sich abmühten, das Beste aus der Situation zu machen und für die Familienzukunft zu kämpfen. Doch für ihre Ehe war dies eine Zerreissprobe. Sie waren die meiste Zeit getrennt voneinander und wenn sie sich sahen, dann galt ihre volle Aufmerksamkeit Lyons Gesundheit. Die Genesungsschritte verliefen sehr langsam. Er lernte wieder, alleine zu essen, sich zu bewegen und zu sprechen. Er durchlief täglich mehrere, verschiedene Therapien und wurde nach besten Methoden der Medizin gefördert. Nach einigen Monaten konnte er wieder gehen, doch war es eine mühsame Fortbewegung und sein rechtes Bein hinkte von diesem Zeitpunkt an immer etwas nach. Auch beim Sprechen blieb ein Stottern zurück und er suchte oft lange nach den richtigen Worten.
Mit den Jahren wurde klar, dass Lyons grösste Behinderung auf der kognitiven Ebene lag. Er war stark lernbehindert und hatte Mühe, sich räumlich zu orientieren. Er benötigte für alle Verrichtungen des Alltages viel Zeit und seine Mutter übernahm seine vollzeitliche Pflege.
Als Lyon 8 Jahre alt war, kam er in eine Sonderschule. Zur Überraschung aller machte er auf einmal grosse Vorschritte und man entschied, ihn in eine Schule für lernschwache Kinder zu befördern.
Er schleppte sich durch die Schuljahre und hielt sich stets knapp über Wasser. Er kämpfte und lernte jeden Abend einige Stunden extra. Die Eltern unterstützten ihn und zogen professionelle Hilfe bei. Sie schöpften Hoffnung, das Lyon doch noch einen Beruf erlernen könnte oder irgendwo als Hilfsarbeiter seinen späteren Lebensunterhalt verdienen könnte und wollten ihm unbedingt eine gute Schulbildung ermöglichen.
Amiel tat sein Möglichstes, seinen Bruder zu unterstützen. Von dem Augenblick, als Lyon aus der Therapie entlassen

wurde, schwor sich Amiel, seinen Bruder vor allem Bösen der Welt zu beschützen und sein Möglichstes für sein Wohl zu tun. Er half ihm viele Abende beim Lernen, unterstützte ihn bei seiner Körperpflege, kaufte ihm Süssigkeiten, brachte ihn zur Schule und holte ihn am Abend ab. Seine Mutter war über diese Hilfe sehr erleichtert.

Dabei wurde Amiel Zeuge von Lyons wahrer Prüfung.

Lyon war der Schwächste von allen Schülern. Während die anderen mit leichten Einschränkungen kämpften, so hatte Lyon riesige Berge zu bewältigen.

Je öfter ihn Amiel von der Schule abholte, desto mehr beobachtete er die Peinigungen seines Bruders.

Er sah ihn mit seiner Mappe unter dem Arm die Strasse entlang hinken. Die anderen Jungen umringten ihn und verspotteten ihn lauthals. Sie lachten über Lyons nachgezogenes Bein und seine offensichtlichen Macken. Sie witzelten über sein Stottern und äfften ihn hämisch nach. Sein Bruder erduldete hässliche Beleidigungen, Spott und Hohn.

Amiel begann alles daran zu setzten, seinen Bruder vor ihnen zu beschützen. Er versuchte, immer genau zum Schulschluss bei Lyon zu sein, damit er nicht alleine loslaufen musste. Erwischte er jemanden, der Lyon verspottete, so war er erbarmungslos. Einige Male verteidigte er ihn mit blossen Fäusten und hinterliess einige blaue Augen. Er setzte sich mit den Lehrern in Kontakt, doch die schenkten ihm kaum Gehört. Am allermeisten aber versuchte er, dies vor seiner Mutter geheim zu halten. Sie hätte es nicht ertragen, das wusste er.

Lyon selbst nahm alles schweigend hin. Er brauchte schon genügend Kraft, um dem ganzen Lehrstoff und seinen Mängeln mächtig zu werden. Es schmerzte Amiel abgrundtief, ihn so zu sehen. Er wusste, dass er sein Bestes tat, seinen Eltern den Wunsch einer guten Schulausbildung zu ermöglichen. Dafür zahlte er einen hohen Preis.

Amiel rächte den Spott seines Bruders und stand für dessen Wohl ein, so gut er es vermochte.

Lyon verehrte Amiel und wäre ohne ihn nicht in der Lage gewesen, die Schuljahre zu bewältigen. Für ihn war Amiel sein treuster und engster Freund.
Amiel selbst aber fand in der Liebe seines Bruders keinen Frieden. Nur Anklage und die harte Forderung seiner selbst, allem Unrecht, das Lyon zustiess, ein Ende zu schaffen.
Er litt grosses Leid, die Einsamkeit und Verstossenheit seines Bruders mit ansehen zu müssen, so sehr, dass er seine eigene ganz vergass.
Es waren Jahre des Zerrisses.
Die Behinderung von Lyon hinterliess schlussendlich auch eine tiefe Wunde in der Ehe seiner Eltern. Auch wenn sich die Umstände verbesserten und die Arbeit weniger wurde, die Kluft war schon klaffend gross.
Die Anspannung ihres Alltages führte immer öfters zu Streit und Unstimmigkeiten.
Sie arrangierten sich mit der gegebenen Situation und es kam weder zur Scheidung noch zur Heilung. Das einstige Familienleben wurde bestmöglichst fortgeführt.
Lyon schaffte seinen Abschluss und begann, eine Arbeit als Bäckergehilfe in der Dorfbäckerei. Die Jahre seiner Qual waren vorüber, niemand schikanierte ihn mehr.
Amiel konnte aufatmen. Doch wusste er genau, dass die Wunden dieser jahrelangen Ablehnung ihn sein Leben lang begleiten würden. Er würde nie sein wie die anderen. Genau wie Amiel selbst. Er war anders und hatte dieses Schicksal nun seinem Bruder auferlegt.
Mit 22 Jahren wuchs ihm der ständige Zerriss über den Kopf. Er musste ihn abschütteln, wollte seine eigenen Mängel hinter sich lassen wie auch die Jahre des mitgetragen Leides seines Bruders.
Er wollte hinaus in die Weite und irgendwo ein Neuanfang machen. Seine Eltern liessen ihn schweren Herzens gehen und Lyon war schrecklich traurig. Er versprach, so oft es möglich war, nach Hause zu reisen und ihn wöchentlich anzurufen.

Er zog fort ans Meer und begann ein ruhiges Leben, fern von familiären Spannungen und Selbstvorwürfen.

Es gelang ihm ganz gut. Zum ersten Mal fand er gute Freunde und genoss die Einfachheit des Kleinstadtlebens. Handwerk, Segeln, Fischen und die Ruhe eines geregelten Lebens gaben ihm schlussendlich die ersehnte Zufriedenheit zurück.

Der Abstand tat ihm gut und die alten Lasten brachen weg. Er entwickelte sich zu einem ausgeglichenen, kontaktfreudigen jungen Mann, der sich den Freuden und Schönheiten des Lebens nun bewusst zuwandte. Er fühlte sich endlich mit beiden Beinen am Boden eines selbstbestimmten Lebens.

Bis zu dem Tag, als der Traum zurückkehrte und mit ihm seine Kindheit, die weder beantwortet noch versöhnt war. Sie stellte sich eigenmächtig auf die Bühne der Zeit und verwarf die Epoche des friedlichen, stillen Lebens.

An diesem lauen Herbstmorgen war die Idylle wie weggewischt und seine Geschichte tippte ihm sanft, aber bestimmt auf die Schulter.

Und Amiels Abenteuer begann.

*„Lebe mit deinem Jahrhundert, aber
sein nicht sein Geschöpf!"*

*Friedrich Schiller*
*(„Über die ästhetische Erziehung des Menschen, in einer Reihe von Briefen,
1793- 1794", 9 Brief)*

## Der Freund

Vor drei Tagen lag ein Brief in seinem Briefkasten. Nicht durch den Postversand ausgetragen, sondern nur mit seinem Namen versehen, ohne Absender und ohne beigelegte Nachricht.
Das wirklich Seltsame jedoch war sein Inhalt. Im Umschlag steckte ein Blatt Papier, das mit verschiedenen Koordinaten beschriftet war. Zahlencodes und Messdaten. Amiel brauchte einen ganzen Abend, um diese zu enträtseln.
Zum Glück verstand er etwas von der Seefahrt und wusste, dass es eine Ortsangabe sein musste und am Ende konnte er die Daten entschlüsseln. Er rechnete es mehrmals nach, denn das Ergebnis ergab wenig Sinn. Es deutete auf einen Ort inmitten des südlichen indischen Ozeans. Irgendwo zwischen Südafrika und Australien, nördlich der Antarktis. Und beim besten Willen, da gab es nichts aber auch gar nichts, ausser ein paar kleiner Inseln in weiter Umgebung verstreut. Doch auf diese trafen die Daten nicht zu.
Er konnte sich wirklich keinen Reim darauf machen, was dieser komische Brief bedeuten sollte. Womöglich war er Leo, einer der alten Fischer, der seine Navigations-Kenntnisse testen wollte. Der Gute musste sich selbst wohl etwas vertan haben, er war eben auch nicht mehr der Jüngste.

Nun begrüsste die Sonne den Morgen mit goldrotem Gelb und zeichnete ihre Konturen in den Himmel. Kaum eine Wolke war zu sehen. Der Waldboden war mit trockenem Laub übersät und die Luft angenehm frisch. Schon bald war von der kleinen Stadt nichts mehr zu sehen, und es machte fast den Anschein, als sei jegliche Zivilisation eine Tagesreise entfernt. Der Fluss wand seine Schlaufen durch die Landschaft. Im Sommer bot er eine gute Möglichkeit zum Schwimmen. Amiel war oft mit Freunden hier. Auch zum Jagen, denn hier im Norden gab es viel Wild, besonders um diese Jahreszeit.

Noch lieber war ihm aber das Meer. Kaum war er hierher gezogen, lernte er zu segeln. Schon immer war dies sein grosser Traum gewesen und er lernte schnell. Die Bewohner bewunderten sein Talent, und schon bald nahmen sie ihn zum Fischfang mit.

Amiel sparte seit seiner Ankunft für ein eigenes Boot, für das er sich aber noch gedulden musste. Manchmal träumte er vom Reisen. Ob er eine Atlantiküberquerung schaffen könnte? Oder südlich, nach Afrika? Kap Verde, das war schon immer sein Ziel, da wollte er hin.

Seine Gedanken schweiften hin und her, zwischen dem Traum, seiner Familie und dem Leben hier, das er sich aufgebaut hatte und auf das er stolz war.

Er wünschte sich, dass Lyon ihn bald einmal besuchen würde. Eine Woche zu ihm in den Urlaub fahren könnte. Dann würde er ihn mit raus nehmen, auf die See. Er könnte ihm vielleicht ein wenig Segeln beibringen, das würde ihm bestimmt Freude machen.

Er kam aus einem Waldstück auf den Uferweg. Unten am Fluss zog sich eine Sandbank, mit grossen Steinen und Büschen, am Ufer entlang. Dort unten erblickte er einen Mann am Flussufer sitzen. Ein Fischer, dachte sich Amiel. Ob er ihn wohl kannte? Er ging auf ihn zu.

Der Mann war nicht beim Fischen, sondern sass auf einem Stein und war mit irgendeiner Handarbeit beschäftigt. Er schnitzte an einem Holzstab herum und sass in Gedanken versunken da. Dann jedoch drehte er sich um und winkte Amiel fröhlich zu. „Hallo, mein Freund!", rief er ihm lachend entgegen. „Wie schön, dich zu sehen. Man trifft nicht viele Wanderer in aller Herrgottsfrühe mitten im Wald an. Bist wohl zu früh aus den Federn gefallen?"
Amiel erkannte den Mann nicht. Er war klein, aber kräftig gebaut. Er hatte braunes, leicht gelocktes, kurzes Haar und auffallend grüne Augen. Sein Gesicht war mit fröhlichen Lachfalten durchzogen und schienen einige Lebensjahre zu zeichnen. Er mochte so um die 50 Jahre alt sein, obwohl dies schwer zu sagen war. Dieser Mann strahlte eine bemerkenswerte Ruhe aus und hatte etwas sehr Geheimnisvolles an sich. Er machte den Anschein, als sei er schon eine ganze Weile unterwegs. Neben ihm standen ein Rucksack und abgetragene Wanderschuhe. Sein Aussehen war dennoch sehr gepflegt und ansehnlich. Er trug Jeans und eine braune Lederjacke.
Irgendetwas machte den Mann von Anfang an interessant. Amiel dachte bei sich, dass ihm einiges an Lebenserfahrung und Herzenstiefe auf den ersten Blick anzusehen war.
„Guten Morgen. Ja, das kann man wohl sagen. Mein Tag hat heute schmerzhaft früh angefangen. Doch was solls, wenn man sich stattdessen aufmacht für einen Morgenspaziergang in dieser herrlichen Umgebung." Amiel grinste ihn an. „Ich habe Sie hier noch nie gesehen. Woher sind Sie?"
Der Mann winkte ab. „Nenn mich bloss nicht beim Sie, da komm ich mir ja ganz grau vor. Nee, ich komme nicht von hier, da hast du recht. Meine Heimat ist ganz schön weit weg, und ich bin schon eine Weile auf Reisen. Komm, setz dich. Hast ne Pause verdient."
Amiel setzte sich neben den Mann auf einen Stein.
„Um ehrlich zu sein, kam ich hierher, um dich zu treffen...", sagte dieser aus heiterem Himmel. Amiel sah ihn verwundert

an. „Nun, da hast du ja Glück gehabt. Bin nämlich selten um diese Uhrzeit hier anzutreffen. Wie ist denn dein Name?"
„Nun Amiel, am besten nennst du mich Dalin. Den mag ich am liebsten. Bedeutet „Freund" in der alten Sprache."
Amiel war überrascht. „Und woher kennst du meinen Namen und weisst, wann ich wo zu finden bin?"
Dalin lachte. „Ich weiss, die Sache ist ganz schön verwirrend. Sagen wir mal, dass unser Treffen im Grunde längst überfällig war, doch warte ich am liebsten auf den richtigen Zeitpunkt, und wie mir scheint, ist dieser heute Morgen."
Die Sache wurde Amiel etwas ungemütlich, und er sah sich verstohlen um, ob da noch irgendetwas oder irgendjemand zu sehen war. Doch es schien alles ruhig. Der Mann sah noch immer harmlos und friedlich aus und machte nicht den Anschein eines verwirrten Irren oder gewaltsamen Übeltäters. Die Sache war indes recht kurios.
„Also, wovon sprichst du genau?", wollte er wissen.
„Manchmal sagen sie mir, ich sei ein guter Traumdeuter.", sagte Dalin geradeheraus.
Amiel zuckte zusammen. Er sah Dalin prüfend und erschrocken ins Gesicht. Für einen Moment verschlug es ihm die Sprache.
„Traumdeuter?", kam es ihm stockend über die Lippen.
Dalin legte das Holzstück, an dem er gerade arbeitete, weg und klopfte sein Hemd aus. Die Holzreste fielen zu Boden. Dann sah er Amiel direkt in die Augen.
„Mein Freund, ich weiss, dies ist alles ganz fürchterlich verwirrend. Es wäre ganz schwierig, dir jetzt gleich alles zu erklären. Um etwas Neues zu verstehen braucht es seine Zeit. Deshalb macht es keinen Sinn, dich mit allen Hintergründen gleich voll zu texten. Aber du kannst mir voll und ganz vertrauen. Ich bin gekommen, um dich auf deiner bevorstehenden Reise zu begleiten.
Die Zeit ist gekommen, ein altes Geheimnis aufzudecken, worauf du lange gewartet hast. Wenn ich ein guter Traumdeu-

ter sein will, dann führe ich dich mitten durch die Geschichte hindurch, anstatt sie dir einfach in unpersönlicher Weise vorzubuchstabieren. Denn die Geschichte ist ja mehr als persönlich, und dieser Traum hat schon eine umfängliche Antwort verdient."
Amiel musste sich einen Moment am Stein festhalten. Er sah diesen Fremden an, hinein in seine tiefgrünen, schimmernden Augen.
War das, was hier gerade vor sich ging, denn möglich? Etwas Übernatürliches rückte in die Form des Natürlichen, ganz unmittelbar und ohne Vorwarnung. Das war zu viel für sein Gehirn. Selbst wenn er diese Dinge nicht ausgeschlossen hatte, passten sie so gar nicht in seine Wahrnehmung. Alles schien ihm verschoben.
Konnte es denn tatsächlich sein, dass es eine Antwort auf seine Fragen gab? Dass jemand ihn kannte und sah, wie er sich den Kopf darüber zerbrach?
„Ich verstehe nicht..." seine Stimme war unsicher und überschlug sich ein wenig. „Du kennst mich?"
„Natürlich!", antwortete Dalin. „Du bist ein ganz fantastischer junger Mann und ich konnte es kaum erwarten, dich endlich zu treffen. Wollte dir schon lange sagen, wie toll ich deine Angelrutensammlung finde. Vielleicht kannst du mir ja was beibringen?" Er zog den Holzstab wieder hervor. „Schau mal, ich wollte eine spezielle Hochseefischerrute basteln. Bin wohl nicht gerade ein Talent. Aber wir werden eine brauchen. Vielleicht bringst du morgen besser eine mit."
„Wofür denn? Wohin willst du mich mitnehmen?"
Erstaunt sah ihn Dalin an. „Ja hast du denn meinen Brief nicht bekommen?"
Amiel dachte nach. „Meinst du diesen seltsamen Brief mit den Koordinaten? Ist der etwa von dir?" Dalin strahlte. „Musste ganz schön rechnen, das kann ich dir sagen. Faszinierend, diese Seefahrt. Die Menschen haben sich schon echt was ausgedacht. Ich bin wirklich sehr froh, dass du so gut Bescheid

weisst. Wäre ich der Kapitän, könnte wohl einiges schiefgehen."
Die Sache wurde Amiel echt zu viel. Was für ein seltsamer Morgen. Am liebsten wäre er weggerannt oder, noch besser, im Bett geblieben.
„Du willst mir also sagen, dass wir zusammen irgendwohin reisen?", sagte Amiel sichtlich verwirrt. „Ganz genau, mein Freund. Ich hab uns ein prima Segelschiff gekauft. Steht schon am Hafen, die Arbeiter machen es gerade startklar. Ich habe schon alles eingepackt. Proviant für zwei Wochen, man weiss ja nie, wie lange wir genau brauchen. Wasser und Karten und ein paar Flaschen Wein und Spielkarten für die Abende."
Amiel fand das nun beinahe amüsant. „Nun, mein werter Herr, ihre Rechnenkünste sind nicht gerade die Besten. Für die Route, die du mir da markiert hast, werden wir noch einiges mehr an Gepäck brauchen. Zum Beispiel Tonnen an Wollpullovern und langen Unterhosen, weil wir nämlich mit grosser Wahrscheinlichkeit halb verhungert an der arktischen Küste Anker legen und Pinguine jagen müssen, um zu überleben."
Dalin hob eine Augenbraue. „Nee nee, mein Freund, wir werden es schon nicht verpassen. So weit südlich werden wir nicht kommen, da vertraue ich ganz auf deine Kenntnisse als Seefahrer. Noer liegt einige tausend Kilometer weiter nördlich."
„Noer?", fragte Amiel.
„Noer, genau. So heisst unser Ziel. Eine stattliche Insel mitten im Ozean. Ein bisschen kleiner als Neuseeland, aber es hat doch gewisse Ähnlichkeiten. Dahin werde ich dich bringen und dir die Geschichte von deinem Traum erzählen."
„Bei allem Respekt, ich bin nicht auf den Kopf gefallen. Ich habe Jahre von Schulbildung hinter mir und bin ein begeisterter Fan der Geographie. An diesem Ort gibt es nichts, aber auch gar nichts. Von einer solchen Insel habe ich nie gehört", meinte Amiel.

Dalin lächelte nur. „Nun, nicht alles, was nicht sichtbar ist, ist tatsächlich auch nicht da. Ihr wisst ganz schön viel, das ist mir schon klar. Doch da gibt es noch einige kleine Lücken."
Amiel stand auf. Diese Unterhaltung ging ihm zu weit. Was für ein Verrückter war der denn? Er würde ja bestimmt nicht so blöd sein, mit einem wildfremden, esoterischen Hippie ins Nichts hinaus zu segeln auf der Suche nach irgendeinem fernen Sagaland. Ganz egal, was der alles über ihn wusste, ein bisschen Menschenverstand war ihm doch noch erhalten geblieben, und er hatte echt andere Probleme. Er kannte diese Möchtegernwahrsager. Heute fahren ja alle auf die ab. Doch er war nicht dafür zu begeistern. Er war jemand, der mit beiden Beinen auf dem Boden stand. So schnell liess er sich davon nicht abbringen. „Was für ein komischer Kauz", dachte er bei sich.
„Nun, Dalin, herzlichen Dank, aber dafür interessiere ich mich echt nicht." Dalin wirkte etwas überrascht.
„Nun lauf mal nicht so schnell weg, junger Mann. Wie ich schon sagte, ist mir klar, wie absurd das alles klingt, doch ich kann dir versichern, du wirst mich bald verstehen.
Ich habe alles vorbereitet. Ich dachte mir, am besten fahren wir von Mosambik los, das ist eine gute Strecke. Von da aus sollten wir etwa sechs Tage brauchen bis Noer. Der Wind wird günstig sein und ich habe gewisse Fähigkeiten, die gewohnten Gesetzmässigkeiten etwas zu beschleunigen. Etwa 45 Kilometer südlich von Maxixe, einer der grösseren Städte, ist ein kleiner Fischerhafen. Da hab ich unser Boot. Wir treffen uns morgen da. Ich werde auf dich warten."
Amiel blieb einige Sekunden lang mit offenem Mund vor ihm stehen. Was für ein durchgeknallter Vogel. Nach Mosambik. Das fehlte ihm gerade noch. Dies war nun eindeutig das Ende dieser verrückten Unterhaltung.
„Guten Tag noch", zischte Amiel und drehte ihm den Rücken zu. Mit schnellen Schritten ging er davon. Er hörte Dalin rufen. „Amiel, warte doch", Doch Amiel wartete nicht.

Im Wald beschleunigte er seinen Schritt. Er konnte nicht abstreiten, dass ihm unbehaglich zumute war. Warum mussten immer ihm solche komischen Dinge passieren? Er, der doch so gerne ein ganz normales Leben geführt hätte.

Dann wurde er langsamer. Hie und da blickte er zurück, um zu sehen, ob dieser Typ ihm nicht auch noch folgte. Aber er war allein und langsam beruhigte er sich.

Irgendwann musste er laut lachen. Was für eine schräge Geschichte. Das alles war sehr verwirrend. Erst dieser Traum, dann all die alten Erinnerungen und Fragen und nun noch dieser Irre mitten im Wald. Das war ja mal wieder ein Tag. Er schlug den Weg zum Hafen ein. Er wollte jetzt nicht gleich in die Werkstatt. Er brauchte jetzt einen starken Espresso am Strandcafé, und dann würde er mit dem Boot rausfahren und fischen, um sich von all dem zu erholen.

Es war noch ein gutes Stück durch den Wald. Amiel erinnerte sich nochmals an Dalins Worte. Schon seltsam, was der alles über ihn wusste. Im Grunde äusserst unheimlich, dass ein Fremder all diese Dinge wissen konnte, die Amiel niemandem erzählt hatte. Ihm lief ein Schauer über den Rücken, und er blickte nochmals um sich. Wenn dieser ihn nicht gerade auf eine Schiffsfahrt in die Antarktis eingeladen hätte, dann wäre die Sache mehr als spannend gewesen.

Einen kurzen Moment stieg eine Sehnsucht danach in ihm hoch, all die Fragen beantworten zu können, um sie irgendwann hinter sich zu lassen. Gerne hätte er jemandem von allem erzählt: der ungeklärten Kindheit, dem Traum und der Geschichte seiner Familie.

An diesem Mann war etwas Geheimnisvolles. Etwas, was ihn vertrauenswürdig machte und in Amiel das Bedürfnis weckte, ihn in die eigenen Gedanken einzuweihen.

Einen Moment lang wollte er umkehren und zu Dalin zurückgehen. Vielleicht hatte er diese Chance nur dieses eine Mal. Er blieb stehen. Um ihn herum war es merkwürdig still.

Sollte er nochmals hingehen? Diesen komischen Vogel zum Kaffee einladen und ihm Fragen stellen? Er hätte wirklich viel mehr Fragen stellen sollen, dachte er. Im Grunde wusste er nichts über diesen Mann. Doch nein, das Ganze war ihm zu unheimlich.
Er ging weiter.
Plötzlich fuhr er zusammen. Mitten auf dem Pfad, auf einem Baumstrunk, sass ein kleiner, blonder Junge. Er strahlte Amiel an und baumelte mit den Beinen in der Luft.
Amiel überkam eine Gänsehaut und gleichzeitig fühlte er sich von diesem Kind angezogen. Es war irgendwie anders. Was machte es hier, alleine und mitten im Wald?
„Was machst du denn hier?", sprach er ihn an.
„Ich zeige dir den Weg!", meinte der Junge.
„Welchen Weg?", fragte er.
„Deine Heimreise.", antwortete das Kind und sah ihn mit grossen Augen an.
Amiel spürte einen stechenden Schmerz im Kopf. Das Gehirn rebellierte. Er rieb sich mit den Zeigefingern in den Augen um den Schmerz zu beheben. Als er sie wieder öffnete, war der Junge verschwunden.
Als Teenager mochte Amiel diese Gruselgeschichten. Beim Zelten am Lagerfeuer. Nie hätte er gedacht, selbst mal Zeuge einer übernatürlichen Begegnung zu werden.
Er sah sich lange um. Das Kind war weg. Es konnte unmöglich davongelaufen sein in dieser kurzen Zeit. Etwas ging hier vor sich.
„Kind? Wo bist du? Welche Heimreise? Ich verstehe nicht?"
Es blieb ruhig.
Er setzte sich auf den Baumstrunk. Die Schläfen hämmerten, sein Herz schlug wie eine innere Faust gegen seine Brust.
Das Kartenhaus zerfiel. Er begriff nichts mehr. Die Formen vermischten sich, verhakten sich ineinander und vor seinen Augen entstand ein heilloses Durcheinander.

Er stand auf und ging weiter. Es musste sein Schicksal sein, ein hilfloser Träumer zu bleiben, der nicht zum Rest der Gesellschaft passte. Das normale, stille Leben blieb ihm verwehrt. Etwas war von der Ferne wieder an ihn herangerückt, war mitten in sein Leben getreten und er wusste, dass Dalin recht hatte. Der Zeitpunkt war da.
Er begann zu rennen. Er musste seine Glieder bewegen und seinen Körper spüren. Er rannte und rannte ohne zu ermüden, bis er plötzlich den Boden unter den Füssen verlor.
Er fiel. Der Waldboden endete abrupt auf einer Anhöhe, die er nicht bemerkt hatte, und fiel dann ab. Amiel stürzte über einen Stein und fiel einige Meter den steilen Hang herunter. Dumpf schlug er mit der Seite auf dem Boden auf. Sein Kopf prallte gegen einen Baum und er sah nur noch kalte, weisse Punkte. Dann schwanden seine Sinne.

*„Sag deinem Herzen, dass die Angst des Leidens grösser ist, als das Leiden selbst.*
*Und kein Herz hat jemals gelitten, wenn es sich auf die Suche nach seinen Träumen gemacht hat."*

*Paulo Coelho („Der Alchimist", 1996)*

## Seereise

Amiel spürte ein Hämmern erbarmungsloser Intensität in seinem Kopf von. Dann stechender Schmerz und eine bleierne Schwere. Er fasste sich an den Kopf. Die Beule war erschreckend gross und er spürte Blut seine Haut wärmen. Langsam drang Licht zu ihm durch, und er öffnete die Augen.
Die Sonne schien ihm mitten in sein Gesicht und blendete ihn. Er schloss die Augen. Sein Körper schmerzte und er be-

schloss, noch einen Moment still dazuliegen. Von weit her hörte er Stimmen. Es war auf einmal entsetzlich schwül und heiss, der schattige Baum war verschwunden.

Wieder ertastete er seine Kopfwunde. Wird nicht so schlimm sein, dachte er. Er hatte wohl noch einmal Glück gehabt. Dieser Sturz war ganz schön heftig gewesen. Kein Wunder, wenn man wie ein Irrer durch den Wald rennt, ohne zu schauen, wo die Füsse gerade hintreten.

Wieder schlug er die Augen auf und beschirmte sie mit der Hand. Wie seltsam, dachte er. Von dem Wald war keine Spur mehr zu sehen. Er befand sich in einer kargen Landschaft mit Steinen, Staub und Büschen. Er versuchte, sich aufzusetzen. Das Stechen in seinem Kopf wurde wieder heftiger, und er stöhnte auf.

Langsam gewöhnten sich seine Augen an das grelle Sonnenlicht. Er zog seine Jacke aus und krempelte die Hosen hoch. Die Hitze war ungewohnt, und er hatte Durst. Wo war er bloss?

Wieder sah er sich um. Die Erde war kupferfarben, teilweise fast rötlich. Der Boden war trocken, und nur wenige Pflanzen gediehen in dieser Landschaft. Er horchte. In der Nähe mussten Menschen sein, das konnte er hören. Ein kräftiger Wind blies ihm um die Ohren.

Was war dies schon wieder für eine Zauberei, dachte er. Wie konnte er stürzen und an einem anderen Ort wieder zu sich kommen? War da dieser Dalin für verantwortlich?

Ein äusserst beunruhigender Gedanke kam ihm. Konnte es denn sein, dass....

Er sprang auf - etwas zu eilig für seinen Zustand - und ein heftiger Schmerz durchfuhr seine Knochen. Doch nun war es ihm egal. Er klopfte sich den Staub von seinen Kleidern und sah sich genauer um. Ein kleiner Pfad lag da zu seiner Rechten. Er eilte voran, von einer gänzlich beklemmenden Vorahnung getrieben.

Schon bevor er die Küste sah, wusste er mit völliger Gewissheit, wo er war.

Und so war es. Der Pfad zog sich über einen Hang und ging auf einmal steil hinunter. Das weite Meer tauchte vor ihm auf und kräftige Wellen schlugen ans Ufer. Ein Dorf war nun zu sehen. Ohne Zweifel kein europäisches. Amiel wurde ganz benommen vor Verwunderung.
Da war er also, der Hafen. Schön und zierlich, fast wie in einem Bilderbuch sah er aus. Viele Schiffe aus Holz, alte Fischerboote, Ruderboote und Segelschiffe waren an mehreren langen Holzstegen befestigt. Daneben sah er ein buntes Treiben von Menschen. Ein Markt musste es sein. Amiel sah Wagen mit Gemüse und Handelswaren, die wirr durcheinander auf dem Hafenplatz standen, und eine beträchtliche Anzahl von lachenden, laut feilschenden und diskutierenden Menschen.
Ihre Hautfarbe war dunkel.

Amiel blieb einen Augenblick stehen und sah auf diese Kulisse, die ihm doch sehr unwirklich vorkam, welche aber ohne Zweifel real war. Er gab es auf, eine logische Erklärung dafür zu suchen. Es gab keine. Er konnte nicht mehr wegrennen, sondern musste zu jenem, der für all das verantwortlich war. Denn wenn er tatsächlich hier war, dann konnte Dalin nicht weit weg sein.
Er ging hinunter zum Hafen. Die Dorfbewohner sahen ihn prüfend an. Amiel fasste sich an den Kopf, die Wunde blutete noch. Er winkte ab um zu signalisieren, dass es ihm gut gehe.
Da erblickte er am Ufer eine Gestalt.
Dalin war schon von weitem zu erkennen.
Er war damit beschäftigt, die Segel eines hölzernen, eher kleinen Segelbootes am eingezogenen Mast festzubinden. Das Schiff sah schon etwas mitgenommen aus, war aber ohne Zweifel eines der Schönsten im ganzen Hafen. Amiel erkannte

vier Segel und sah, wie Einheimische Kisten an Bord trugen und sie in der Kajüte verstauten.

Amiel ging nun ohne Zögern auf Dalin zu.

„Nun Dalin, es gibt wohl keinen Zweifel daran, dass sie hinter dieser ganzen gespenstigen Angelegenheit stecken. Ich muss schon sagen, ich wusste bisher nicht viel von Zauberei, aber das hier ist doch ganz schön dreist. Mich gegen meinen Willen um die halbe Welt zu zaubern? Bitte, hier bin ich und ich will auf der Stelle eine Antwort auf all das haben."

Amiel war überrascht, wie fest und klar seine Stimme war. Seine Wut war nicht zu überhören.

Dalin fuhr herum und sah ihn an. Dieses friedliche, sanfte Gesicht passte so gar nicht zu dieser ganzen, wirren Geschichte.

Er lächelte, wirkte fast schon beschämt, und seine Wangen waren leicht gerötet.

„Entschuldige, Amiel. Das ist eigentlich gar nicht meine Art. Ich dachte nur, dass es schwer zu ertragen wäre, wenn du dieses ganze Abenteuer verpassen würdest. Ich meine, es wäre ganz schön traurig, das Buch wieder zuzuschlagen und dir den Rest der Geschichte vorzuenthalten, die du doch immer zu verstehen begehrt hast."

Er band die dicke Schnur fest um den Mast und kam vom Boot herunter.

So eigenartig es Amiel auch vorkam, er konnte diesem Mann nicht misstrauen. Wie wütend er auch war, er fühlte sich bei ihm gut aufgehoben.

„Komm, Freund", sagte Dalin, „du hast nen Kaffee verdient nach den ganzen Strapazen." Er sah besorgt auf Amiels Kopf. „Blutet die Wunde noch? Darf ich mal sehen?"

Amiel liess ihn gewähren. Mit einem Tuch reinigte Dalin geschickt die Platzwunde. „Wird schon wieder. Tut mir echt leid! Der Abhang, den du dir da ausgesucht hast, war ganz schön steil!"

Amiel folgte ihm ins Dorf. In einem einfachen Kaffeehaus, wo ihnen ein Ventilator etwas kühle Luft zublies, machten sie Halt. Dalin bestellte Kaffee und Nüsse, dazu frische Früchte. Beide genossen den kühlen Luftzug und sassen einen Moment schweigend da.

Dann begann Dalin wieder zu sprechen. „Hör zu, lieber Freund, mir ist klar, dass die ganze Sache mehr als verwirrend ist. Es ist tatsächlich ein heftiger Eingriff unsererseits in deine freien Entscheidungen, aber dies passiert bei solchen Wundern schon mal. Dennoch sollst du wissen, dass du frei bist, zurückzukehren, wenn du nicht mitkommen willst. Ich werde dich nicht zwingen, mit mir zu kommen. Ich bin auch kein Zauberer, der dir seinen Willen auferlegen wird. Ich bin einfach nur dein Freund."

Amiel fasst sich nochmals an seine Stirn um zu sehen, ob es noch blutete. „Und wie bitte schön hast du das hingekriegt - ich meine - die ganze Reise nach Mosambik in wenigen Minuten? Es schaut mir doch ganz nach Zauber aus, denn alle andere Argumentation lass ich nicht gelten!"

Dalin presste die Lippen kurz zusammen und verzog seine Mundwinkel.

„Das ist leider nicht ganz einfach zu erklären mein Guter. Weißt du, ich kenne dich! Du bist ein feiner Kerl. Ich habe gesehen, wie du mit deinem Leben gehadert und dich mit komplexen Gedanken abgemüht hast. Ich habe mich immer schon gefreut auf den Tag, wo du diese Reise hier beginnst und diese Mühen ein Ende haben werden.

Wenn du zurückgehst, dann komme ich mit dir und wir beide vergessen das Ganze. Doch ich glaube, dass es an der Zeit ist, dass wir die Splitter deiner Erinnerung einsammeln und das Bild zusammenfügen."

„Wer bist du?", entfuhr es Amiel.

„Das Geheimnis dieser bevorstehenden Reise ist, dass ich dir keine schnellen Antworten geben werde. Niemand wird es. Am Ende jedoch wird es für dich mehr sein als eine Verstan-

deserkenntnis. Wie sagt man doch gleich: Wahrheit getrennt von Erfahrung wird immer dem Zweifel unterworfen sein.
Erfahrung ist ein guter Weg, seine Geschichte zu entschlüsseln. Eine Wahrheit soll erfahrbar sein, nicht nur erklärt. So bin ich zu diesem Zeitpunkt nicht mehr als ein Reisebegleiter und Freund."
Amiel kaute auf einer Nuss herum und wirkte nachdenklich.
„Dann sage mir, woher du das alles von mir weisst! Und erzähl mir von diesem Land, in das wir fahren werden. Deine Erklärungen sind mir zu dürftig, um mit dir wie ein Lebensmüder in die weite See hinauszustechen an einen Ort, den es nicht gibt!"
„Ich versichere dir, wir werden nach sechs bis acht Tagen festen Boden unter den Füssen haben", antwortete Dalin.
„Das Land, das ich dir zeigen werde, ist ein Land der alten Zeit. Man könnte sagen, es ist eine Bühne der Geschichte. Eine wahre Freude für Entdecker, das kann ich dir versichern.
Ja, du hast recht. Noer gehört nicht zu dieser Welt, wie du sie kennst. Aber sein Schicksal spiegelt dein eigenes Leben. Dein eigenes Leben, deine Kultur und die gesamte Reise dieser Erde.
Was ich von dir weiss? Ich weiss, dass du träumst und dass dieser Traum dich niemals loslässt. Ich weiss auch, dass dieser Traum dich dahin führen wird, wo du das wieder finden wirst, was du verloren hast. Deine Erinnerung, Amiel. Du sollst dich erinnern und deine vergessenen Jahre zurückerhalten. Deine Reise wird dich an die Ränder dieser Erde führen und dir einen Blick darüber hinaus gestatten.
Deine Reise wird dich an den Anfang führen und dir einen weiten Ausblick gewähren in das, was kommen wird. Deine Geschichte wird in eine weit grössere hineinreichen, und durch sie sollst du die eigene wieder finden."

Amiel lehnte sich zurück. „Ich nehme an, das ist alles, was du mir sagen wirst, nicht wahr?"

Dalin grinste breit. „Nun, so ist es. Nur das eine sollst du noch wissen: Die Geschichte, die ich dir erzählen werde, steht über Raum und Zeit. Sie verlangt von dir, dass du dich weit über das hinauslehnst, was die westliche Verstandeskraft voreilig beurteilt. Sie reicht weit tiefer. Also, ich frage dich: Wirst du mit mir kommen?"
Amiel seufzte und dachte angestrengt nach. Er rührte ziellos in seiner Kaffeetasse und schaute aus dem Fenster. Der Himmel war klar und flimmerte vor Hitze. Seine Hände waren klebrig und verschwitzt. Seine Gedanken aber waren nun klar und er spürte, wie aufregend er das alles fand. „Das hier ist mir ein echtes Rätsel. Ich weiss nicht, warum ich mich darauf einlasse. Im Grunde wäre mein grösster Wunsch ein ruhiges, normales Leben. Doch das wurde mir nie gewährt. Um ehrlich zu sein, das alles erscheint mir wie totaler Wahnsinn. Aber wie ich feststelle, weisst du viel über mich und das berührt und erschreckt mich. Ich würde gerne mehr über dich wissen. Wie es mir scheint, werde ich da aber nicht viel mehr erfahren. Ich kann nicht zurück, nachdem ich erkannt habe, dass meine Vergangenheit nicht nur ein leeres und nichtssagendes Unglück war. Wenn du mir sagst, dass das alles einen Sinn hatte, einen Grund, dann werde ich mitkommen und ihn suchen. Selbst wenn ich gerade an allem zweifle, was ich je für logisch und geregelt hielt. Du meinst also tatsächlich, dass wir da hin segeln können?"
„Ja, das meine ich. Das Schiff steht bereit, und ich denke, dass es gut wäre, wenn wir bald aufbrechen. Das Wetter ist gut, und es ist gerade Mittagszeit. Es bleiben uns noch einige Stunden bis zum Einbruch der Dunkelheit."
„Was genau verstehst du von der Seefahrt?", wollte Amiel wissen.
„Nun, was die Bedienung des Schiffes angeht, bin ich eine ziemliche Null. Aber Karten und Kompass lesen, das liegt mir, ausserdem habe ich noch einige Zusatzsinne, die uns behilflich sein werden, den richtigen Weg einzuschlagen", grinste er.

„Na gut, du verrückter Gefährte, dann zeig mir mal deine Karten, und wir machen das Schiff startklar."
„Nur zu gerne", sagte Dalin, winkte dem Caféinhaber und bezahlte. Dann gingen sie los. Unterwegs konnte er es sich nicht entgehen lassen, frischen Ziegenkäse und Brotfladen fürs Abendessen zu kaufen. Er schien ganz aufgeregt. Amiel vermutete, dass er das erste Mal mit auf einer Segeltour war.
„Gott stehe mir bei", sagte er leise vor sich hin und dachte an den alten Leon, der ihn bestimmt mit allen Kräften daran hindern würde, mit so einer Nussschale in den offenen Indischen Ozean zu stechen.
Sie bereiteten das Schiff vor. Amiel prüfte den Motor und die Segel. Erstaunt stellte er fest, dass das Schiff in einem bemerkenswert guten Zustand war. Im Innern des Schiffes befand sich ein kleiner Lagerraum, wo Essen und Material verstaut waren. Vorne beim Eingang waren zwei Schlafplätze, ein kleiner Esstisch und eine Kochstelle eingerichtet. Alles in allem schien das Schiff solide und vertrauenswürdig, wenn auch schnell klar wurde, dass es keineswegs für wochenlange Seereisen ausgestattet war.
Drei grosse, kräftige Afrikaner halfen ihnen dabei, das Boot auf die offene See hinaus zu stossen. Sie winkten und riefen ihnen fröhlich nach. Dalin lachte und dankte ihnen lauthals.
Amiel setzte sich ans Steuer und begann, die Koordinaten genauer zu prüfen. Er stellte das Ruder ein und überprüfte die Reisestrecke. Dalin drückte ihm eine Karte in die Hand. Verblüfft betrachtete er sie. Auf dieser Karte war tatsächlich eine grosse Insel eingezeichnet, die auf keiner Weltkarte zu finden war.
Sie lag im Herzen des Indischen Ozeans, ungefähr tausend Meilen nördlich der französischen subantarktischen Inseln und tausend Meilen südöstlich von Madagaskar.
An diesem Ort befand sich die Insel Noer. Amiel verglich Form und Grösse und stellte tatsächlich Ähnlichkeiten mit der Nordinsel Neuseelands fest.

Dalin steckte ihm zudem eine Karte zu, wo Noer in voller Grösse eingezeichnet war. „Da hast du was zum Studieren. Wirst sie auf deiner Reise bestimmt oft brauchen."
Amiel sass eine ganze Weile beim Steuer und sah sich die Karte an. Auf der südlichen Hälfte der Insel war ein Gebirge zu erkennen, welches sich quer durch das Land zog und es von einer karge Wüstenebene im Süden abgrenzte. Der nördliche Teil machte den Anschein einer hügeligen Landschaft, die im hohen Norden zur flachen Ebene überging. Einige kleine Inseln umgaben das Festland.

Es wurde Abend. Um sie herum war nichts mehr zu sehen als der weite Ozean.
Dalin bereitete das Abendessen vor, und es roch nach Knoblauch und Basilikum. Amiel hörte, wie er munter vor sich hinpfiff. Er selbst sass auf dem Deck und beobachtete den Sonnenuntergang. Der Wind blies noch immer und die Wellen schlugen kräftig gegen den Bug. Die Sonne stand knapp über dem Horizont, und der Abendhimmel war klar und frisch.
Er dachte über all die Ereignisse dieses Tages nach. Er kam sich vor wie James Cook auf einer seiner Entdeckungsreisen. In gewisser Weise war dies durchaus vergleichbar.
Er war sich noch immer unsicher, ob er all dem wirklich Glauben schenken konnte. Er hatte nun sein Segelabenteuer, und das gab ihm zurzeit genügend Antrieb. Doch an der Mission selbst hatte er gehörige Zweifel. Wie sehr er sich auch den Kopf darüber zerbrach, es ergab keinen Sinn. Er hatte sich entschieden, diesem liebevollen, aber ausgeflippten Typen, der zweifelsohne über eine Menge übernatürliche Kräfte verfügte und behauptete, nicht wirklich zu den Menschen dazuzugehören, zu vertrauen. Wohin er ihn genau führen würde, wusste er nicht.
Er war auf einer Reise, soviel war klar. Niemand würde ihm das jemals glauben, aber er war nun mal hier. Dabei, eine ganze Reihe übernatürlicher Dinge zu entdecken, die er selbst

kaum für möglich gehalten hätte. Warum hatte Dalin denn gerade ihn ausgesucht?
Was auch immer der Grund war, es gab kein Zurück mehr. Er entschied sich, sich darauf einzulassen, wenn er auch sehr daran zweifelte, dass diese Insel jemals auftauchen würde. Nach acht Tagen würden sie umkehren oder die Richtung ändern müssen, sonst steuerten sie in gefährliche, südliche Gewässer.
Sie hatten ein Funkgerät an Bord. Amiel hatte darauf bestanden, auch wenn Dalin drüber nur den Kopf schüttelte. Doch er wollte das Risiko nicht eingehen, da die See weiter südlich immer rauer und gefährlicher wird. Er hatte keine Erfahrung. Nie war er länger als fünf Tage auf dem offenen Meer gewesen und dies stets in Küstennähe.
Dalin servierte Amiel Pasta mit frischen Kräutern, Hühnchenfleisch und gebratenem Gemüse.
Er öffnete gekonnt eine Flasche Bordeaux und goss die Gläser ein.
Sie prosteten sich zu und hatten alle Mühe, den Wein bei den starken Wellen nicht zu verschütten.
„Ein begnadeter Koch, wie ich sehe", bemerkte Amiel, dem das Essen sichtlich schmeckte.
„Oh das ist meine Leidenschaft", antwortete Dalin und zwinkerte ihm zu.
„Ich bin mein Leben lang viel gereist und bin der Meinung, dass die grösste Kunst der Menschheit ihre Küche ist. Mmhh, welche Köstlichkeiten ich auf diesem Planeten gekostet habe, kann ich dir sagen. Jedes Land, jede Region hat ihre eigenen Rezepte! Das ist doch fantastisch!"
Genüsslich nahm er einen Schluck Wein. „Ich weiss ja, dass ihr ohne das rote Wässerchen nicht lange auskommen könnt, also habe ich dir einige Flaschen eingepackt. Ach ja, da du keine Gelegenheit hattest, deine Sachen zu packen, habe ich dir einiges mitgebracht." Er ging zurück in die Kabine und brachte einen beige-braunen Rucksack mit.

„Hier, das ist deiner."
Amiel bedankte sich höflich. „Was ist denn da drin?"
„Na, einiges an guten Kleidern und Ausrüstung damit du für das Outdoorleben gewappnet bist. Glücklicherweise ist da unten gerade Frühsommer und es wird nicht all zu kalt werden. Die Leute sind ganz wunderbar und die meisten sehr gastfreundlich. Ums Essen musst du dir keine Sorgen machen. Sie sind sehr grosszügig."
„Willst du mir denn nicht etwas mehr darüber erzählen? Ich meine, wo werde ich hingehen? Was werde ich da genau tun?"
„Ach, mach dir darüber nicht zu viele Gedanken. Das wird sich vom ersten Augenblick an ergeben. Ich habe keine Route für dich geplant, wenn du das meinst. Die Sache ist ganz und gar dynamisch."
„Na super", seufzte Amiel. „Wie lange wird das denn genau dauern? Die alten Fischer und meine Freunde werden sich irgendwann schon fragen, wo ich bin und in der Werkstadt stapeln sich meine Aufträge!"
Dalin trank das Glas leer. „Vergiss erst mal deine Pendenzenliste. Ich verspreche dir, du wirst zurück sein, bevor sie deine Wohnung zum Verkauf ausschreiben."
„Sehr beruhigend", brummte Amiel.
Es wurde dunkel. Beide studierten zusammen den Kurs, und Amiel zeigte Dalin, wie das Schiff zu steuern war. Sie beschlossen, sich alle drei Stunden abzuwechseln, und Amiel übernahm die erste Schicht.
Während Dalin unten friedlich schlief, sass er - die Kapuze fest ins Gesicht gezogen - oben auf Deck und betrachtete das fahle Mondlicht, das seine Spur in den weiten Ozean zeichnete. An diesem Abend fühlte er sich frei.

Am Morgen erwachte Amiel früh. Die Nussschale machte ihrem Namen alle Ehre, und die dünnen Pritschen liessen an Bequemlichkeit sehr zu wünschen übrig. Auch gelang es ihm kaum, wirklich tiefen Schlaf zu finden, da er wohl tief drinnen

der Sache entschieden misstraute. So war auch sein Erwachen eine sonderbare Mischung aus Realitätsfremde und Abenteuerlust. Jedenfalls brauchte er eine ganze Weile, um sich seiner Lage gewahr zu werden und sich ihrer anzuvertrauen. Er rieb sich die Schläfen und reckte seine schmerzenden Glieder.
Die Tatsache, mit diesem Verrückten auf offener See gen Wunderland zu segeln, schien wie der direkte Übergang vom vergangenen Nachttraum in den Nächsten.
Er stieg aus dem schmalen Bett und zog sich eine Jacke über. Er überprüfte die Navigation. Die Richtung war gut und alles stimmte. Heute war das Meer ruhiger, dafür waren einige Wolken zu sehen. Der Wind stand gut, und heute würden sie alle Segel einsetzen können.
Dalin sass bereits auf Deck. „Guten Morgen, Kollege. Na, gut geschlafen?"
Amiel brachte ein müdes Lächeln zustande. „Wenn du schon über überirdische Kräfte verfügst, hättest du gut und gerne in etwas dickere Matratzen investieren können! Ausserdem glaube ich noch nicht ganz, dass ich wirklich hier bin und mit dir rede."
„Ha, der Kerl hat Humor!", gab Dalin zurück und klatschte sich aufs Knie. „Was hältst du von Frühstück?"
Und so sassen die beiden auf Deck, tranken Kaffee und assen gebratene Eier und Schinken. Dazu die Überreste vom Brot, das sie am Hafen gekauft hatten.
Der Tag verstrich rasch. Sie zogen die grossen Segel auf, und Amiel lehrte Dalin das Segeln. Der Wind war stark, und das Boot brachte eine beachtliche Geschwindigkeit auf, so dass kräftig angepackt werden musste. Dalin war begeistert und sie beide ergänzten sich ausgezeichnet.
Der Segelabenteurer Amiel bestritt seinen Tag mit Segelsetzen, Segelmanövern und Navigation. Amiel war ganz und gar in seinem Element und war mit Leib und Seele bei der Sache. Bis jetzt lief alles hervorragend und insgeheim war er ziemlich stolz.

Dalin liess sich gerne von ihm anleiten, und Amiel genoss die Führungsrolle. Zuweilen hatten sie ein beachtliches Tempo und es bedurfte gezielter Manneskraft, das Schiff unter Kontrolle zu halten.

Am Abend sassen sie noch lange bei einer Flasche Wein an Deck und unterhielten sich über die verschiedensten Themen. Amiel erzählte von seiner Heimatstadt, und Dalin war begierig, ausgeschmückte Geschichten über die Gepflogenheiten des Kleinstadtlebens zu hören.
Dann erzählte Dalin von der Eigenart der marokkanischen Küche und berichtete von seinen Reisen, bis beide müde wurden.

Der dritte Tag begann grau und kalt. Schon nach kurzer Zeit prasselte ein starker Regen auf sie nieder und die Wellen prallten mit grosser Wucht gegen das Schiff.
Es war ein anstrengender Tag, und alle Kräfte wurden gefordert. Trotz Müdigkeit und Unbehagen schafften sie es, die Geschwindigkeit beizubehalten. Es war erstaunlich, wie viele Meilen sie zurücklegten. Amiel war bewusst, dass dies nicht mit rechten Dingen zu und herging. Normalerweise hätten sie mehr Zeit benötigt, um die vorgesehene Strecke zu bewältigen. Er war beeindruckt.
Auch der nächste Tag verlief stürmisch und gab ihnen kaum Gelegenheit, sich intensiver über die Reise zu unterhalten. Die Nachtschichten ermüdeten sie, so dass sie, wenn sich die Gelegenheit bot, auch tagsüber abwechselnd Rast machten.
Amiel war ganz auf die Seefahrt fokussiert, so dass er sich wenig Gedanken machte, was die nächsten Tage mit sich bringen mochten. Der Sturm forderte ihn heraus und ohne Dalins Gelassenheit hätte ihn vermutlich die Angst gepackt. Aber sein Gefährte erwies sich als tatkräftige, ausgeglichene Stütze, der am rechten Ort mit anpackte und ihm Sicherheit vermittelte. Es war eine Freude, mit ihm zu segeln.

Am fünften Tag beruhigte sich die See, und sie hatten Zeit, sich auszuruhen und einige Reparaturarbeiten zu tätigen.
Als der Abend hereinbrach, kochten sie sich ein ausgiebiges Abendessen und genossen die Dämmerung.
Nach den vielen Stunden, die sie beide bereits zusammen verbracht hatten, kam Dalin Amiel schon sehr vertraut vor. Ihre Gespräche hatten sich um alles Mögliche gedreht. Dalin war ein herausragender Zuhörer, der sich sehr für Amiels Erzählungen interessierte und gespannt nachfragte. Amiel fühlte sich in seiner Nähe pudelwohl. Er liebte es, sich mit jemandem so innig über absolute Belanglosigkeiten und Details des Lebens auszutauschen, sich in Schwärmereien zu verlieren und in alten Erinnerungen zu schwelgen.
Dalin verbreitete eine solch fröhliche, unbeschwerte Atmosphäre, wie Amiel es noch nie zuvor erlebt hatte.
Er strotzte vor Lebensmut und vermittelte eine wohltuende Gelassenheit.
Amiel war berührt von diesen Tagen. Mit diesem geheimnisvollen Gefährten genoss er jede Stunde. Er spürte, dass er ihm kompromisslos vertraute.
Er hatte noch nie erlebt, dass jemand so voller Interesse für ihn war! Gab es denn etwas Schöneres, als von einer anderen Person so offenherzig geschätzt zu werden und ihr Innerstes zu spüren? Dalin stellte viele Fragen und nahm sich viel Zeit, Amiel Raum für Erzählungen zu geben.
Dieser Mann stärkte ihn mit seiner Anwesenheit. Er hatte etwas Väterliches, Hingebungsvolles und Selbstloses, das Amiel aufsog und gänzlich genoss.
Auch an diesem Abend sassen sie beieinander, weit auf dem offenen Meer, wo nichts Vertrautes mehr in der Nähe war. Dennoch fühlte sich Amiel sicher und geborgen.
Der Mond spähte zwischen den Wolken hervor und hinterliess seinen silbernen Streifen über dem weiten Wasser.
Eine zauberhafte Nacht.

„Mein Freund, wir machen einen hervorragenden Job!", sagte Dalin und erhob das Glas. „Es ist ein Genuss, mit dir auf See zu sein. Dein Können beeindruckt mich. Unsere Reise ist eine wunderbare Mischung aus Körperarbeit, Sturm in den Haaren, herrlichem Essen und langen Geschichtsabenden. Welch eine Freude!"
Amiel prostete zurück.
„Und, wie lange noch?", fragte er seinen Gefährten.
„Nicht mehr weit, nicht mehr weit. Wir liegen bestens in der Zeit! Ich freue mich auf die hübsche Insel. Es hat herrliche Menschen dort. Ich bin sicher, du wirst sie mögen!"
„Wenn ich ehrlich bin", gab Amiel zur Antwort, „so hab ich dich sehr ins Herz geschlossen und geniesse unsere Reise in vollen Zügen. Aber an die Insel Noer hab ich kaum gedacht und weigere mich noch immer, die Geschichte zu glauben. Andererseits wird es langsam Zeit, dass sich die Sache klärt, denn die Antarktis ist, wenn wir in diesem Tempo weiterfahren, nicht mehr allzu weit."
„Spannend, nicht?", zwinkerte Dalin ihm zu, „Sagaland oder nahende Pinguine! Einfach herrlich, diese Story!"
Er lachte.
„Sie waren sehr schön, diese Tage", fuhr er fort. „Du bist ein besonderer junger Mann! Damit du es nicht vergisst, ich habe nicht irgend jemanden für diese Reise ausgewählt, sondern ganz bewusst dich! Es ist deine Reise, wild, verrückt und träumerisch. Sie lässt sich nicht so leicht durchschauen - so, wie auch du dich nicht leicht deuten lässt. Ich weiss, dass du dich oft so anders gefühlt hast, als die grosse Mehrheit der Leute. Es gibt viele Besonderheiten an dir, lieber Freund, und sie begeistern mich immer wieder auf`s Neue!"
„Ich habe es nicht als Vorteil empfunden." Gab Amiel zu. „Ich wäre gerne weniger anders gewesen und hätte viel darum gegeben, nicht so kompliziert gestrickt zu sein."
Dalin neigte sich vor. „Kein Mensch ist nur ein Mensch der Masse und je mehr man sich in sie verwandelt, desto matter

werden die Farben einer Gesellschaft. Aber was deine Geschichte betrifft, so wünsche ich dir von Herzen, dass du ein Ja zu ihr finden wirst. Dass sie dir einmal genauso wundersam und fantastisch erscheint wie mir und dass jede der dunklen Seiten dieses Buches ihre Bedrohung verliert. Das Leben ist dann gelebt, wenn es am Ende das Lied von der Schönheit singen kann."

„Das sind sehr schöne Worte", gab Amiel zurück, „aber wie kann ich ein Ja finden, wenn ich nicht weiss, zu was? Ich kenne die ersten Seiten des Buches nicht."

„Ja, das weiss ich. Kein einfacher Weg. Aber ich kann dir die ersten Seiten deines Buches nicht erzählen. Es genügt nicht, sie in Worten zu hören. Warte ab, es fügt sich mehr und mehr zusammen."

Amiel wusste nicht, ob er das glauben konnte, aber er konnte es hoffen. Er hoffte es mit ganzer Kraft! Vielleicht konnte er dann, wenn er wusste, wer er war, zurück gehen und die Dinge klären, für was er bislang zu feige war.

„Was möchtest du in deinem Leben erreichen?", fragte ihn Dalin unvermittelt. „Wovon träumst du?"
Etwas überrascht sah ihn Amiel an und dachte nach: „Nun, wenn ich ehrlich bin, habe ich mir bislang nicht allzu viele Gedanken gemacht. Bestimmt wünsche ich mir das Übliche, eine tolle Frau zu heiraten, einige Kinder zu haben. Ich wünsche mir ein Zuhause und ein paar gute Freunde, viel mehr brauche ich nicht."
„Oh, welch ruhmhafte Bescheidenheit", erwiderte Dalin und konnte den neckischen Unterton nicht ganz verbergen. „Gibt es da nicht noch etwas mehr?"
„Was meinst du mit „mehr?", gab Amiel etwas verärgert zurück.

„Ich meine die Träume, mein Freund. Man spricht sie vielleicht nicht so schnell aus, aber sie sind mit Sicherheit da, sonst wäre das Leben fade und prüd."
Amiel seufzte. „Alles, wofür ich die letzten Jahre arbeitete war, mir ein eigenes Leben aufzubauen und meiner früheren Schwermut endlich den Rücken zu kehren. Es ist mir ganz gut gelungen, und ich war zuversichtlich, die Vergangenheit hinter mir gelassen zu haben. Doch dann bist du aufgetaucht und hast mich aus dieser gemütlichen Position in ein unerwünschtes Abenteuer hineingeschleudert."
„Unerwünscht?", hakte Dalin nach.
„Ja, so ist es! Ich hatte geglaubt, es endlich hinter mir zu haben.
Du hast gesagt, du seist ein Traumdeuter und ich glaube zu wissen, dass du meine Geschichte besser kennst als mir lieb ist." Amiel hielt einen Moment inne und fuhr dann leise fort: „Es war der Traum, der nach langer Zeit zurückgekehrt ist. Ich habe es wieder gesehen, dieses weite Land. Ich habe das Gras berührt und den Duft eingeatmet. Ich kann es nicht beschreiben, aber immer, wenn es mir erlaubt ist, einen Blick in dieses Land zu werfen, wird alles andere unbedeutend. Der Traum war wie der erste Atemzug meines Lebens, er war von Anfang an da. Er ist alles, was ich von mir weiss, und er ist das Wunderbarste, was ich je erfahren habe. Ich kann nicht leugnen, dass ich mich beinahe jeden Tag frage, was dieser Traum mit mir zu tun hat und wie ich dieses Land finden kann. Kannst du nicht sagen, wie ich das Rätsel lösen kann? Kannst du mir sagen, wer ich wirklich bin?"
Er sah Dalin lange an und wartete, bis dieser erwiderte: „Ja, ich werde dir gerne helfen, das Rätsel zu lösen. Deshalb sitzen wir jetzt hier unter dem Sternenhimmel. Lieber Freund, sei dir im Klaren, dass dir eine einzigartige Gabe anvertraut ist. Es sind wenige, denen solch offene Augen geschenkt werden."
„Ist Noer dieses Land?", fragte Amiel dazwischen.

„Nein, nicht ganz. Noer ist ein guter Wegweiser. In Kürze wirst du mehr erfahren. Aber nicht heute Abend. Ein guter Freund muss zur richtigen Zeit reden und zur richtigen Zeit schweigen können. Geh jetzt schlafen, und überlasse alles der Ruhe der Nacht. Der morgige Tag wird einiges zu bieten haben!"
Wie immer war klar, dass an diesem Abend nicht mehr von Dalin zu erfahren war. Es war nicht leicht, diese Eigenart hinzunehmen, aber Amiel fügte sich und merkte, wie sehr er sich nach Schlaf sehnte.
Sie spülten das Geschirr und machten sich fertig für die Nacht. Dalin würde die erste Wache halten.
Amiel war das recht. Als er sich hinlegte, dauerte es nur wenige Sekunden und er schlief ein.
Dalin weckte ihn diese Nacht nicht.

Am nächsten Morgen erwachte Amiel früh. Ihm wurde schnell klar, dass Dalin ihn diese Nacht schlafen gelassen hatte und fragte sich, wie dieser es wohl geschafft hatte, die ganze Nacht wach zu bleiben.
Inzwischen mussten sie ihrem Ziel näher gekommen sein, sofern dies wirklich möglich war. Bisher lief alles nach Plan und die Spannung darüber, was die nächsten Tage geschehen würde, stieg an.
Ein Hauch von Sorge überkam ihn. Er war nicht geübt in der Hochseefahrt und je südlicher sie kamen, desto wilder wurde das Meer. Jeden Tag konnte ein neuer Sturm sie treffen.
Dalin war nicht in der Kabine. Sein Bett war ordentlich hergerichtet, und Amiel hörte nicht das gewohnte Summen vom Oberdeck.
Er zog seine Kleider an und kletterte nach oben. Er sah sich um, doch sah er Dalin nicht. Er stieg auf das hintere Deck, doch niemand war da. Amiel begann, seinen Namen zu rufen und stieg wieder in den Bug des Schiffes. Er sah im Vorrats-

raum nach, in jeder kleinsten Ecke des Schiffes und rief seinen Namen. Dalin war verschwunden.

In Panik rannte Amiel wieder an Deck und suchte das Wasser ab. War Dalin ertrunken? Über Bord gefallen? Wie konnte das sein?

Um ihn herum war nichts als das weite Meer zu sehen. Kein Land, keine Schiffe, kein Zeichen von Dalin. Er musste sich setzen. Er hatte keine Ahnung, welches böse Spiel da mit ihm gespielt wurde.

Schliesslich taumelte er benommen in die Kabine zurück und setzte sich auf das Bett.

Sein Blick fiel auf die fein säuberlich zusammengefaltete Decke, dann auf das Kissen auf Dalins Nachtlager und zu seinem Erstaunen sah er da einen grauen Umschlag liegen.

Augenblicklich griff er nach ihm und riss ihn auf.

Es war eindeutig Dalins Handschrift:

*„Lieber Freund, ich weiss, das wirst du mir ewig nachtragen, aber ich musste etwas früher aufbrechen als geplant. Nicht, dass ich weit weg bin, aber diesen letzten Abschnitt wirst du ganz gut ohne mich schaffen. Wir treffen uns in einigen Tagen wieder. Du wirst alle Hilfe und Hinweise finden, die du benötigst. Habe persönlich dafür gesorgt.*
*Bis bald. Dalin"*

Amiel starrte auf den Brief. Minuten verstrichen und er blieb stumm sitzen, ohne sich zu regen oder viel zu denken. Dann legte er den Brief zurück und ging an Deck.

Er überprüfte erneut die Geschwindigkeit und die Steuerung, dann setzte er sich schliesslich an den Tisch. Für einige Stunden sass er nur da, sah aufs Wasser hinaus, studierte die Karte und überlegte fieberhaft, wie er seinem Schicksal entkommen konnte. Er sah sich schon, jämmerlich auf dieser Nussschale zu verdursten. Welche Route konnte er nehmen bis zum nächsten Festland? Welche Chance gab es, umzukehren? Er überprüfte das Wasser und die Vorräte. Die Lage war klar, es würde nicht länger als vier Tage reichen. Das Wasser war fast aufgebraucht.

Viele Stunden war er hin und her gerissen. Dies war zu viel für ihn. Er war allein und steuerte mit grosser Geschwindigkeit auf das weite Nichts zu. Irgendwann würde es zu spät sein, um umzukehren. Konnte er es wagen, noch ein, zwei Tage weiter südlich zu fahren? Und was, wenn keine Insel kommen würde? Welche Möglichkeiten würden ihm bleiben?

Er wusste es nicht. Auch nicht, als die Sonne hinter dem Horizont unterging, auch nicht, als die ersten Sterne am Himmel aufleuchteten. Er fühlte sich als Teil eines ungewöhnlichen Alptraumes und war schlicht unfähig, darauf zu reagieren.

Die Nacht über lag er wach, fiel jeweils nur minutenlang in einen unruhigen Schlaf und schreckte wieder auf. Wutentbrannt über diesen komischen, überirdischen Typ, der einfach verschwunden war, als es brenzlig wurde. Wie konnte er nur so wahnsinnig sein, sich auf solch eine Geschichte einzulassen? Dann aber dachte er über jedes kleinste Detail der letzten Tage nach und erschauderte über die ganze Unwirklichkeit der Ereignisse.

Das konnte alles gar nicht wahr sein!


Er tat auch am Morgen nichts. Rührte kein Essen an, kein Wasser, hielt nur die Geschwindigkeit bei und wartete. Stunde um Stunde starrte er auf den weiten, nichtssagenden Horizont und wollte mit jeder Minute mehr verzagen.

Seine Gedanken rätselten, suchten einen Ausweg aus der Misere. Er hatte noch den Funk und würde Hilfe rufen können. Dies war der einzige Grund, weshalb er noch immer den Kurs nach Süden hielt.

Dieser Tag war voll von schrecklicher Einsamkeit. Eine solch schmerzliche Trübsal hatte er lange Zeit nicht mehr durchlebt und sie zermürbte ihn.

Die Fröhlichkeit und Schönheit der letzten Tage war verschwunden.

Viele Male wollte er sich erheben, endlich zu diesem Steuerruder gehen und diesen bitteren Spass beenden. Viele Male wollte er das Funkgerät einschalten und Hilfe anfordern.

Aber er sass immer noch da, an derselben Stelle mit dem Blick auf den Horizont gerichtet.

Er erhofftet sich nichts mehr von dieser Reise, vielmehr war es ein Gefühl lähmender Sinnlosigkeit, die ihn davon abhielt, aufzustehen und die Sache in die Hand zu nehmen.

Er konnte sich keinen Reim auf diese Geschichte machen. Er hatte nicht die geringste Spur von einer Idee, wozu das alles gut sein sollte.

In dieser Dämmerung seines Verstandes liess er sich dahintreiben, in diesem Nichts seiner Selbst vergass er alles um sich herum und in der Belustigung über den eigenen Wahnsinn hätte er beinahe verpasst, dass weit in der Ferne, am hintersten und trügerischsten Ende des Horizontes ein erstes Strichlein Land auftauchte.

Er glaubte es nicht. Er weigerte sich, es zu glauben.

Als bestätigte es den Zustand des verzagten Selbstkritikers, regte sich auch nichts in ihm, als der dünne Strich sich zu einer klaren Struktur verhärtete, die sich deutlich aus der blauen Unendlichkeit heraushob.

Und noch Minuten später war sein Innerstes taub, bevor es langsam in sein Bewusstsein drang und einige Signale durch das Gewirr seiner Synapsen sendete.

Amiel sprang auf.

Land! Da war ohne Zweifel Land zu sehen! Hastig sprang er in die Kabine und wühlte in seinen Taschen, bis er schliesslich das Fernglas fand.

So stand er an Deck, nun mit rasendem Puls und ängstlicher Erleichterung, und beobachtete, wie langsam in weiter Ferne eine Insel sichtbar wurde.

Als es keinen Zweifel mehr gab, welches Abenteuer sich vor seinen Augen auftat, legte er das Fernglas beiseite und begann, das Schiff für die Ankunft vorzubereiten. Eine schwindelhafte Aufregung umfing sein Herz. Es zersprang schier in seiner Brust und hämmerte gegen alle Werte des Verstandes. Hier war sie, dieses wirren Rätsels Antwort, die sich in einer solch verrückten, einzigartigen Weise vor ihm auftat. Er wappnete sich für den Sprung ins Unbekannte.

*„Ja, aber glauben Sie denn wirklich, Herr Professor", fragte Peter, „andere Welten sind überall zu finden, und einfach nur so um die Ecke herum?" „Nichts ist wahrscheinlicher", antwortete der Professor. Er nahm seine Brille von der Nase und putzte sie sorgfältig. Dabei murmelte er: „Ich frage mich wirklich, was sie ihnen eigentlich auf den Schulen beibringen."*

*C.S. Lewis in „Der König von Narnia" (1950)*

## Noer

Das Schiff näherte sich dem fremden, nie zuvor erkundeten Land. Wohl hatte manch einer der grossen Entdecker diese letzten Minuten wie Amiel verbrachte - eng an den Frontmasten gepresst und mit stockendem Atem - und auf jene sich aufschliessenden Landstriche gestarrt. Mit den sich schärfenden Strukturen jener Insel und den ganzen Erlebnissen der letzten Tage, löste sich Amiels Welt aus aller Erklärbarkeit und Logik. Was hier geschah, überstieg den menschlichen Anspruch nach Vernunft.
Amiel erkannte eine leicht hügelige Landschaft, die kleine Sandbuchten und steinige Anhöhen formte. Liebliches, junges

Grün überzog die Hügel, hohes Gras, wo weder Büsche noch Bäume zu sehen waren. Am Strand konnte er vier Holzboote erkennen, die dort befestigt waren.Häuser konnte er jedoch keine ausmachen.Dann sah Amiel drei Personen, die im Schatten eines Felsens sassen und ihn beobachteten. Als er näher kam, erhoben sie sich. Amiel war mulmig zumute. Die Männer waren leicht bekleidet, trugen ausschliesslich knielange Hosen und lange Überhänge.Sie wirkten sehr kräftig, und Amiel war sich seiner Lage bewusst. Seine Augen suchten nach Dalin, der jedoch nirgends zu sehen war. Es blieb ihm nichts anderes übrig, als direkt auf sie zu zu steuern. Die Männer standen nun mit strengem, verunsicherndem Blick am Strand und warteten, bis er näher kam. Dann riefen sie ihm etwas zu, das Amiel nicht verstand. Doch dann, als wäre ihm eine neue Welt aufgeschlossen worden, erfasste er die unbekannten Silben.Er konnte jedes Wort verstehen, obwohl er die Sprache nie zuvor gehört hatte.

„Anhalten!", hörte er. Er sah, wie einer der Männer ein Messer zückte. So gut es ging, brachte er das Schiff zum Stehen. Die Männer kamen ins Wasser. Amiel hob abwehrend seine Hände. Erstaunt hörte er sich selbst sprechen: „Ich bin allein und komme in Frieden. Ich bin ein Seefahrer und suche das Land Noer." Die Männer winkten ihn zögernd heran und Amiel übergab ihnen den Strang seines Seiles. Gemeinsam zogen sie das Schiff an Land. „Wie ist dein Name?", fragte ihn einer der Männer. Er hatte schwarzes, mittellanges Haar und einen leicht dunklen Teint. „Ich bin Amiel", antwortete er bereitwillig und staunte noch immer, dass er eine so völlig unbekannte Sprache sprach. „Ich komme aus dem Norden, aus Europa."Die Männer sahen sich fragend an. Sie halfen Amiel, das Boot fest zu binden und bestanden darauf, sich zu vergewissern, dass er alleine war. Mit grosser Bewunderung betrachteten sie sein Schiff. Aufgeregt begutachteten sie die Segel und den eingerichteten Innenraum. Die kleine Küche schien sie völlig zu faszinieren. Auch der Schiffsmotor wurde eingehend bestaunt.Sie stellten ihm seltsame Fragen, und Amiel begann zu verstehen, dass diese Dinge ihnen unbekannt und neu waren. Schliesslich versprach er ihnen, später einmal alles genau zu erklären und schenkte ihnen einige seiner Habseligkeiten, um sie abzulenken. Einer der Männer war bereits weggelaufen und kam mit fünf weiteren wieder angerannt, die allesamt erneut das Schiff unter die Lupe nahmen und heftig miteinander diskutierten. Erst nach einer ganzen Weile griff ihn ein älterer Herr lachend am Unterarm und führte ihn an den Strand.

„Nun komm aber erst mal an Land, mein Junge. Wir haben hier sehr selten Gäste von fremden Inseln. Du musst eine sehr weite Reise hinter dir haben. Komm und iss mit uns."

Sie setzten sich zu den Fischerbooten, und mit der Zeit stiessen auch die anderen zu ihnen. Sie assen Brot mit getrocknetem Fisch und frischen Tomaten.

„In der Tat", sagte der Mann, „du musst von sehr weit her kommen. Wir haben noch nie ein solches Schiff gesehen. Es gibt einige Inseln im Norden, mit deren Bewohnern wir Handel treiben. Aber vom sehr hohen Norden wissen wir nichts, ausser einigen vagen Geschichten und Mythen. Hie und da kommt ein Wanderer in unserem Dorf vorbei. Er hat uns vor ein paar Tagen auch mitgeteilt, dass ein Fremder vorbeikommen wird und wir dich höflich empfangen sollen. Ein guter Kerl, wenn auch etwas eigenartig."

„Du meinst Dalin? Ist er hier?", fragte Amiel.

„Nein. Gestern Nacht ist er in die Stadt aufgebrochen. Er meinte, es gäbe Dringendes zu erledigen. Einen guten Freund hast du dir da geangelt. Lässt dich einfach hier alleine zurück." Der Mann lächelte aufmunternd. „Aber mach dir keine Sorgen! Du bist hier in guter Gesellschaft. Wenn du willst, bist du willkommen, diese Nacht unser Gast zu sein. Ich wohne oben im Dorf mit meiner Familie. Morgen früh bricht mein Nachbar auf und fährt in die Stadt. Er kann dich bestimmt mitnehmen."

„Wo ist denn die Stadt?", fragte Amiel.

„Sie liegt etwas mehr als eine halbe Tagesreise südlich von hier", antwortete einer der Männer. „Die Stadt Luun, Noers Hauptstadt im Lande des grossen Waldes. Eine prächtige Stadt, das kann ich dir sagen. Wir Anwohner des Meeres kommen leider nur selten in den Süden. Aber das haut auch sein Gutes. Es gibt zu viele Unruhen in den grossen Siedlungen. Hier im Norden sind wir zu abgelegen für solche Dinge.

Sie assen eine Weile und unterhielten sich. Amiel war überrascht, wie friedlich dieses erste Zusammentreffen verlief.
Er konnte nicht fassen, dass er tatsächlich hier war. Die letzten Stunden war er überzeugt gewesen, einem Trug seines Verstandes zum Opfer gefallen zu sein. Doch nun war er hier und spürte, wie er ruhig wurde. Er gab sich dieser Geschichte hin, die sich ihm Stück für Stück erschloss.
Nach all den Tagen verrückter Seefahrt, von innerem Zweifel und Zerrissenheit ermüdet, ergab er sich dem Lauf dessen, was hier längst vorbereitet zu sein schien. Er erkannte seine Rolle, die für ihn daraus zu bestehen schien, sich auf diese Reise als neugieriger Entdecker einzulassen und Land und Leute kennen zu lernen. Darüber hinaus nach Erklärungen zu suchen, war ihm kein Bedürfnis mehr. Es entkräftete ihn nur und liess keine logische Schlussfolgerung zu.
Er blendete den Realismus bewusst aus.
Er beobachtete diese fremden Menschen. Die meisten von ihnen waren dunkelhaarig, trugen kurze Bärte und waren kräftig gebaut. Ihre Kleidung war einfach, ihr Äusseres gepflegt und ihre Sprache war gemächlich und klangvoll.
Amiel beschloss, keine Fragen zu stellen, sondern einfach mal abzuwarten und zu beobachten.
Er war froh, an Land zu sein und genoss die Gesellschaft.
Aber er merkte, wie erschöpft er war und war froh, als die Fischer ihre Netze und Eimer zusammenpackten. Der Fang war heute klein ausgefallen.

Amiel packte seine Habseligkeiten zusammen und beschloss, das Schiff in die Obhut seines Gastgebers zu geben, bis Dalin wieder aufgetaucht war.
Dann gingen sie gemeinsam zum Dorf, welches eine halbe Stunde westlich auf einer Anhöhe über dem Meer stand. Es waren um die zwanzig alte Steinhäuser, die eine kleine Ortschaft bildeten. Die Häuser hatten grosse Gärten, wo tüchtig angepflanzt wurde. Einige besassen grosse Ställe für Kühe, Ziegen und Hühner. Grosse Hunde wachten über Häuser und Vieh. Alles sah recht idyllisch aus, aber es war klar zu erkennen, dass es nicht dem Entwicklungsstand seiner Heimat entsprach.
Amiel erblickte Pferdekarren vor den Häusern und ging an einer Schmiede vorbei, wo der Dorfschmied noch mit Hammer und Kohle Metall bearbeitete.
An den Häuserwänden hingen Heugabeln und Sicheln. Eine Frau holte gerade Wasser aus einem alten Ziehbrunnen, und Amiel sah die grossen Stapel Holz, die vor jedem Haus aufgebaut waren.
Die Männer verabschiedeten sich und Amiel musste versprechen, dass er oder Dalin ihnen eines Tages das Schiff mit den modernen Geräten erklären würde.

Deref, so hiess sein freundlicher Gastgeber, wohnte am Dorfrand in einem grossen Haus. Er zeigte Amiel die Ställe und präsentierte mit Stolz seine drei Pferde. Milch bekamen sie von einem halben Dutzend Ziegen, welche im hinteren Stall hausten.
Es war ein schönes Anwesen. Mit seinen grauen Steinhäuschen, umgeben von Meeresklippen und seichten Hügeln, erinnerte es Amiel an ein irisches Bauerndorf.

*„Es gibt eine Welt.*
*Der Wahrscheinlichkeit nach*
*grenzt das ans Unmögliche.*
*Es wäre viel begreiflicher,*
*wenn es einfach nichts gäbe.*
*Dann könnte sich auch niemand fragen,*
*warum es nichts gibt."*

*Jostein Gaarder „Maya oder Das Wunder des Lebens" (2002)*

## Derefs Haus

Sie betraten das Haus durch ein niedriges, hölzernes Eingangstor. Amiel stiess seinen Kopf am Türrahmen an und taumelte einen Moment. Die Menschen hier waren deutlich kleiner als seinesgleichen. Deref lachte laut auf.
Auch der Wohnraum war niedrig und sehr einfach ausgestattet. Ein Holztisch mit zwei Bänken, ein grosser Kachelofen, in welchem ein warmes Feuer loderte, eine halb abgetrennte Kochecke sowie einige Schränke. Im Raum stand noch einer dieser geflochtenen Schaukelstühle, die Amiel aus den Zeiten seiner Grossmutter kannte. Er war mit weichen Fellen bedeckt. In der hinteren Hausecke erblickte er einen Webstuhl und einige Kisten.
Aus der Küche kam eine Frau mit einem kleinen Kind auf dem Arm.
Sie lächelte, blickte jedoch etwas verunsichert zu Deref.
„Amiel, das ist meine Frau Lora. Lora, dies ist ein Wanderer auf der Reise nach Luun. Er kam mit dem Schiff. Ich lud ihn ein, bei uns zu übernachten."
Lora grüsste Amiel nun herzlich und wies ihn an, er solle sich setzen.
Zwei weitere Kinder kamen in den Essraum und grüssten ihn.

„Ich habe vier Kinder", meinte Deref, „der Älteste ist bereits fünfzehn Jahre alt und hilft derzeit bei seinem Onkel aus. Der arme Kerl ist krank geworden und benötigt Hilfe mit seinem Vieh."
Deref brachte die Fische in die Küche, wo Lora bereits dabei war, das Abendessen vorzubereiten.
Dann verschwand er, um sich zu waschen und umzuziehen.
Amiel sah sich noch einmal genauer um. Es gab offensichtlich noch keinen Strom. Auf den Tischen standen Kerzen, und bei Einbruch der Dämmerung hängte Lora eine Öllaterne vor das Fenster.
Lora kochte auf einem Herd, der noch mit Holz beheizt wurde. Das Wasser hatten sie in grossen Krügen gelagert und holten es wohl jeweils beim Dorfbrunnen, wo sich Deref gerade wusch.
Es wirkte auf Amiel genauso, wie er sich zu Lebzeiten seiner Urgrossmutter vorstellte.
Er fand das wirklich faszinierend.
Die Kleider waren selbstgewoben und bestanden aus einfachen Stoffen. Lora trug einen langen, leinenen Rock mit Strickjacke und einen Umhang aus Wolle um die Schultern.
Auch Amiel machte sich schliesslich frisch, und bald schon sass die ganze Familie am grossen Tisch zum Abendessen. Die Kerzen und das Feuer waren jetzt das einzige Licht, welches das Zimmer erhellte.
Sie assen Fisch mit Kartoffeln. Deref und Lora erzählten von ihren Kindern und dem Dorfleben. Anscheinend gab es der Nordküste entlang einige Fischerdörfer, im Süden vereinzelte Bauernhöfe. Bis zur nächsten Stadt Luun, Noers Hauptstadt, war es jedoch eine weite Strecke, durch eine wenig bewohnte Gegend.
„Die Menschen im Norden leben vom Fischfang. Das ist seit Generationen so. Im Garten pflanzen wir unser Gemüse, und jedes Dorf bewirtschaftet einige Getreidefelder. Einige halten

Ziegen, Hühner und Schweine. Mehr braucht es nicht zum Leben", erklärte Deref.

Lora räumte den Tisch ab. Dann brachten sie und Deref die Kinder zu Bett und setzten sich anschliessend mit Amiel an den Tisch.
„Ein Freund von Dalin bist du also", sagte Lora und lächelte, „ein guter Mensch, dieser Dalin. Kommt immer mal wieder vorbei und erkundigt sich nach uns. Obwohl ich mich oft wundere über ihn. Er gibt nicht viel über seine Reisen preis."
„In der Tat, ein seltsamer Vogel", antwortete Amiel. „Das nächste Mal werde ich ihn nicht mehr so schnell entwischen lassen. Der Gute ist mir einige Antworten schuldig geblieben. Du glaubst also, ich finde ihn in Luun?", fragte er Deref.
„Ja!" Er sagte, dass er dich in den nächsten Tagen da treffe. Er wird dich schon finden."
„Das hoffe ich", erwiderte Amiel.
„Meinem Nachbarn habe ich bereits Bescheid gesagt. Er wird dich morgen früh in die Stadt mitnehmen."
„Das ist sehr freundlich. Ich bin sehr dankbar für eure Gastfreundschaft und Unterstützung. Das ist ganz wundervoll!"
Er sah sich einen Moment nachdenklich um. „Würdest du mir von Noer erzählen? Ich würde gerne mehr über euer Volk und das Land erfahren."
Deref nickte erfreut. „Das mache ich gerne."
Während Lora Kaffee aufsetzte und süsses Weizengebäck auftischte, erzählte Deref von dem Leben hier am Meer. Amiel war beeindruckt von der Einfachheit ihres Lebens.
„Seit Urzeiten leben in Noer vier Völker. Wir, die Menschen am Meer, leben hier, an der nördlichen Küste. Wir geben unser Wissen über die Fischerei und den Bootsbau an unsere Kinder weiter. Davon leben wir. Unsere Kinder lernen, wie man sich hier an den windigen Küsten zurechtfindet und überlebt. Der Norden ist steinig und verwinkelt. Viehzucht ist nicht einfach hier und der Boden bringt nur mit viel Aufwand einen

Ertrag hervor. Rau und windig ist unsere Heimat. Hier, wo der Duft des Meeres in der Luft liegt, da gehören wir hin. Mit den anderen Völkern haben wir eher wenig zu tun, weil alle hier für sich leben. Es gibt kaum Mischehen hier. Wir mögen es nicht, von unserem Land weg zu kommen. Aber wir treiben Handel untereinander. Wir liefern getrockneten Fisch, Schafswolle und verkaufen Schiffe. Weiter südlich leben nur wenige Menschen am Meer. Unser Nachbar, der dich morgen mitnehmen wird, fährt nach Luun zum Markt und verkauft unsere Waren. Das tun wir jede zweite Woche. Einmal im Monat gehen wir mit drei Pferdewagen nach Luun, doch morgen liefern wir nur Fisch. Luun ist unsere Hauptstadt. Sie gehörte zu dem Volk des Waldes. Die meisten Menschen Noers gehören zu ihrem Stamm. Ein quirliges Volk. Da unten gibt es viel Musik, Kunst und eine Menge Arbeit. Luun ist heute eine geschäftige Stadt, doch wir hören immer wieder von Streitereien und Machtspielen in den politischen Gefügen. Ich bin daran nicht interessiert und ziehe es vor, im einfacheren Teil des Landes zu leben. Hier ist es still und friedlich. Auch wenn ich mir manchmal Sorgen mache, wie lange es noch so weitergeht. Aber lassen wir das."
Deref lehnte sich im Stuhl zurück.
„Um Luun herum gibt es hügeliges Land mit viel Wald und Weiden. Die Wälder sind tief und bergen einige Geheimnisse. Wir vom Meer finden uns da nicht gut zurecht. Es gibt eigenartige Tiere und Wesen da, wie man sich erzählt. Die Menschen, die da leben, sind Viehhirten und Holzfäller, haben viele Schafe und Kühe. Sie leben in Steinhäusern mit roten Ziegeldächern und verkaufen uns Holz, da hier nicht viele Bäume wachsen. Auch Käse und Fleisch kaufen wir von ihnen, wenn wir zu wenig davon haben. Ganz im Süden, am Rande der Berge, geht der Wald in hügeliges Grasland über. Da leben viele Bauern, die Obst und Gemüse anbauen. Aber vor allem wird Wein angebaut."
Derefs Augen glänzten.

„Für uns ist der sehr teuer, da der Transport viele Tage in Anspruch nimmt. Doch manchmal können wir uns einige Krüge leisten. Ich würde gerne mal dahin reisen.

Gehst du weiter nach Süden, kommst du zu einer grossen Bergkette. Das Arin Gebirge. Nur ein einziger Pass führt über die hohen Gipfel. Das Bergvolk bewacht die Übergänge genau. Es ist keine einfache Angelegenheit, seit Unruhen im Lande sind. Ich war noch nie da und habe es auch nicht vor. Doch ich mag die Geschichten von den Schneestürmen. Hier bei uns gibt es fast nie Schnee.

Das Volk der Berge lebt von der Jagd. Man erzählt sich, sie halten gezähmte Adler, mit deren Hilfe sie jagen. Eine alte Tradition und Kunst, die sie ihren Söhnen weitergeben. Sie leben in Holzhäusern und halten Berghirsche als Vieh. Sie leben von deren Fleisch und handeln mit Fellen. Sie jagen auch Bären und Wölfe, deren Felle sie verkaufen. Sie schneidern Mäntel und Hosen und fertigen kostbare Schuhe daraus. In Luun treffen sich die Völker jeden Monat am grossen Markt. Da kommen sie mit ihrer Ware ins Tal herunter, was für sie eine fünftägige Reise bedeutet. Ausserdem sind sie Meister in Kräuterheilkunde. Viel Medizin wird von dem Bergvolk hergestellt. Sie verfügen über ein tiefes Wissen. Von der südlichen Seite der Berge weiss ich nicht viel. Nur sehr wenige bereisen den gefährlichen Pass. Was ich weiss ist, dass hinter den Bergen eine weite Wüste liegt. Eine karge Steinwüste. Da unten lebt ein kleines Volk von Beduinen. Sie reisen einmal im Jahr über die Berge an den Markt. Sonst hört man nicht viel von ihnen. Sie haben Kamelherden und Ziegen, von denen sie leben.

Kamelfelle sind sehr beliebt. Auch stellen sie Schmuck aus Steinen her. In den Felsen finden sie prächtige Edelsteine, die sie verkaufen. Ja, mein Guter, das ist unser Land. Natürlich müsste ich noch die Tiere erwähnen, die ich längst nicht alle beim Namen nennen kann."

Damit begann er, Amiel von Noers eigenartiger Tierwelt zu erzählen. Von grossen Bären, die beinahe die Grösse eines Pferdes erreichen, und sich in den Wäldern herumtreiben. Von grünen Wildkatzen, die im Wald auf den Bäumen leben und manch rastendem Reisenden den Proviant geschickt entwenden. Er erzählte von den Grauvögeln, die in grossen Schwärmen sehr gefährlich sind und manchmal kleine Kinder raubten.

Er erzählte von den Rieseneidechsen des Moores, die Amiel nach Derefs Rede mehr an Drachen aus den Märchenbüchern erinnerten als an gewöhnliche Reptilien.

Deref kam richtig in Fahrt, und Amiel wurde langsam schläfrig und wünschte sich, Deref würde in absehbarer Zeit dasselbe empfinden.

Als Lora ihn sanft anstupste, erkannte Deref schliesslich, dass sich sein Gast wohl nach einem weichen Kissen sehnte.

„Oh, du siehst müde aus", stellte er fest. „Ich zeige dir besser dein Bett. Schliesslich wird die Nacht für dich nicht allzu lange werden. Wenn der Hahn das erste Mal kräht, musst du aufstehen, denn noch vor dem Morgengrauen müsst ihr losfahren, um vor Einbruch der Dunkelheit in Luun zu sein. Doch eines will ich dich doch noch fragen, mein Freund. Weshalb bist du eigentlich hier? Wir haben hier nicht viele Fremde. Woher kommst du und was suchst du hier in Noer?"

„Ich weiss nicht genau", antwortete Amiel. „Ich komme aus Europa, im hohen Norden." Lora und Deref blickten ihn nur mit verwirrtem, nichtssagendem Blick an, und Amiel wusste sofort, dass es keinen Sinn machte, eine Erklärung dafür zu suchen, warum niemand von ihnen von der Existenz der Heimat des anderen wusste. Dalin war wohl der Einzige, der ihm dazu Rede und Antwort schuldig war.

„Ich bin erstens hier, weil dieser verrückte Dalin mich zu einem irren Segeltrip genötigt hat und zweitens bin ich hier, weil ich glaube, dass ich hier sein muss, um etwas zu finden, was irgendwie zu mir gehört, ich weiss nicht, warum und

wozu. Ich glaube, ich suche eine Art Land. Ein Bild, einen Traum. Ich weiss es nicht."
Deref sah ihn fragend an, aber Loras Augen begannen zu leuchten.
„Ein Land", sprach sie in leisem Ton. „Dalins Gäste sind keine gewöhnlichen Reisenden, das sehe ich klar." Sie lächelte und ihr Ausdruck verriet, dass sie mehr wusste, als dass sie preisgab.
„Und nun komm, ich zeige dir dein Bett. Für Morgen habe ich dir einen Beutel mit Proviant bereitgestellt. Die Reise wird lang."
Damit erhoben sich alle vom Tisch und gingen zu Bett.
Amiel lag trotz seiner Müdigkeit noch eine Weile wach und dachte über diesen doch so aussergewöhnlichen Tag nach. Noch immer war es ihm viel zu anstrengend, eine Erklärung oder Begründung für diese Ereignisse zu suchen. Er kapitulierte vor der Begrenzung seines Verstandes. Er gab sich diesem Abenteuer hin. Ganz alleine. Und doch fühlte er sich aufgehoben, so, als sei sein Weg längst vorbereitet.

Er wusste, dass er Dalin finden musste, wollte er in dieser Angelegenheit irgendwie weiterkommen.
Er dachte nur kurz an zu Hause. Sie würden ihn so schnell nicht vermissen. Diese Erkenntnis schmerzte ihn einen Augenblick. Dann gab sie ihm gleichzeitig neuen Mut. Er war also frei. Frei, der Welt für einige Zeit den Rücken zu kehren und auszusteigen aus dem gewohnten Trott. Es musste mehr vom Leben geben als das, was er jetzt so leicht hinter sich lassen konnte.
Eine Heimat musste mehr sein als ein hübsches Dörfchen mit guten Kontakten.
Etwas brannte in seinem Herzen.
Eine neue Sehnsucht.
Und dann war er auf einmal dankbar und unbekümmert.
So schlief er ein.

*"Die Welt ist im Wandel. Ich spüre es im Wasser. Ich spüre es in der Erde. Ich rieche es in der Luft. Vieles, was einst war, ist verloren, da niemand mehr lebt, der sich erinnert."*

*Galadriel in „Der Herr der Ringe" (2001)*

## Reise nach Luun

Es war stockfinstere Nacht, als Amiel aus dem tiefsten Schlaf gerüttelt wurde. Lora und Deref waren bereits aufgestanden und hatten ihm Kaffee gekocht.
Amiel torkelte schlaftrunken in die mit Kerzen erleuchtete Küche.
Sie gaben ihm Proviant für die Reise mit. Zum Abschied schenkten sie ihm einen dunkelgrünen Umhang aus gefilzter Wolle. Sie meinten, er würde sonst zu sehr als Ausländer auffallen und ungutes Aufsehen erregen. Amiel hängte sich seine Tasche und den Rucksack um, der glücklicherweise zu alt und abgenutzt war, um als westeuropäischer Luxus erkannt zu werden, und schleppte zusätzlich Dalins Reisegepäck mit sich, welches dieser zurückgelassen hatte.
An der Türe klopfte es, und Ravi, Derefs Nachbar stand mit einer Laterne in der Hand davor. Ein Wagen war mit zwei Pferden bespannt und mit allerlei Ware beladen. Auch Ravi wirkte müde, doch grüsste er Amiel freundlich und half ihm, sein Gepäck im Anhänger zu verstauen.
„Leider ist vorne wenig Platz. Aber ich dachte mir, dass du vielleicht um diese schrecklich frühe Stunde froh bist, wenn du dich noch etwas hinlegen kannst. Schau mal, dahinten auf dem Wagen habe ich in einer Ecke Heu gelagert. Da darfst du es dir bequem machen. Nach dem Morgengrauen machen wir eine längere Rast."

Amiel bedankte sich höflich und war äusserst glücklich, nicht auf die harte Holzbank gezwängt zu werden.
Der Abschied war herzlich, und Amiel hoffte, er würde sie wiedersehen. Deref und Lora blieben in der Türe stehen, bis der Wagen endgültig in der nächtlichen Dunkelheit verschwunden war.

Der Mond schien als diffuse Sichel im nebligen Nachthimmel. Als die letzten Lichter des Dorfes verschwanden, umgab sie Dunkelheit. Am Wagen waren Öllampen angebracht, die einen schwachen Schein auf die Strasse warfen.
Amiel fühlte Unbehagen. Dunkelheit war für ihn schon immer eine Bedrohung gewesen. Er fühlte eine Schwere in der Brust. Seine Mutter hatte ihm jede Nacht seine kleine Lampe im Zimmer eingeschaltet und im Hausflur brannte stets ein Licht. Es gab dem Kind Sicherheit - vor was genau, wusste niemand. Ohne Licht fand er als Kind keinen Schlaf, nur dämmernde Gedanken, die sich im Halbschlaf mit düsteren Alpträumen vermischten, bis er schliesslich schweissgebadet wieder aufschreckte.
Er konnte die nächtlichen Waldgeräusche hören, das Rascheln im Laub, die Rufe einer Eule. Dazu nur das Klappern der Hufe auf der steinigen Strasse.
Er zog seinen neuen Mantel eng um sich und hoffte, dass das Morgengrauen bald anbrechen möge.
Er dachte an Lyon. Lyon hatte keine Angst vor der Dunkelheit gehabt. Er war kein ängstliches Kind gewesen. Lyon hatte nur Angst vor Spott, welcher sein täglicher Begleiter gewesen war. Einmal hatten die Klassenkameraden Lyon an einen Baum gefesselt und ihn fünf Stunden dort gelassen. Sie bemalten sein Gesicht mit schwarzem Russ und bewarfen ihn mit Eiern. Amiel hatte ihn gefunden, als die Mutter ihn losschickte nach ihm zu suchen. Er hatte sich eingenässt, da er sich nicht rühren konnte über all die Stunden. Amiel erkannte die tiefe Scham auf seinem Gesicht, als er seinen Bruder so fand.

Wie grausam Kinder doch sein konnten. Und wie grausam Brüder doch sein konnten.
Manchmal musste er daran denken, wie viel Leid und Brutalität sich hinter den geputzten Häuserfenstern und wohlgeordneten Gärten seines Landes verbargen. Wie viel Einsamkeit und wie viel Zwiespalt.
Er fragte sich, ob er Lyon jemals das wiedergeben konnte, was er ihm genommen hatte. Er schämte sich abgrundtief für seine Tat, noch viel mehr aber für sein Schweigen.
Ob die Welt überhaupt jemals ihrem friedlichen Schein entsprechen würde?
Er schloss die Augen.
Erinnerungen stiegen in ihm hoch.
Ein schöner Sommertag im August. Die Felder waren golden. Der Weizen geerntet, Heuduft in der Luft.
An solchen Tagen sass Amiel am Waldrand und blickte auf die Felder. Er fragte sich, ob es jemals etwas Schöneres geben würde als einen solch warmen Sommerabend. Damals kniff er die Augen zu und versuchte, den Zauber des Augenblicks auf immer festzuhalten.
Wenn die Dämmerung kam, lief er über die Felder und streifte mit der Hand über das hohe Gras und horchte auf das Geräusch des Flusses, der neben ihm herzog.
Dann folgte das Bild eines vorbei gezogenen Regentages.
Der Himmel war dunstig. Die Luft feucht und frisch.
An den Blättern der Farnsträucher hingen grosse Wassertropfen, wie weisse Perlen. Dicke, runde Tropfen, die, wenn man den Farn anstiess, wie Glasmurmeln die Blätter hinunterrollten, am Boden aufschlugen und in kleinere Tröpfchen zerbarsten.

Dann kamen kurze, flimmernde Bilder.
Ein staubiges Zimmer, das nie geputzt wurde.
Eine Hintertüre, fest verriegelt.
Eine leere Wiege mit einer schmutzigen Strickdecke.

Eine dunkle Nacht. Kaltes, nasses Gras.
Bedrohlich der schwarze Wald im Nacken.
Es schauderte ihn. Hie und da kamen sie zurück, diese Fetzen der Erinnerung.
Er hatte so oft versucht, sie zusammenzufügen oder sich einen Reim daraus zu machen. Er schaffte es nicht. Alles, was er wusste, war, dass in gewissen Augenblicken etwas sehr Dunkles in ihm aufkam.
Es geschah, wenn er sich in engen Räumen oder Kellern aufhielt oder allein bei Nacht im Wald.
In solchen Momenten wurde in Amiel alles kalt wie Stein, als würde ihm augenblicklich das Herz gefrieren. Als riefe ihn eine alte, schaurig vertraute Stimme, welcher er auf Gedeih und Verderb ausgeliefert war und ein Jemand, der ihn viel zu gut kannte, wie sehr er sich auch dagegen wehren mochte.
Dem bekannten Schrecken nachsinnend, sah er, dass sich da hinten etwas bewegte und aus den Konturen der Nacht hervorhob. Er schreckte hoch.
Da, aus dem Schatten des Waldes trat eine Gestalt.
Stand einfach nur da und sah ihm nach, als der Wagen sich entfernte.
Das Gesicht war grau und hob sich klar aus den dunklen Umrissen der Nachtschwärze ab. Wie ein schwaches, kaltes Licht erschienen seine Züge.
Fast wirkte er verschwommen, unscharf.
Er trug einen langen Umhang und eine Kapuze.
Aus dem Schatten seines Gesichtes blitzten fahle Augen.

Amiel war erstarrt.
Er hörte, wie Ravi nach ihm rief: „Alles in Ordnung Junge? Hast wohl schlecht geträumt!"
Sein Herz drohte zu zerbersten. Doch die Gestalt näherte sich ihm nicht weiter, sondern verschwand im Dunkel des Waldes.
Sie kamen auf eine weite Ebene, und die ersten Lichter einer zaghaften Morgendämmerung zeichneten sich ab.

„Alles in Ordnung", rief Amiel mit krächzender Stimme zurück.
Er wagte erst jetzt, sich aufzusetzen und blickte sich noch einmal ängstlich um.
Niemand war zu sehen.
Er vermochte es nicht einzuordnen, rieb sich verstört die Augen und gewann langsam seine Körperkontrolle zurück. Was war das? *Wer* war das?
Um sie herum wurde eine weite, leicht hügelige Graslandschaft sichtbar mit vereinzelten Bäumen. Hie und da fuhren sie an leer stehenden Holzhütten vorbei.
Amiel versuchte, seine Gedanken zu ordnen.
Diese Stimme im dunklen Keller, er kannte sie. Doch woher? Und dann diese Gestalt, die solch ein Entsetzen in ihm auslöste.
Amiel war nicht sehr schreckhaft und in keiner Weise abergläubisch. Normalerweise hätte er diese Begegnung für irgendeine träumerische Übertragung gehalten.
Doch dies hier war anders. Es lähmte ihn, berührte ihn an irgendeiner vergessenen, unbewussten Stelle, schürte solch quälende Furcht, dass es keinen Zweifel gab. Es hatte direkt mit ihm zu tun.
Dieser Unbekannte war ihm auf dunkle Weise nahe, und er verstand nicht, warum.
Die Furcht umklammerte ihn. Er vermochte sie für den Rest des Tages nicht mehr abzuschütteln und ertappte sich hie und da dabei, wie er sich verstohlen umsah.
Er beschloss, sich deswegen nicht verrückt zu machen. Er würde mit Dalin darüber reden.
Dalin zu finden war nun sein Auftrag. Diese Reise war wohl abenteuerlich, aber sie machte bislang nicht viel Sinn.
Amiel hätte gerade viel dafür gegeben, in seinem vertrauten, heimatlichen Bett zu liegen und sich all dem zu entziehen.

Der Morgen brach an, der Himmel wurde grau und war mit schweren Wolken verhangen.
Es war empfindlich kalt.
Sie rasteten und Ravi teilte mit Amiel Käse, Brot und süssen Tee.
„Die Gegend, die wir durchreisten, war früher belebter. Die Menschen sind in grosser Zahl in die Stadtnähe gezogen. Nur einige Bauern leben noch da draussen. Aus diesem Grunde ist es für uns Fischer keine einfache Sache. Der Weg in die Stadt ist weit und beschwerlich geworden.
Vor einigen Monaten wurde mein Vetter auf dem Weg überfallen und bestohlen. Diese durchtriebenen Schurken. Unsere Strassen sind nicht mehr sicher. Die Menschen denken mehr und mehr an sich selber. Geiz und Gier hat sie befallen."
Ravi spuckte verächtlich ins Gras.
„So mein Junge, wir haben es bald geschafft. Hoffen wir, dass wir vor dem Regen in der Stadt sein können."

Dem war leider nicht so. Kaum tauchten aus der verlassenen Gegend vermehrt Bauernhäuser und kleine Ortschaften auf, fielen die ersten Tropfen.
Als die Stadt schliesslich am Horizont erschien, goss es wie aus Eimern.
Amiel verkroch sich in seinem Mantel und versuchte, seine Kleidung so weit als möglich vor Nässe zu schützen. Doch damit war er nicht sehr erfolgreich. Nach einer Stunde waren seine Hosen durchnässt und die Kälte drang ihm bis auf die Knochen.
Es war kein besonders freudiges Ankommen in der weitum bekannten und viel gerühmten Stadt Luun.
Luun, die Perle Noers. Seit Urzeiten wurde sie in mancherlei Liedern besungen und von Poesie umworben.
Die majestätische Stadtmauer umragte die drei Stadtringe, die ineinander verwoben eine dreifache Kreisform annahmen. Die

Mauer hatte fünfundzwanzig Wachtürme mit hohen, rotbraunen Turmspitzen, die sich prägnant von der Mauer abhoben
Eine Stadt, angelegt an einem Hügeln, umschlungen von einem ansehnlichen Fluss, der seine schützende Schlaufe um sie legte. Sieben Brücken führten von der anderen Flussseite durch die sieben Stadttore. Das Haupttor führte direkt in den Stadtkern und bildete so die Hauptachse von Nord nach Süd.

Amiel konnte aus der Ferne die Banner sehen, die über den Mauertürmen wehten. Das Bild eines goldenen Tieres, von welchem nur die Umrisse angedeutet waren, ähnlich einem Tiger, der sich zum Sprung mit den Hinterbeinen vom Boden abstiess.
Die Häuser waren eng aneinandergereiht, schmal und hoch. Sie zogen sich von der unteren Flussseite den Hügel hinauf und bildeten einen äusseren Ring.
An der gegenüberliegenden Flussseite der Stadt waren bereits mehrere anliegende Dörfchen gebaut. Luun erlebte in diesen Tagen grossen Aufschwung und ansteigende Zuwanderung.

Sie kamen zur Hauptbrücke, wo Ravis Ware geprüft wurde, dann passierten sie die Brücke und gelangten durch das Stadttor.
Die Menschen eilten beim zunehmenden Regen in ihre Häuser, und die Händler machten sich in Richtung eines warmen Gasthauses auf.
Regenwasser strömte bereits in kleinen Bächen über die Pflastersteine und Amiels Mantel gab seinen Widerstand gegen das dominierende Nass auf. Er spürte, wie seine letzten trockenen Körperstellen feucht und kalt wurden.
Er hörte Ravi fluchen und fragte sich, ob dem Tag noch irgendetwas Gutes abzugewinnen war.
Sie gelangten auf den Marktplatz, der nun beinahe menschenleer war. Die Verkäufer räumten ihre Stände ab und zogen sich in die naheliegende Markthalle zurück. Diejenigen, die

keinen Platz mehr fanden, zogen ab und vertagten ihre Geschäfte.

Ravi führte die Pferde zu einem Unterstand, prüfte die Ware und half Amiel, sein nasses Gepäck zusammen zu suchen.

Danach verlor er nicht mehr viele Worte und machte sich zur Markthalle auf, wo er stets seinen festen Platz hatte, der den Fischern vorbehalten war.

Er hiess Amiel, im Laufe des Tages doch mal bei ihm vorbei zu schauen.

Amiel fühlte sich elend. Auf die Frage, wo er denn Dalin finden würde, zuckte Ravi nur mit den Schultern.

„Diesen Typen findet man nicht so leicht. Aber keine Sorge, er wird schon auftauchen. Besorg dir jetzt erst mal eine Tasse Tee und ein Frühstück."

Er erklärte Amiel kurz, wo das Wichtigste zu finden war, und machte sich auf für den Mittagsverkauf.

Durchnässt und frierend sah sich Amiel nach einem Gasthaus um. Schliesslich wurde er fündig. Im Waschraum traf er auf einige ebenfalls durchnässte und schlecht gelaunte Leute, die allesamt versuchten ihre Kleider zu trocknen. Im Rucksack, den Dalin gepackt hatte, befanden sich genügend Münzen und Amiel gewann langsam einen Überblick, welche Münze welchen Wert besass.

Als er irgendwann müde und alleine an einem Tisch sass und heissen Tee trank, fühlte er sich noch mieser als zuvor. Er wusste nicht, was er tun sollte oder wohin er zu gehen hatte.

Er sass da für fast zwei Stunden, betrachtete die Leute und horchte ihren Gesprächen.

Im Grunde schienen sie sich nicht sehr von den Europäern zu unterscheiden. Es wurde lauthals über das Wetter geklagt, dann über eine Nachbarsfrau getratscht und über Geschäfte geredet.

Das Gasthaus war mit einfachen Steinböden und kleinen Holztischchen ausgestattet. Die Kochecke wurde mit Holz beheizt, und der Teekrug hing über einem offenen Kaminfeuer.
Die meisten Gäste bleiben eine ganze Weile und warteten darauf, dass der Regen nachliesse. Doch dafür gab es bislang keine Hinweise.
Schliesslich setzte sich ein junger Mann mit an Amiels Tisch. Sie unterhielten sich über dies und das und es wurde schnell klar, dass Amiel nicht aus der Gegend war.
Der Mann zeigte ihm eine Karte von der Stadt und wies ihn auf die wichtigsten Schauplätze hin.
So machte sich Amiel, als sein Mantel am Feuer getrocknet und seine Knochen wieder etwas Wärme gespeichert hatten, auf in die Stadt.
Die Kapuze weit in die Stirn gezogen, wanderte er durch die Gassen.

Zuerst machte er sich zur Markthalle auf. Er hatte keine Ahnung, was er mit diesem Tag alles anfangen sollte. Er hatte Hunger, und Ravi war gerade der Einzige weit und breit, der ihm etwas bekannt war.
Ausserdem hofft er natürlich, Dalin anzutreffen.
Die Gassen - allesamt mit Pflastersteinen ausgelegt - waren eng und verwinkelt. Es erinnerte ihn an Italien, an die engen Gässchen Liguriens. Die Häuser selbst glichen jedoch eher englischem Baustil.
Alle Fensterläden waren bunt und reich verziert, was ein guter Kontrast zu den sonst graubraunen Steinmauern setzte. Schwungvolle Muster oder ganze Geschichten waren in die Dachgiebel gemalt.
Die Dächer schimmerten rotbraun und hatten allesamt einen grossen Kamin, aus welchen jetzt dünner Rauch aufstieg.
Immer wieder stiess Amiel von den engen Gässchen auf einen grösseren Innenhof. Da waren Bäume gepflanzt und kleine

Blumenbeete angelegt. Kleine Orte zum Verweilen, mit Holzbänken und kleinen Tischchen.
Wohl wurde hier an warmen Abenden viel gespielt und gegessen, geredet und gelacht. Die Stadt war für Gemeinschaft erbaut. Man fand keine privaten Gärten oder Balkone. Die Terrassen, die auf manchen Hausdächern angelegt waren, waren öffentlich über eine Treppe zugänglich.
Er war fasziniert. In seiner Heimat gab es dies kaum mehr. Alles war privatisiert, gehörte denen, die es sich leisten konnten.
Hier war die Stadt für ein Miteinander angelegt. Die Stadt strahlte selbst an diesem graunassen Regentag viel Anmut und Charme aus. Obwohl heute keine Menschen in den Vorgärten sassen und keine Kinder die Strasse rauf und runter rannten, konnte er sich ihre Lebendigkeit gut vorstellen.
Amiel stieg eine steile Treppe zu einer Dachterrasse hoch und erhaschte einen guten Ausblick über das Wirrwarr von Giebeldächern, Kaminen und Terrassen. Es war ein herrlicher Ausblick und es weckte schnell das Interesse in ihm, mehr über diese Stadt und ihre Geschichte zu erfahren.

Schliesslich erreichte er die Markthalle. Von aussen führte eine Brücke durch das nahe Stadttor und hier herrschte trotz des Regens ein geschäftiges Hin und Her. Pferde wurden die Gasse hochgeführt, Waren aus- und eingeladen. Vor dem Eingang der Halle war ein grosser Platz für Pferd und Wagen angelegt.
Amiel trat ein. Er fand sich in einer grossen, fast palastähnlichen Halle wieder. Die weissen Steinböden und barocken Säulen, die die hohe Decke stützen, machten einen majestätischen Eindruck. Hier herrschte ein reges und buntes Markttreiben. Im vorderen Teil wurden Gemüse und Früchte verkauft, nebenan Fisch und Frischfleisch, und im hinteren Bereich Handwerkswaren, Stoffe und Schmuck.

Amiel ging durch die Reihen und staunte nicht schlecht über die ihm völlig unbekannten Gemüsesorten. Auch waren die Proportionen anders als die, die ihm bekannt waren. Die Karotten waren hier mindestens so gross wie sein Arm und die Kürbisse mussten von mehreren Personen getragen werden.

Wer kaufen wollte, musste feilschen. Das war nicht seine Stärke, und so bezahlte er für sein Brot mindestens das Dreifache, wie ihm Ravi später erklärte. Dazu probierte er einen merkwürdigen, weissen Käse, der stark nach Rauch schmeckte und einen Maulbeerkuchen mit Nüssen.

Als er schliesslich im Gewirr der Stände auf Ravi stiess, lud dieser ihn auf ein dunkles Bier ein, welches ausgezeichnet schmeckte.

So setzte er sich für eine Weile zu Ravi, der ihm vom Tagesgeschäft berichtete.

Es lief gut für Ravi, und es sah ganz danach aus, als dass er morgen Abend wieder seine Heimreise antreten konnte. Der getrocknete Fisch war schon fast ganz weg.

„Ist ja wirklich ein Elend für dich, bei diesem Hundewetter draussen rumzuwandern. Hast du diesen Dalin nicht aufgespürt?"

„Nein", erwiderte Amiel, „ich würde viel geben, ihm endlich die Meinung über sein abruptes Verschwinden zu sagen. Langsam bin ich unsicher, was ich hier genau zu suchen habe."

„Wie ich schon gesagt habe, er ist ein eigenartiger Kerl. Aber er hat irgendwas, was mich fasziniert, wann immer ich ihn treffe. Er hat ein gutes Herz. Er wird dich nicht im Stich lassen. Warte zu."

Er gab Amiel die Adresse von einem Gasthaus, das er kannte.

„Hier findest du einen sicheren und guten Platz zum Übernachten, falls er bis heute Abend nicht aufkreuzt."

Dann kam er ganz nahe an Amiels Ohr heran.

„Sei vorsichtig, mein Junge. Es treiben sich düstere Gestalten herum in der Stadt. Luun ist nicht mehr, was es mal war. Es gibt Neider, Rachsüchtige, machtgierige Leute. Sie sehen aus wie Menschen, doch in Wahrheit sind es keine. Meist erkennst du sie an ihrem langen, spitzen Kinn und den herausstechenden Augen. Ihr Augenlied ist ganz schmal, deshalb haben sie diesen markanten Gesichtsausdruck. Nimm dich in acht vor ihnen. Sprich nicht mit Ihnen. Sie beobachten Luun und sind überall."

Mit einem verschüchterten Blick sah ihn Amiel an: „Und wer sind diese Gestalten? "

„Ich weiss nicht viel über sie ", sagte Ravi, "ich halte mich aus diesen Angelegenheiten heraus. Das Volk am Meer wurde bislang kaum von ihnen besucht. Aber ich weiss, dass es immer mehr Unruhen hierzulande gibt. Viele Leute sind besorgt. Andere schliessen sich ihnen an. Sie wollen an die Macht, wollen den alten Königspalast besetzen. Doch dazu wird es nicht kommen, solange es in Noer noch anständige Menschen gibt. So, und nun Schluss mit Schauermärchen. Geh ihnen aus dem Weg, und du wirst es einfacher haben. Lass dir nicht anmerken, dass du nicht von hier bist, und erwähne unter keinen Umständen Dalin. Frage nicht alle nach ihm und sei wachsam. In ihren Augen ist Dalin keine gute Referenz."

Somit wechselte er das Thema und erzählte von der Bierbrauerei.

Schliesslich beschloss Amiel, weiter zu gehen. Er verabschiedete sich herzlich von Ravi und bedankte sich für die Mitreise.

Als er die Markthalle verliess, hatte der Regen aufgehört. Der Himmel war noch immer grau und verhangen, doch es war nun trocken.

Es war schon später Nachmittag, und die Strassen waren belebter.

Amiel zog Bilanz. Alles in allem war klar, dass hier eine andere Zeitepoche herrschte. Es gab keinen Strom und ausser Pferden und Wagen keine Fortbewegungsmittel. Er war zurück-

versetzt in eine andere Zeit, und auch sonst unterschied sich Noer von seiner Welt.
Es gab hier Wesen, die anders waren als Menschen. Dieser Gedanke war nicht gerade beruhigend, und er hätte gerne gewusst, um wen es sich da handelte. Es gab hier nebst dem Riesengemüse und den speziellen Tieren, die ihm beschrieben worden waren, noch einige andere Dinge, die sich von seiner Heimat unterschieden.
Trotzdem fühlte er sich nicht wie in einem dieser Fantasieländer. Er kannte ja alle diese herausragenden Geschichten, wo jemand in eine andere Welt ging zu Zwergen, Trollen, Drachen und Feen.
Noer schien in dieser Hinsicht nicht äusserst interessant. Vieles war zu ähnlich. Jetzt erschienen laut herumposaunende und Kochschürzen tragende Hausfrauen in den Hauseingängen um sich mit der Nachbarin über das Wetter austauschen zu können.
Da und dort kamen nun auch die Kinder zum Vorschein sowie Frauen und alte Männer, die sich zur Feierabendpfeife doch noch auf die Holzbänke wagten.
Viele waren in Alltagsgeschäftigkeiten unterwegs, Arbeiter waren auf Baugerüsten, Babys schrien und Hunde bellten.
Es schien hier nicht viel abenteuerlicher herzugehen als daheim. Klar, es war definitiv eine andere Zeitepoche, aber je länger er sich hier aufhielt, desto schneller hatte er sich daran gewöhnt.
Noch wusste er ja nicht genau, was ihn hier erwarten würde, und er wartete darauf, mehr über sein Abenteuer zu erfahren.


Er kam in den nördlichen Stadtteil und musste feststellen, dass die Häuser weniger gepflegt erschienen.
Die nördliche Seite der Stadt war nicht von der Flussschlaufe umgeben und zog sich in die hügelige Landschaft hinauf. Amiel verliess das nördliche Stadttor und gelangte in den neueren Teil, welcher sich an die Stadt anschloss.

Je weiter Amiel kam, desto trostloser wurde die Umgebung.
Es erschreckte ihn, dass er auch hier Armut begegnete: Verwahrloste Häuser und karge Hütten, wo der Wind durch die Ritzen blies. Der Regen hatte den ungepflasterten Boden aufgeweicht und er musste seinen Weg über die ausgelegten Holzbalken bahnen, um nicht in den Schlamm zu treten. Hier schmälerte sich Luuns Glanz deutlich und er bemerkte schnell, dass er hier nicht erwünscht war.
Abwehrende Blicke begleiteten ihn und mancherlei Vorhang wurde schnell zugezogen.
Er beschloss umzukehren.
Einige Kinder kamen die Strasse hochgelaufen. Ihre Kleidung war einfach, so dass man deutlich an ihnen erkennen konnte, dass sie nicht zur Oberschicht gehörten.
Schliesslich gelangte er in eine kleine Nebengasse, wo er mit Erstaunen auf leichtbekleidete Frauen stiess, die vor den Toren sassen und auf Kundschaft warteten. Sie beobachteten ihn genau und Amiel konnte nicht verbergen, wie er verlegen seinen Schritt beschleunigte.
Er war froh, schlussendlich wieder auf der alten Stadtseite zu sein.
Er fragte sich, wo er Dalin auffinden könnte. Den ganzen Tag hatte er gehofft, irgendwo zufällig auf ihn zu stossen, sofern es bei ihm Zufälle zu geben schien.
Der Mann aus dem Gasthaus hatte ihm wärmstens empfohlen, sich den Königshof anzuschauen. Also machte er sich auf den Weg.
Die Häuser waren hier wieder merklich schöner. Alte Herrenhäuser mit kleinen Parks, die für alle zugänglich waren und mit viel Liebe gepflegt wurden.
Dann kam ein riesiger Platz zum Vorschein, umgeben von Kaffeehäusern und Geschäften. Trotz des kühlen Wetters war dieser Platz sehr belebt. Hier traf man sich auf Bier und Kaffee und tauschte über die Ereignisse des Tages aus. In der Mitte des Platzes stand ein grosser Springbrunnen, der abwechs-

lungsweise verschiedene Formkombinationen aus Wasser ausspie.

Zu seiner Rechten waren die heutigen Regierungsgebäude angebracht. Stolze, rotbraune Herrenhäuser mit vielerlei Wandskulpturen und Malereien.

Am hinteren Ende des Platzes sah Amiel ein grosses Tor.

Der Palast des Königs war von einem riesigen Garten umgeben.

Es war ein wunderschöner Garten, durch dessen Mitte eine ansehnliche Allee führte, direkt bis zum Schlossplatz. Mächtige Bäume, die trotz der Frühlingszeit, während der alles andere grünte, farbige Blätter trugen. Es sah erstaunlich aus.

An den Seiten waren Blumengärten und zugeschnittene Sträucher, die wie ein Labyrinth angelegt waren. Amiel erinnerte sich an den Prunk Versailles.

Es war ein stattliches Schloss mit vielen hohen, weissen Türmen. Es wirkte geheimnisvoll verwinkelt und sehr einladend.

Es war umgeben von vielen kleinen, weissen Häuschen, die sich wunderbar in den Park einfügten und wie ein kleines Dorf erschienen. Alles war in klarem Weiss, Türen und Turmspitzen in Braun mit feinsten, goldenen Linien durchzogen.

Doch in den heutigen Tagen war das Schloss für die Öffentlichkeit nicht mehr zugänglich. Amiel bemerkte die zahlreichen Truppen, die das Schloss bewachten. An die zweihundert Wachen standen mit strammer Haltung auf dem Platz und an den Mauern. Es war ihm nicht möglich, zum Schlossplatz zu gelangen.

Mit harschen Worten wurde er zurückgewiesen, so dass er nicht wagte, Fragen zu stellen. Er setzte sich bei der grossen Allee auf eine Holzbank und betrachtete die Szenerie.

Dann setzte sich ein junger Mann zu ihm. Amiel sprach ihn an:

„Entschuldigen Sie, mein Herr, ich bin vom Norden und war noch niemals in dieser Gegend. Ich wollte mehr über den

Königspalast erfahren, aber der Zugang wurde mir verwehrt. Ist der Palast den noch bewohnt?"

Der junge Mann sah ihn etwas verwundert an. „Nein, mein Herr, natürlich ist er nicht bewohnt. Bis jetzt hat sich keine Generation gewagt, das Haus des Königs zu bewohnen. Einige der anliegenden Häuser sind bewohnt, aber die Regierungsgebäude befinden sich beim Stadtplatz, der hinter uns liegt. Die Häuser und das Schloss werden gepflegt und versorgt. Bewohnt werden dürfen die Aussenhäuser nur von des Königs Nachkommen, die das Erbe hüten und pflegen. Das ganze Jahr über wird dieses Areal bewacht. Früher war das nicht nötig, aber in diesen Tagen gibt es mehr und mehr Unruhen."

Amiel gab ihm die Hand. „Mein Name ist Amiel. Ich kam heute Morgen in Luun an und habe die Stadt erkundet. Ich bin mit Ravi, dem Fischer, vom Meer her gekommen. Leider bin ich in der Landesgeschichte noch ganz unbeholfen und weiss nicht viel über die Geschehnisse hier unten."

„Mein Name ist Dirk", erwiderte der Mann. „Ich wohne seit einiger Zeit in der Stadt und bin Eisenschmied. Ich komme am Feierabend oft hierher. Ist es nicht ein wunderschöner Ort?"

„Ohne Zweifel, dass ist er!", antwortete Amiel. „Sagen Sie, wo ist der König?"

Dirk sah ihn mit grossen Augen an. „Ich sehe, Sie können nicht von Noer sein. Auch die Menschen vom Meer wissen mehr über die Werte unserer Kultur. Ich bin erfreut, denn es kommt selten vor, dass Fremde nach Noer kommen. Der König von Noer ist seit vielen Jahrhunderten verschwunden. Dieser Palast ist eines der Erinnerungsstücke an ihn und sein Königreich. Mit enormer Sorgfalt wird der Palast stetig restauriert und gepflegt. Das Volk wartet und glaubt, dass er einmal wiederkommt und Noers glorreiche Zeiten zurückbringt. Jedes Volk braucht seine Helden, wissen Sie. Es hält uns lebendig. Es wurde zum unantastbaren Brauch, des Königs Haus für seine Rückkehr bereit zu halten. Die Zimmer sind geputzt, die Betten bezogen, die Esskammer gefüllt. Auch wenn nicht

mehr viele daran glauben - es ist eine Tradition, die wir lieben und auf die wir viel Wert legen. Zumindest die meisten von uns."
Er sah zu Boden.
„Und wie wird das Land heute regiert? "
„Heute regiert Prinz Nerjan, gemeinsam mit vier Vertretern der vier Volksstämme. Sie haben die Aufgabe, das Land in den Interessen des alten Königreiches zu regieren. Heute werden die Stimmen immer lauter, sie seien Schwächlinge, und das Volk schreit nach Veränderungen. Die Sache ist zu traditionell, wissen Sie. Unter den geltenden Gesetzen gibt es wenig wirtschaftliche Entfaltungsmöglichkeiten. Die Parteien wollen mehr Selbstbestimmung. So ist das nun mal mit der Politik. Keine leichte Aufgabe, zumal wir vier Völker sehr verschieden sind und wenig miteinander in Kontakt kommen. Ich wünsche mir, dass sich dies bald ändert."
Während sie sich weiter unterhielten, bemerkte Amiel auf der anderen Seite des Parks eine Gestalt. Es war ein Mann mit schwarzem Mantel und grauen Hosen. Er hatte seine Kapuze tief ins Gesicht gezogen, aber es gab keinen Zweifel, dass seine Aufmerksamkeit auf sie beide gerichtet war.
Schliesslich waren Stimmen zu hören. Sie kamen vom Stadtplatz her. Sie beschlossen also, nachzusehen, was vor sich ging. Aus einem Augenwinkel konnte Amiel sehen, wie der Mann ihnen nachsah, ihnen aber nicht folgte.

Auf dem Stadtplatz herrschte Gedränge. An die fünfhundert Menschen schienen anwesend zu sein. Beim grossen Brunnen hatte sich eine Schar gut gekleideter Männer versammelt. Auf einem Pferdewagen war ein Podium errichtet. Wenige Minuten später wurde die Menge still, und ein Mann erhob seine Stimme.
„Ihr Männer und Frauen von Luun, wir sind heute hier, weil die Zeit der Erneuerung angebrochen ist. Im Namen unserer Partei rufen wir aus, dass Noer bessere Tage bevorstehen. Ihr

alle seid Revolutionäre und Visionäre. Das kleine Volk wurde lange genug bevormundet. Doch dies ist die Zeit, in der Bauern und Handwerker ihre Stimme zurückerhalten. Die Zeit, in der wir zurückgehen zu den sorglosen und sicheren Tagen. Wir werden nicht länger auf die alte Herrschaft hoffen und warten. Wir werden es selbst in die Hand nehmen, unsere Kräfte vereinen und diesem Lande Wohlstand und Sicherheit verschaffen, von welchem alle etwas haben. Wir wehren uns gegen die Bevormundung durch Prinz Nerjan und seine Leuten. Wir sind keine Kinder, die auf alte Märchen angewiesen sind, und wir benötigen keine höhere Unterweisung, um gute Menschen zu sein. Wir selbst sind das Volk! Wir sind die Kraft! " Die Stimmen wurden lauter. Einige johlten Beifall, andere machten ihre Empörung deutlich. Amiel beobachtete, wie sich im Regierungsgebäude die Fenster schlossen.
Der Redner wurde lauter und seine Rede gewagter.
Die Angelegenheit wurde sukzessive gesteigert, die Emotionen aufgeschaukelt. Schliesslich wurden drei Frauen und ein Mann auf den Karren gehoben. Beide waren gefesselt und in Lumpen gekleidet.
Der Redner begann, das Paar zu verhöhnen. Wofür genau, verstand Amiel nicht mehr. Die Menge war nun in Rage geraten und agierte aufgebracht.
Schliesslich wurde das Paar am Brunnen angekettet.
Menschen bewarfen sie mit Eier und Dreck. Sie wurden bespuckt und erniedrigt. Amiel hatte Dirk verloren. Es war ihm elend zumute. Von der Menge wurde er hin und her gedrängt. Er versuchte, sich aus dem Getümmel zu kämpfen. Mehr und mehr Menschen kamen hinzu. Erst nach einer mühevollen, halben Stunde hatte er sich bis zum Rand des Platzes vorgedrängt und konnte sich in eine Seitengasse schieben.
Das alles war ihm zuwider. Der Tag war fortgeschritten und die Sonne bereits untergegangen.
Er hatte genug und schlug den Weg zur Herberge ein, die Ravi ihm empfohlen hatte.

Er fragte sich ernsthaft, was er hier verloren hatte. Es ergab keinen Sinn. Dalin war nicht aufzufinden und Luun letztendlich eine Stadt wie jede andere, wo ausserdem einige merkwürdige Dinge vor sich gingen. Vielleicht von spezieller Schönheit, aber sonst schien sie sich nicht von seiner Heimat zu unterscheiden. Er hasste diese Hetzprediger. Sie waren einfach nicht klein zu kriegen. Wozu also dieser Spuk? Was sollte er hier finden?

Er fühlte sich auf einmal sehr einsam und leer. Hatte er auch zu Hause nicht das, was er sich vom Leben gewünscht hätte, so war er dennoch nicht allein. Beschenkt mit einer Arbeit, die ihm Freude bereitete und guten Freunden. Vielleicht hätte er niemals mehr erwarten sollen.

Die Dämmerung senkte sich auf die Stadt. In den Häusern gingen die Lichter an. Zu allem Übel begann es wieder zu regnen, was seine Gefühlsverfassung in keiner Weise anhob.

Ravi war abgereist, und er kannte niemanden in dieser Stadt. Er hatte mehr von diesem Tag erwartet. Viel mehr.

Er hörte Schritte und blickte auf: Ein Mann kam auf ihn zu. Er trug einen schwarzen Mantel, die Kapuze ins Gesicht gezogen. Amiel erstarrte. Der Mann wurde langsamer und betrachtete ihn. Amiel senkte den Kopf und beschloss, so schnell wie möglich seinen Weg zu kreuzen. Einen Ausweg gab es nicht.

Als er an ihm vorbei ging konnte er sich nicht zurückhalten und warf einen kurzen Blick nach oben.

Deutlich waren sein langes, schmales Kinn zu sehen und die gelben Augen, die hervorblitzten wie die einer Raubkatze.

Es war ein starker Blick, vernichtend und prüfend. Amiel war von Furcht ergriffen und beschleunigte seinen Schritt. Mit Unbehagen stellte er fest, dass der Mann stehen geblieben ist war und sich umdrehte. Er fühlte, wie er verfolgt wurde.

Auf Luuns Strassen war keine Menschenseele mehr zu sehen. Amiel wusste nicht, was er tun sollte. Er konnte die Schritte hören, die ihm folgten. Er drehte sich nur kurz um und sah, dass der Mann näher kam. Er wagte nicht, stehen zu bleiben und ging schnell weiter.

Als die Schritte klarer wurden und er ihn ohne Zweifel bald einholen würde, gerade als Amiel anfangen wollte, loszurennen, trat ein Mann aus einer Seitenstrasse. Ohne ein Wort hakte er Amiel unter und führte ihn mit starkem Griff durch ein paar Quergassen. Schliesslich merkte er, dass sie den Verfolger abgehängt oder vertrieben hatten. Amiel wollte etwas sagen, doch der Begleiter formte ein „Schhh.." auf den Lippen. So liess er sich führen und innerhalb weniger Minuten gelangten sie zur Herberge.

Dann drehte sich der Mann sich zu Amiel um und sagte: „Ihre Sicherheit ist gewährleistet, machen Sie sich heute Nacht keine Sorgen. Ruhen Sie sich aus." Damit machte er kehrt und ging davon.

Verblüfft sah ihm Amiel nach, dann betrat er die Herberge.

Der nette Wirt teilte ihm ein schönes Zimmer mit Holzbalken an der Decke und einem gemütlichen Kamin mit einem Ohrensessel davor zu. Amiel war sehr dankbar. Das Feuer brannte bereits und verströmte wohlige Wärme und Licht.

Er wusch seine aufgeweichte Kleidung und hängte sie auf zum Trocknen. Danach machte er sich selber frisch. Wie gut das tat nach diesem nasskalten Tag!

Schliesslich ging er hinunter und gönnte sich ein warmes Abendessen. Die Gäste assen allesamt an einem grossen Holztisch und kamen ins Gespräch. Die Kundgebung auf dem Stadtplatz war natürlich das Hauptthema und verschiedenste Meinungen dazu wurden ausgetauscht. Amiel musste von der Fischerei erzählen und wurde zu seiner Stadtbesichtigung ausgefragt.

Er hatte bereits vergessen, dass er fliessend in einer ihm fremden Sprache kommunizieren konnte. Er merkte es nicht mehr, so selbstverständlich kam es über seine Lippen.

Es war ein netter Abend, und die Gesellschaft tat ihm gut. Er ass eine Kräutersuppe mit Lammfleisch und Weizenbrei.
Schliesslich verabschiedete er sich und ging aufs Zimmer.
Er sah seinen Rucksack durch und schaffte etwas Ordnung.
Dann liess er sich in den Sessel fallen und sah dem Feuer zu. Er dachte an die vergangene Woche. Die Seereise mit Dalin, die Ankunft in Noer und die Reise nach Luun. Abenteuerlich und doch recht gewöhnlich. Es war wohl der erste ruhige Moment zum Nachdenken, seitdem er nach Noer gekommen war.
Was sollte er tun? Er fragte sich, was diese unheimliche Gestalt in der Gasse zu bedeutet hatte und was das für ein Mann gewesen war, der ihn vor dieser beschützt hatte. Was ging hier vor sich?
Er dachte über all die verworrenen Ereignisse der letzten Tage nach.
Wer war er? Was hatte er hier zu suchen? Sein Leben hatte eine seltsame Wendung genommen, die ihn verunsicherte und am tiefsten Kern seiner Existenz zu kratzen begann.
Sein Leben lang war er ein Denker gewesen und hatte sich niemals mit den einfachen Antworten zufriedenstellen lassen. Es war ihm in die Wiege gelegt worden, zu hinterfragen und zu prüfen. Seine Geschichte liess ihm keine andere Wahl als die des eifrig Suchenden.
Aber wonach suchte er?
Nach seinen Eltern? Seinen Hintergründen? Er erblickte den Spiegel an der Wand. Ein barocker, brüchiger Spiegel mit goldfarbenem Rahmen. Die Farbe bröckelte ab und spiegelte Amiel den ungeschönten Anblick seiner selbst.
Die Gegenüberstellung mit dem Ich. Der vertrauten Körperform und seiner ganzen äusseren Erscheinung. Aber da war noch mehr. Ein Bewusstsein, ein Kern, dessen Geheimnis bislang kein Mensch zu entschlüsseln vermochte. Nicht bei Amiel – mit seiner ungewissen Herkunft – aber letztendlich bei Niemandem auf dieser Welt. Die Seele blieb ein ungelö-

stes Rätsel. In all der Äusserlichkeit und der klar definierten, biologischen Materie, verbarg sich ein tiefes Geheimnis.

Seit ihrer allerersten Begegnung schien sein Spiegelbild ihm nur diese eine Frage zuzuflüstern: „Wer ist Ich?"

Die Frage verfolgte ihn durch jeden Lebensabschnitt, und langsam begann er sich zu fragen, ob er auf der Welt der Einzige war, der mit dem ungelösten Rätsel des menschlichen Bewusstseins nicht klar kam. Der Rest der Gesellschaft schien sich in überzeugter Sicherheit zu bewegen und keinen Hader mit der eigenen Existenz zu kennen. Er schloss daraus, dass seine innere Unsicherheit mit seiner verlorenen Herkunft erklärt werden musste.

Er spürte, wie etwas tief in seiner Brust zu schmerzen begann und sich zusammenzog.

Die Hülle stand vor ihm, und diese menschliche Hülle war das Einzige, was er sich erklären konnte. Eine Multiplikation menschlicher Zellen und Gene, die sich über die Jahre zu der Figur gebildet hatten, die er war: Ein Mensch. Amiel.

Die Seele aber kam ihm erneut vor wie jener tiefe, schwarze Ziehbrunnen, aus welchem man in grosser Dürre Wasser hob. Aus der Tiefe wurde etwas herausgeschöpft, auch wenn man den Grund nicht sehen konnte, nur ein endloses, schwarzes Loch.

Irgendwo, auf dem Grunde seines Wesens musste die Antwort liegen.

Doch er konnte es nicht sehen, die Sicht war schwarz, die Antwort zu tief verborgen.

In diesem Moment wurde ihm klar, dass er mehr suchte als seine Eltern. Mehr als die genetische Herkunft.

Die Tiefe und Einzigartigkeit jedes einzelnen Menschen, jedes kostbaren Charakters und Wesens mussten beantwortet werden.

Vorher gab es für diese Welt keine Berechtigung, ebenso wenig wie für ihn selbst.

Auch wenn alle anderen mit der unbeantworteten Sinnesfrage klar kamen, er schaffte es nicht.

Er musste es sich eingestehen - selbst wenn noch so viele starke, selbstbewusste Lebenskünstler seine Strasse kreuzten, die Leben und Sterben als völlige Selbstverständlichkeit und Nebensache betrachteten und keine Angst kannten.

Doch welche Antwort konnte ihm Noer darauf geben? Es war nicht dieses Land, wovon er immer wieder träumte. Das hier war eine fiktive Spiegelung seiner eigenen Welt.

Was also hatte er hier zu suchen? Er hatte nicht die geringste Ahnung. Sollte er zurück ans Meer und nach Hause segeln? Würde das auf dem gleichen Weg möglich sein, den er gekommen war?

Er beschloss schliesslich, weitere vier Tage abzuwarten, die Gegend zu erkunden und sich ein paar abenteuerliche Entdeckungsreisen zu gönnen. Würde er Dalin nicht auffinden, würde er an die Rückreise denken.

Er löschte das Feuer, verriegelte die Türe und ging zu Bett.

*„Unser Erdenleben ist eine kurze Pilgerreise von einem Moment der Nacktheit zum anderen.*
*Wir tun gut daran, mit leichtem Gepäck zu reisen."*

*John Stott (1921- 2011)*

## Ein Wiedersehen

Sein Atem wurde gleichmässig und schwer. Er versank in tiefen Schlaf, immer weiter hinein in den moosweichen, nebelhaften Schlund seines Unterbewusstseins, welches sich der Aussenwelt entzog und mit ihm davon wanderte. Wieder träumte er. Er sah vor sich einen Weg mit Kieselsteinen, mitten durch eine liebliche Landschaft. Doch je weiter der Weg reichte, desto dunkler wurden seine Umrisse, bis am fernen Horizont das Licht von ungewissem Schwarz verschluckt wurde.

Er konnte nicht erkennen, wo der Weg ihn hinführte, als immer weiter hin ins ungewisse Dunkel. Er drehte sich um. Die entgegengesetzte Richtung führte hinein in ein helles Licht, das ebenfalls immer intensiver wurde und am Ende des Weges die Umrisse schluckte.

Licht, wie auch Dunkelheit waren ungewiss. Beide Wege standen vor ihm und boten sich ihm an. Er fühlte sich nicht in der Lage, zu entscheiden, war ihm doch weder der Ausgang des Einen, noch den des Anderen bekannt. Dann verblasste alles und er fand sich in hohem Grase liegend wieder. Mitten auf weichem, warmem Sommerboden, umgeben vom Gesang der Vögel und duftenden Blumen.

Und dann konnte er es fühlen. Diese beispiellose Leichtigkeit, die ihn alles andere vergessen liess. Geborgen und frei war sein Herz und er wusste, dass es nur einen einzigen Ort gab, der sich so anfühlte: Seine Heimat, seine wirkliche, einzige Heimat, deren Namen er noch nicht kannte. Voller Freude sprang er auf, und alle Müdigkeit fiel von ihm ab.

Er war hier und er wollte hier bleiben, niemals mehr aufwachen, niemals mehr zurück in das Zimmer mit dem blassen, heimatlosen Spiegelbild. Er rannte los, mit dieser unbeschreiblichen Leichtfüssigkeit, die sich so wunderbar anfühlte. Über die Wiesen und durch die Felder. Durch einen Wald mit frischem Hellgrün, so voller Leben und erwachter Hoffnung.

Er wollte jemanden finden, jemanden, der ihm sagte, wie dieser Ort hiess und was sein Geheimnis war. Diesmal nahm er sich nicht die Zeit, die Schönheit um sich herum zu bestaunen. Er wusste, dass ihm nicht viel Zeit blieb.

Und als er oben auf dem Hügel ankam, erblickte er in weiter, weiter Ferne diese Stadt, diese herrliche Stadt. Er wollte rennen, bemerkte aber mit Bestürzung, dass die Landschaft um ihn herum verblasste und matt wurde.

Er kämpfte mit den Armen, schlug um sich. Er wollte nicht zurück. Er hörte sich selber rufen, wie er in aufbrausender Empörung dem Erwachen zu widerstehen versuchte.

Und fand sich zurück, den Kopf fest im Kissen, die Hände verkrampft an seiner Seite. Er gab den Widerstand auf und wurde schliesslich fast apathisch ruhig. Gegen seinen Willen musste er sich erneut der Realität ergeben und die Schönheit dieses unerreichbaren Ortes verlassen. Ein unglaublicher Verlust, dessen stetige Wiederholung er nicht länger zu ertragen vermochte. Er starrte zur Decke. Das Zimmer war mit einem sanften Feuerschein erleuchtet.

Sein Traum war verstrichen. Wieder einmal vorbei. Aber seine Entschlossenheit wurde stärker. Er würde es finden, dieses Land. Es war nicht in seiner alten Heimatstadt und es war nicht hier, auf dieser nichtexistierenden Insel im Indischen Ozean.

Minuten verstrichen, ehe er sich wieder des knisternden Feuers gewahr wurde. Wie war das möglich? Er hatte es ausgemacht, bevor er zu Bett ging. Erschrocken fuhr er hoch. Da, auf dem Sessel, neben dem gemütlichen Flackern des Kaminfeuers sitzend, war ein Mann. Zwei, drei Mal öffnete und schloss er die Augen, bis sie sich an das Licht gewöhnten.

Dalin grinste ihn liebevoll an: „Hallo, mein Freund ", sagte er ruhig. „Ich bin hier." Amiel rang einen Moment nach den richtigen Worten.

Er war zornig und doch unglaublich erleichtert, ihn zu sehen. „Ein toller Freund bist du! Stiehlst dich heimlich davon und überlässt mich dem Schicksal. Wie lange wolltest du mich noch alleine hier herum irren lassen? ", fuhr Amiel ihn an. „Keine Minute länger, das kann ich dir versichern ", entgegnete Dalin. Amiel atmete tief durch. Er schlug die Decke beiseite und setzte sich an den Bettrand. „Komm ans Feuer, Amiel ", sagte Dalin. „Ich habe einen zweiten Sessel besorgt."

Amiel zog sich eine Jacke über und setzte sich zu Dalin. „Wo bist du gewesen?", fragte er. „Weisst du, solche Erklärungen sind nicht immer ganz einfach. Ich musste gehen, wohl wissend, was ich dir damit auflade. Aber es gibt Dinge, die ich dir nicht ganz so einfach machen kann wie ich möchte ", gab er zur Antwort. Amiel seufzte und fuhr sich mit der Hand übers Gesicht. Er war noch müde. Dalin stellte ihm eine Tasse Kaffee vor die Nase. „Willkommen also in Noer, mein Freund ", sagte er. „Ich habe gehört, dass Luun dich nicht gerade nach alter Sitte empfangen hat. Die Tage hier werden grauer, die Menschen unruhig. Aber es ist ein grossartiger Ort für ein kurzes Wiedersehen. Ich freue mich sehr, dass du hier bist. Hab Mut, die Reise hat doch gerade erst begonnen. An die Rückkehr zu denken, das ist wirklich zu früh." Amiel lag nur eine Frage auf der Zunge. „Sag mir doch, wo ist dieses Land, wovon ich träume, und was werde ich dort finden? Warum ist es mir so vertraut? Bitte erklär es mir." Dalin sah ihn lange an. Schliesslich lehnte er sich ein wenig vor. „Weisst du, gewisse Antworten können erst dann gegeben werden, wenn die Frage in voller Länge durchwandert worden. Die Umwege mit eingeschlossen. Abkürzungen bringen nicht immer die gewünschten Ergebnisse. Aber erlaube mir, dir eine Frage zu stellen: Weshalb bist du hier ?" „Ich dachte, das könntest du mir sagen." „Warum bist du auf mein Schiff gestiegen und hast mir in solch stillem Einverständnis deine Zeit und dein Leben anvertraut?" „Ich weiss nicht", entgegnete Amiel.„Warum? ", beharrte Dalin. „Weil ich etwas suche! " Dalin lehnte sich zurück. „Meine Güte, was weiss ich schon. Du scheinst ja eh viel mehr über mich zu wissen als ich es selber tue ", fuhr Amiel schliesslich aufgebracht fort. „Ich würde viel geben, es augenblicklich aus dir herauszupressen. Es war das, genau das, warum ich mit dir gegangen bin. Du weisst, wer ich bin, und ich weiss es nicht." „Ist es so einfach?", fragte Dalin. Amiel betrachtete ihn aus zusammen geknieffenen Augen. Er biss sich angespannt auf die Lippen.

„Ich will wissen, wer ich bin, woher ich komme, und wohin ich gehe. Ich will wissen, wer mir im Spiegel entgegenblickt. Ich will wissen, wer hinter dieser Misere und gleichzeitiger Glückseligkeit dieser Welt steckt und wozu ich darin eine Rolle spiele! " Dalins Gesicht zeigte Mitgefühl und Sanftheit. Er schwieg eine Weile. Schliesslich sprach er in leisem Ton: „Ja, ich weiss. Und weil ich dein Herz sehe, weil ich dich kenne und so wahnsinnig gern habe, möchte ich, dass du mir vertrauen kannst. Du bist ein so besonderer junger Mann. Diese Reise gilt dir, und ich will sie dir schenken. Hab Mut, lieber Amiel. Trage die Sehnsucht weiter und lass dich niemals dazu bringen, dass du aufhörst, mehr vom Leben zu erwarten. Lass dich durch niemanden entmutigen, der dir sagen will, dass es sich nicht lohnt, nach dem zu suchen, was du auf dem Herzen trägst." „Aber Noer ist nicht, was ich suche ", fuhr ihm Amiel ins Wort. „Nein, da hast du recht. Noer ist es nicht."
„Wozu bin ich dann hier?" „Du bist hier, weil Noer etwas zu erzählen hat. Ich hab dir einmal gesagt, dies hier ist eine Bühne, nur eine Bühne." „Und was, bitte schön soll, ich als nächstes tun?" Dalin lächelte. „Ja, darauf will ich dir antworten. Aber vorerst, schüttle deine Schwere ab. Du darfst die Sache leichter nehmen. Ich bin bei dir. Geniesse es, zu wandern und zu entdecken. Geh auf Menschen zu, und lass dich auf das ein, was kommen wird. Du musst nicht alles ergründen und durchdenken." „Wer bist du?", fragte Amiel erneut. „Auch darauf wirst du früh genug eine Antwort finden und brauchst dir darüber Nacht nicht den Kopf zu zerbrechen. Die Sache wird jetzt spannend, mein Lieber. Hör mir zu, ich werde jetzt hier sitzen, bis du eingeschlafen bist. Am Morgen werde ich aufgebrochen sein, aber keine Sorge, wir werden uns bald wieder über den Weg laufen." „Du willst wieder weg?", fragte Amiel erschrocken. „Nun, weg ist nicht das richtige Wort, glaube mir. Aber ja, in gewisser Weise musst du mich wieder für kurze Zeit entbehren. Es gibt da jemanden, den ich dir in

der Zwischenzeit gerne vorstellen würde. Aber darauf wirst du bald selber kommen." Amiel schaute ihn verwirrt an. Dalin fuhr fort: „Nun also, kommen wir nochmal zurück zu deinen Fragen, weswegen du hier bist. Da war die Frage nach dem Ursprung, nicht wahr? Die Herkunft und der Ursprung der Welt, wie auch deiner eigenen Person. Wie weise von dir. Denn wer über das Jetzt und das, was kommt, mehr erfahren will, kommt an der Ursprungsfrage nicht vorbei. Und bevor du eine Antwort auf deine eigene Herkunft bekommen wirst, musst du die dieser verrückten Insel enträtseln. Was also muss man tun, um mehr über den Ursprung eines Landes zu erfahren?" Amiel dachte einen Augenblick nach, bevor er entgegnete: „Man muss die Geschichte kennen." „Goldrichtig ", Dalin strahlte. „Und wie soll ich das tun?" Dalin zückte eine grosse Karte aus der Tasche und breitete sie vor ihm aus. „Da will ich dir gerne einen Hinweis geben. Hier, mein Freund, liegt Luun. Ungefähr drei Stunden östlich der Stadt - zu Pferd meine ich natürlich - liegt die Stadt Amra. In Amra liegt die grosse Landesbibliothek von Noer. Viele der weisen Gelehrten und Historiker arbeiten in Amras grosser Bibliothek. Ich kann mir vorstellen, dass du dort weitere Hinweise findest." Dalin faltete die Karte zusammen und steckte sie in Amiels Tasche. Dann lehnte er sich genüsslich im Sessel zurück und sah Amiel in die Augen. Dieser erfasste die Aufforderung: „Ich nehme an, dass das alles ist, was ich heute Nacht von dir erfahren werde." Dalin zog wie üblich seine linke Augenbraue hoch und grinste. „Nur noch das eine. Dein Pferd steht unten im Stall, der Wirt weiss Bescheid. Am besten, du gehst kurz nach Sonnenaufgang los."

Sie sassen noch eine Weile da, bis Dalin meinte, er solle sich noch ein paar Stunden Schlaf gönnen. Obwohl Amiel nicht nach Schlafen zu Mute war, liess er sich von Dalin überreden und kroch ins Bett zurück. Er sah ihm eine Weile zu, wie dieser am Feuer sass und in die Flammen blickte. Was für eine eigenartige, wundervolle Person. Das Wiedersehen hatte ihm

Zuversicht gegeben. Er fühlte sich in Dalins Gesellschaft aufgehobener und mehr verstanden als er es jemals erlebt hatte. Dies war nicht einfach ein Mensch, soviel war ihm klar. Etwas ganz Besonderes umgab diesen Mann und liess Amiel alle Sorgen und alle Fragen vergessen.

Und auch wenn er wusste, dass Dalin wieder weg sein würde, sobald der Morgen angebrochen war, vertraute er ihm dieses Mal. Er würde ihn wieder sehen und das genau zum rechten Zeitpunkt.

Die Augen fielen ihm schliesslich zu und die weitere Nacht gönnte ihm eine wohlige, traumlose Ruhe.


*„Das Alte stürzt, es ändert sich die Zeit,*
*Und neues Leben blüht aus den Ruinen."*

*Friedrich Schiller aus „Wilhelm Tell "(1804)*


## Eine alte Geschichte

Die Sonne schien mit hellem, erquickendem Goldgelb durch das Zimmerfenster und erweckte sowohl Körper als auch Geist mit diesem herrlichen Gefühl, alles sei gut und würde ewig so bleiben. Amiel fühlte sich neu gestärkt und völlig erholt. Er zog sich an und bemerkte dabei ein kleines Bündel auf dem Tisch. Dalin war verschwunden, hatte es aber nicht versäumt, sich zu verabschieden. Neben dem Bündel lag eine fein säuberlich geschriebene Karte. Er las:

*„Lieber Amiel, ich breche auf mit der ersten Morgendämmerung, sehe dir dabei zu, wie du friedlich schlafend im Bette liegst und finde dich einmal mehr ganz wundervoll. Bedenke auf deiner Weiterreise dies: Niemand wurde dafür ge*

*schaffen, seine Lebensreise alleine zu meistern. Der Sinn und die Freude finden sich im Miteinander.*
*Des Weiteren habe ich dir einige nützliche Sachen eingepackt. Bis bald. Dein Freund Dalin."*

Amiel durchsuchte die Tasche. Als erstes fand er einen Geldbeutel aus Leder und war darüber sehr froh, denn das Wenige, dass er auf dem Schiff in Dalins Gepäck gefunden hatte, war beinahe aufgebraucht. Dann fand er Streichhölzer mit zwei Kerzen, einen antiken Kompass und ein Messer in einer schön verzierten Lederhülle. Des Weiteren fand er einen Briefumschlag, auf dessen Vorderseite der rote Wachsabdruck eines Siegels zu sehen war. Auf dem Siegel war eine Krone zu sehen. Daneben drei Buchstaben in einer ihm unbekannten Schrift. Erstaunlicherweise war der Umschlag selber leer. Amiel verstaute alles in seinem Gepäck. Er hatte genügend Kleidung, eine Schlafmatte und eine Decke, etwas Kochgeschirr, eine grosse Wasserflasche und einige Lebensmittel wie Kaffee, Dörrfrüchte und Käse mit dabei. Dann war da noch eine Seife, ein Rasiermesser, eine Zahnbürste und ein Kamm. Das war alles, was er besass. Zusammen mit dem Beutel, der ihm Dalin dagelassen hatte. Wie sonderbar. So brach er auf, stärkte sich mit einem herzhaften Frühstück aus Eiern, Speck und Brot und liess sich vom Wirt sein Pferd zeigen. Das Pferd war bereits gesattelt. Eine kräftige, wenn auch eher kleine, schwarzbraune Stute von sehr schönem Aussehen. Amiel streichelte ihren Kopf und sprach beruhigend auf sie ein. In Wahrheit versuchte er, sich selbst etwas Mut zuzusprechen, denn er hatte wirklich keine Ahnung vom Reiten. Etwa zwei Mal hatte er bislang auf einem Pferd gesessen, aber niemals war er so alleine unterwegs gewesen. Der Wirt staunte. „Ein prächtiges Pferd hat er Ihnen dagelassen. Ira ist ihr Name." Er erklärte Amiel den Weg, den er zu gehen hatte, und Amiel machte sich auf. Er lenkte Ira am Zaum durch die Stadt und diese liess sich ohne weiteres von ihm führen. Luun zeigte sich nun wieder von der schönen Seite. Die Strassen waren belebt und es herrschte geschäftiges Treiben. Viele Kinder spielten in den Gassen und die Innenhöfe mit den schönen Bänken waren nun voller Menschen, die fröhlich miteinander plauderten. Amiel kaufte sich Proviant für die Reise und verliess die Stadt durch das Osttor. Zwei Mal schaute er sich verstohlen um, ob sein gestriger Verfolger wieder zu sehen war, aber dem war nicht so. Die Strasse in Richtung Amra war eine wichtige Reiseverbindung und viele waren an diesem Morgen auf ihr unterwegs. Amiel wartete, bis er etwas Abstand zu den anderen Reisenden gewonnen hatte, ehe er sich wagte, auf das Pferd zu steigen. Ira hielt sich geduldig, während er in kläglicher Ungeschicklichkeit versuchte, sich in den Sattel zu schwingen. Schliesslich hatte er es geschafft und Ira trottete gemächlich los, sehr bedacht darauf, den Anfänger nicht zu überfordern. Es ging ganz gut, doch nach einer Stunde schien ihm bereits jeder einzelne Knochen zu schmerzen. Er gönnte sich eine Pause unter einer Tanne, und das Pferd graste genüsslich an seiner Seite. So dauerte die Reise nach Amra um einiges länger als geplant. Zuweilen ging er neben dem Pferd her und setzte sich den erstaunten Blicken der Reisenden aus, die in eiligem Galopp an ihm vorbeizogen. Er war neuen Mutes und war gespannt, was er in Amra vorfinden würde.

Es war ein wahrlich gutes Gefühl, mit dem eigenen Pferd durch das Mittelalter zu ziehen, um etwas aufzuspüren, das ein unbekanntes Gegenüber ihm zeigen wollte. Nach fünf Stunden abwechslungsweise Fussmarsch oder zaghaften Reitversuchen war in weiter Ferne eine Stadt zu sehen. Amra lag in einer weitläufigen Ebene, umgeben von weiten Ackerfeldern und Laubwald. Die Gegend hier war im Vergleich zum Norden stark besiedelt, und entlang der Strasse standen viele schmucke Bauernhäuser.
Die Stadt war längst nicht so gross wie Luun, aber ebenfalls sehr schön anzusehen. Amras Häuser standen einander gege-

nüber und bildeten einen langgezogenen, grossen Innenplatz, der sich durch den ganzen Stadtkern zog. Auf der Rückseite der Häuser gab es je zwei weitere Gassen, die am äusseren Ende von der Stadtmauer geschützt wurden. Amiel gewann schnell den Überblick und machte sich auf, um einen Gasthof zu finden.

Er brachte Ira zu den Ställen ausserhalb des Stadttores, wo er sie unterbringen konnte und wo für sie gesorgt wurde. Die Bibliothek war leicht auszumachen. Sie stand am oberen Ende des Stadtplatzes und war ein prächtiges Bauwerk, ein stattliches Herrenhaus von beachtlicher Grösse. Vier Säulen stützten die Eingangsvorrichtung am oberen Ende der Treppe.

Amiel wollte schon die Treppe hochsteigen, als er laute Stimmen hörte. Er sah sich um und bemerkte, dass im unteren Teil der Stadt einiges vor sich ging. Er beschloss, sich die Sache anzusehen und ging in die Richtung, von wo die Stimmen zu vernehmen waren.

Am unteren Stadtplatz liefen die Menschen zusammen. Ein Pferdewagen kam über die gepflasterte Strasse gedonnert, und Amiel konnte sehen, wie zwei Gefangene vom Wagen geführt wurden. Sie waren entblösst, trugen nur einen Lumpen um die Hüften. Auf ihren Rücken waren Striemen einer Peitsche zu sehen.

Ein erstaunter Aufruf ging durch die Menschenmenge. Die zwei Gefangenen, beides ältere Männer, wurden auf eine Anhöhe neben dem Glockenturm geführt, der wohl genau zu diesem Zwecke errichtet worden war, und dort angekettet. Ein Mann stand mit gesenktem Kopfe, der andere blickte geradewegs in die Menge. „Hier könnt ihr bleiben, bis der morgige Tag anbricht!", zischte einer der Aufseher, die allesamt mit einem blauschwarzen Kittel und einem schwarzen Hut bekleidet waren. Einige Leute zogen sich schnell zurück, andere blieben und spotteten über die Gefangenen. Das Volk war verunsichert und die meisten verliessen den Platz hastig. Nur einige blieben noch und betrachteten die Männer. Amiel sah

einen jungen Mann, der mit besorgtem Blick im Schatten eines Hauseinganges stand. Er ging auf ihn zu und sprach ihn direkt an. „Mein Herr, ich verstehe nicht, was hier vor sich geht. Wer sind diese Aufseher?" Der Mann sah ihn prüfend an. „Woher kommen Sie?", gab er zur Antwort. „Ich komme aus dem Norden am Meer. Vor einigen Tagen habe ich meine erste Reise nach Luun gemacht und bin besorgt, auf diese Unruhen zu treffen." Der junge Mann blickte sich um und zog Amiel in den Schatten des Tores. „Diese Männer mit dem Kittel gehören zur "Rumnod ", eine Vereinigung aller vier Stämme des Landes. Auch von eurem Volk sind einige dabei. So etwas hat es bisher nicht gegeben. In kurzer Zeit ist es der Partei gelungen, sich an die politische Spitze zu kämpfen. Sie propagieren, das Land zu einen und die alte Kluft zwischen den Stämmen zu eliminieren. Sie sprechen von Wohlstand und Erneuerung, von Befreiung aus den alten Zwängen. Ihre Ideen sind brillant, ihre Strategien bringen unserem Land viel Aufschwung und neuen Wohlstand. Sie haben viel Gutes geschaffen, die Armut verringert und die Bildung gefördert. Doch ich bin beunruhigt, mein Freund. Die Gerüchte häufen sich, dass sie mehr und mehr Gewalt anwenden um ihre Ideen zu verwirklichen und Gesetzesänderungen durchzubringen. Bereits haben sie das Richteramt übernommen und bilden eine neue Justiz. Solche Schauspiele wie dieses hier häufen sich. Vor allem gilt die Wut jenen aus dem Volk, die den Überlieferungen und Traditionen Treue bewahren wollen und sich gegen die Abkehr der alten Kultur wehren. Sie sind ihnen ein Dorn im Auge. Die Nachkommen des alten Königshofes warnen, erzählen von politischer Verfolgung und Erniedrigung.
Die beiden Männer da werden des Komplotts beschuldigt. Ihnen wird angehängt, sich als Untergrundpartei gegen die Vereinigung zu verschwören, Schriften zu fälschen und sich den neuen Gesetzen zu verweigern. Sie unterstellen ihnen Raub und Plünderungen. Das Volk ist in Aufruhr, hin und her gerissen, so wie auch ich. Viele wollen weg vom alten Regie-

rungssystem. Unsere Geschichte ist nicht mehr so wichtig, die meisten glauben nicht mehr an die alten Erzählungen. Es ist ja auch verrückt: Seit vielen Jahrhunderten warten wir auf die Rückkehr eines Königs, halten seinen Palast bereit und sauber, all die vielen leeren Hallen und Säle. Das Schloss in Luun ist leer und kahl, wird aber täglich bis ins kleinste Detail herausgeputzt und die Garde steht seit jeher bereit. Prinz Nerjan, der nur in einem der Bedienstetenhäuser wohnt, verbringt zu viel Zeit mit solchem Unsinn, anstatt sich um die Politik zu kümmern. Die Rumnod hat die Gunst der Stunde genutzt und sich geschickt in Position gebracht. Sie dulden keine weitere Übergangsregierung und leeren Hallen. Und man kann ihnen ja gut recht geben. Der König kam nicht wieder. Warum also so weitermachen? Unser Land ist im Umbruch, mein Freund ", sagte der Mann. Amiel erwiderte: „Ich habe in Luun gesehen, wie sie vor dem Regierungsgebäude Aufruhr geschaffen haben." Der Mann nickte: „Ja, davon habe ich vernommen. Ich zweifle an dieser Vorgehensweise. Etwas Neues mit der Entwertung des Alten zu begründen, ist eine fragliche Strategie! Aber das Volk scheint darauf anzuspringen. Wir werden sehen, was die nächsten Monate bringen." Amiel traute sich nicht, weitere Fragen zu stellen, da sein Unwissen seine wahre Herkunft entlarven könnte. „Was wird jetzt aus diesen zwei Männern?", fragte er. „Die werden über Nacht da stehen bleiben und morgen ins Gefängnis geworfen, ganz nach dem Schweregrad ihres Vergehens ", antwortete der junge Mann. Sie sahen noch eine Weile mitleidig zu den Gefangenen.

„Was ich Ihnen erzählt habe, das war vertraulich. Ich denke, das ist Euch bewusst?", vergewisserte er sich und sah Amiel fragend an. Dieser nickte, bedankte sich und verabschiedete sich von dem Mann. Er machte sich auf zur Bibliothek.

Merkwürdig, was hier alles vor sich ging. Aber in der Politik ging es nun mal so zu, und Amiel war klar, dass die Vollzüge hier rauer vor sich gingen als im heutigen Europa. Gerne hätte er Näheres erfahren, musste sich für den Moment aber mit

diesen Auskünften zufrieden geben. Er betrat die Bibliothek. Es waren hohe Räume mit schönen Riemenböden. Die hohen Decken waren von weissen Säulen gestützt. Zwischen den Regalen standen Bänke, wo der ein oder andere vertiefte Leser es sich bequem gemacht hatte. Die Bibliothek war in mehrere Räume aufgeteilt und nach verschiedenen Themengebieten geordnet. Er durchforschte die verschiedenen Abteilungen: Medizin, Naturwissenschaft, Geographie, Sprachwissenschaft und Kunst, alles war da. Amiel hätte stundenlang herumstöbern können. Er besann sich auf Dalins Worte. Er durfte sich hier nicht verlieren und musste sich nun mit der Geschichte Noers beschäftigen. Er suchte und fand in einer verstaubten Ecke einige Geschichtsbücher. Es war eine karge Ansammlung von Werken, die sich auf die Landesbeschaffenheit sowie die Dorf- und Stadtentwicklung beschränkten. Alles nicht sehr aussagekräftig, fand Amiel. Über die alten Könige oder die Gesellschaftsentwicklung war nichts zu finden. Schliesslich ging er zurück in die Eingangshalle und fragte eine Aufseherin um Rat: „Guten Tag, ich komme aus dem Norden und bin das erste Mal in der Stadt. Können Sie mir vielleicht sagen, wo ich vertiefende Literatur zur politischen Entwicklung und Geschichte Noers finden kann? Ich möchte gerne mehr über die alte Königsherrschaft und Völkerentwicklung lesen."
Die Frau sah ihn mit musterndem Blick an. „Nun, mein Herr, ich fürchte, es ist Ihnen entgangen, dass vor einigen Monaten staatlich beschlossen wurde, die alten Geschichtsbücher aus der Landesbibliothek auszuquartieren. Sie sind nicht länger Bestandteil unseres modernen Landesverständnisses. Die Regierung hat angeordnet, die alten Sagen unseres Landes nicht als wissenschaftliche Historik anzuerkennen und sie wurden deshalb in eine kleine Bibliothek ausserhalb der Stadt verlegt."
Amiel sah sie etwas verwundert an. „Wo findet man denn die allgemeine Geschichtsauffassung?", wollte er wissen. „Das ist uns heute nicht mehr so wichtig. Es spaltet unser Land und

erregt die Gemüter. Das ist unnötig. In diesen Tagen geht es um die Einheit unseres Landes, um eine gemeinsame Zukunft und darum, Stabilität und Sicherheit aufzubauen." Amiel dachte einige Momente nach. „Wie finde ich denn die kleine Bibliothek?" Die Frau seufzte und wühlte in einigen Schubladen der Eingangshalle. Schliesslich zog sie ein zerknittertes Papier heraus und reichte es ihm. „Reiten Sie ungefähr zwei Stunden nach Südwesten, der kleinen Strasse entlang. Das Dorf heisst „Bevirk ". Fragen Sie dort nach einem Professor Lievka, dann wird man Ihnen den Weg schon weisen." Amiel dankte und verliess die Bibliothek. Was hatte das zu bedeuten? Es war bereits später Nachmittag, und er beschloss, noch am gleichen Abend loszureiten.

Die Landstrasse bog von der grossen Hauptstrasse ab und schlängelte sich geheimnisvoll durch Tannenwälder und felsige Anhöhen. Er begegnete nur einem Holzfäller, der sein Holz auf den Karren hievte, und einem Jungen, der mit seinem beladenen Esel an ihm vorüberzog. Nach zwei Stunden gelangte er in ein schmales Tal, und die Strasse führte an einem Bach entlang. Hie und da tauchten einsame Bauernhöfe und Hütten auf.

Schliesslich gelangte er nach Bevirk, einem unscheinbaren, aber grossen Bauerndorf an der östlichen Talseite. Es war bereits dunkel, und die Petrollampen an den Strassen waren angezündet. Aus den Häusern schien schwaches Licht durch die Fenster, und hie und da stieg Rauch aus dem Kamin. Auch hier waren die Häuser eng aneinandergereiht, wenn sie auch wesentlich einfacher gebaut waren als in den Städten. Amiel sah sich um nach einer Bleibe für sich und sein Pferd.

Er fand eine kleine Gaststube mit einem Schlafsaal und brachte das Pferd im Stall unter. Er war sehr müde und ging nach einer kurzen Mahlzeit gleich zu Bett. Vom Schnarchen anderer Reisender umgeben und im pieksenden Stroh liegend, brauchte er einen Moment, bis ihm schliesslich die Augen zufielen und er in einen sorglosen Schlaf versank.

Am Morgen herrschte ein Durcheinander von Leuten, die sich in den Waschsaal zwängten, ihr Gepäck bündelten und sich um Frühstück bemühten. Amiel suchte seine Sachen zusammen und kämpfte sich müde durch die aufbrechenden Gäste. Er sass eine ganze Weile bei seiner Tasse Tee und wartete, bis sich der Tumult etwas gelegt hatte. Da der Markt in Luun nun vorüber war, befanden sich einige Bauern aus den hintersten Tälern auf dem Weg zurück und somit war selbst Bevirk für einige Wenige eine wichtig Ortschaft. Er fragte den Wirt nach der besagten Bibliothek. Dieser wirkte erstaunt über die Anfrage, wies ihm jedoch den Weg und Amiel brach auf.

Die Bibliothek war in einem dieser verwinkelten Landhäuser einquartiert. Ein altes Haus mit uralten Böden, die bei jedem Schritt laut knarrten. Amiel stieg die Treppen hoch, fand aber niemanden. Schliesslich rief er ein scheues „Hallo " und hörte eine Stimme aus dem Keller antworten. Er ging die Treppe hinunter.

Das Kellergewölbe war viel grösser als die übrigen Stockwerke. Grosse, weisse Bögen bildeten die verschiedenen Durchgänge und einige Balken stützten die Decke. Der Raum war gemütlich ausgestattet und hie und da fand man beschauliche Leseecken, die mit Teppichen und bequemen Stühlen eingerichtet.

Alles war liebevoll angeordnet, mit warmem Licht beleuchtet und durch kleine Luken an einer Seitenwand strömte Tageslicht hinein. Die Bibliothek war ein einziges Labyrinth grosser Regale. Hinter jeder Ecke schien ein weiterer, kleiner Gang in den nächsten Raum zu führen. Es roch nach Leder und antiken Büchern und Amiel fand, dass es hier viel mehr nach einer Bibliothek aussah als in den sterilen, kalten Räumen in Amra. Hier herrschte eine Art wohlgeordnetes Durcheinander von Papierrollen, Zeitungen und Büchern, die auf kleinen Tischchen oder Stühlen herumlagen.

In einer der Leseecken sass eine junge Frau, die fest in ihre Lektüre vertieft war und nur kurz aufschaute und ihm lächelnd zunickte. Ansonsten war niemand zu sehen. Amiel sah sich einige Augenblicke lang um. Schliesslich kam ein alter, gebeugter Mann aus einer Ecke. Er war auf einen Stock gestützt, hatte einen grauen Bart und krauses Haar. Unter dem Arm hielt er einige Bücherrollen.
Er sah Amiel mit prüfendem Blick an und lächelte dann warm. „Seid gegrüsst, lieber Besucher! Ich freue mich, dass Sie hier sind. Kommen Sie herein, und schauen Sie sich um. Sie befinden sich in einer Schatzkammer, werter Herr, voll von alten Kostbarkeiten." Er ergriff Amiel sanft am Arm und führte ihn in den Hauptraum. An der Vorderseite eines grossen Regals hing ein mit Kohle gemalter Plan, der eine Übersicht über die verschiedenen Räume gab. „Hier im Hauptregal findest du alle Landkarten unserer Insel. Auch den Süden, der den meisten kaum bekannt ist, haben wir genau kartographisiert und aufgezeichnet. Die weite Wüste fasziniert mich, und ich hatte das Glück zu reisen. Wir erhielten auch Karten und Zeichnungen über das Gebirge südlich des Waldlandes. Das Volk der Berge hat es uns geschenkt vor gar nicht so langer Zeit. Sie sind die einzigen, die sich in den Felsgebirgen und Schneetälern auskennen." Er sah mit glänzenden Augen zur Decke. „Wie gerne wäre ich nochmals jung und hätte die Kraft, sie alle zu erwandern." Er fuhr mit der Hand liebevoll über die Kanten des grossen, hölzernen Regals. An der Wand hing eine grosse Karte der Insel, und Amiel stand eine ganze Weile davor und betrachtete die einzelnen Gebiete. Der alte Mann stellte sich neben ihn und begann, ihm die geographischen Begebenheiten näher zu erklären. Es war erstaunlich, wie weitläufig sich die Insel noch nach Südosten zog. Jenseits des grossen Gebirges war eine riesige, flache Ebene zu sehen. „Eine Stein- und Sandwüste. Im Sommer heiss und im Winter empfindlich kalt", erklärte ihm der alte Mann. „Ein raues Klima. Nur wenige von uns waren jemals auf der anderen Seite des Gebirges.

Der Übergang ist hart und sehr gefährlich. Doch die, die drüben waren oder vom Volk der Wüste zu uns kommen, berichten von atemberaubender Schönheit. Ich bin einige Wochen durch dieses Meer von Steinen und Dünen gewandert, und die Bilder haben sich fest eingeprägt."
Der alte Mann liess Amiel schliesslich alleine und ging, auf seinen Stock gestützt, in einen der hinteren Räume. Hie und da hörte man seinen Husten oder das Rascheln von Papier. Amiel verlor sich in den vielen alten Schriftrollen, und die Stunden zogen an ihm vorüber, ohne sich bemerkbar zu machen. Er fand sich den ganzen Tag lesend und stöbernd durch die Regale und Räume streifen, ohne das Gefühl von Hunger oder Durst zu empfinden. Einmal jedoch kam der alte Mann mit einem Tablett und stellte Amiel grinsend Tee und Mandelkuchen hin. Dann verschwand er wortlos.
Weder er noch die junge Frau in der Ecke verliessen das Zimmer, bevor die Kirchenuhr Mitternacht schlug. Dann erschien der alte Mann mit einer Kerze in der Hand und deutete an, er würde nun zu Bett gehen und Amiel solle doch die junge Dame zu dieser späten Stunde zu ihrer Herberge geleiten. So gingen sie durch die dunklen, stillen Gassen und waren zu müde, um sich gross zu unterhalten. „Wunderbar", sagte die junge Frau nur. „Einfach wunderbar. Seit drei Tagen bin ich nun schon am Lesen, und es will einfach nicht enden", sagte sie und lachte. Dann wünschte sie ihm eine gute Nacht, und Amiel ging zu seiner eigenen Herberge und schlief sofort ein.
Am nächsten Morgen regnete es erneut, und es gab keinen Grund, den Tag nicht wieder in der Bibliothek zu verbringen. Er erkundigte sich nach dem Pferd und ging schon bald los. Die junge Frau sass bereits in der Bücherecke und hiess ihn strahlend willkommen. Amiel setzte sich zu ihr. „Ich bin Lijah", stellte sie sich vor und hielt ihm die Hand entgegen. „Ich heisse Amiel", sagte er und erwiderte ihren Gruss. Lijah sah ihn prüfend an. „Das ist kein Name, der hierzulande bekannt ist." „Nein, das ist er nicht", gab Amiel zur Antwort und war

erstaunt, dass sie nicht weiter nachfragte. „Was also führt dich hierher, Amiel?", fragte sie stattdessen. Er zögerte einen Augenblick. „Nun, ehrlich gesagt, weiss ich es selbst noch nicht genau. Die ganze Angelegenheit ist ziemlich eigenartig und ich habe wenig Ahnung, wo genau sie mich hinführt." Lijah nickte und sah ihn lange an. „Was ist mit dir?", fragte Amiel zurück.

Auch sie zögerte einen kurzen Moment, ehe sie erwiderte: „Ich..", Sie blickte zu Boden und dachte einen Moment nach. „Ich suche das alte Königsland. Das Land, wo der König wohnt. Ich habe eine Einladung erhalten", sagte sie leise. Amiel sah sie erstaunt an. „Eine Einladung?"
„Ja", erwiderte sie und sah ihn an. „Ich bin auf der Suche nach ihm." „Aber der König ist doch verschollen, längst gestorben?" „Ich glaube nicht, dass dies alle in diesem Lande behaupten würden", sagte sie und lächelte zaghaft. „Deshalb bin ich hier und studiere die alten Schriften." Amiel wusste nicht, was er entgegnen oder fragen sollte und schwieg.

Der Nachmittag verstrich und Amiel durchforschte die Geschichtsbücher. Die Schriften waren schwer zu entziffern und musste viele Jahrhunderte alt sein. Sie berichteten von Noers alten Reichen und Herrschern. Lange Jahre herrschte Krieg zwischen dem Volk der Berge und dem Volk des Waldes. Dunkle Berichte von brutalen Schlachten und Kriegen. Amiel schauderte und er erinnerte sich an seine eigenen Geschichtsbücher, die den Aufstieg und den Abgrund Europas beschrieben. Es gab viele Parallelen. Seuchen und Krankheiten befielen das Land, Hungersnöte und Armut. Aber auch Wohlstand, Adel und wissenschaftliche Fortschritte, wie es die Geschichte eben schreibt.

Luun wurde zweimal niedergebrannt und wieder aufgebaut. Die Stadt wurde immer wieder zum Mittelpunkt des Geschehens und hat viele Zeitalter erlebt. Der Norden, der heute kaum mehr bewohnt ist, war früher bekannt für den blühenden Handel und für sein wohlhabendes, starkes Volk.

Und immer wieder kam das alte Königreich zur Sprache. Es war fester Bestandteil aller Epochen, auch wenn Amiel keinen einzigen, direkten Bericht darüber fand. Und da war auch der Königspalast, der seit Jahrhunderten leer stand und doch über alle Generationen gehütet wurde, bis zur Rückkehr des Königs. Die Schriften berichteten von der Sehnsucht nach der vergangenen Zeit. Kein Herrscher wurde eingesetzt, um die Stellung des verschollenen Königs zu übernehmen, und die, die es gewagt hatten, wurden getötet. Es gab viele Bestrebungen, den Thron zu beanspruchen. Doch die Festigkeit der Überlieferung war stärker und die alte Hoffnung unumstösslich. So stieg ein Reich um das andere auf und verging wieder, doch der König kam nicht wieder zurück.

Das alte Geheimnis wurde bewahrt und an die Kinder und Kindeskinder weiter gegeben. Die Ehrfurcht vor dem, was so lange gehütet und bewahrt wurde, vermochte lange Zeit nicht zu verblassen.

Als es dämmerte, berührte etwas sanft seine Schulter. „Nun komm, Junge, es ist Zeit für eine Pause. Ich habe Abendessen bereitet, bevor ihr beiden mir beim Lesen verhungert." Er führte Amiel in einen kleinen Nebenraum, wo ein Kaminfeuer knisterte und ein Tisch bereitstand. Auch Lijah kam hinzu, und sie setzten sich an den gedeckten Tisch. Dankbar nahmen sie von dem Brot und der Gemüsesuppe. Auch geräucherte Wurst und gekochte Eier waren aufgetischt.

Jeder berichtete von seinen Entdeckungen und bald entstand ein inniges Gespräch. Der alte Mann beantwortete viele Fragen über die vergangenen Kriege. Er erzählte von den neuesten wissenschaftlichen Erkenntnissen und Amiel musste schmunzeln über die Inbrunst, mit welcher der alte Mann über die neueste Entwicklung eines Kohlewerks berichtete, das Energie zu erzeugen vermochte.

Als der Abend schon weit fortgeschritten war, begann Lijah, über das alte Land zu sprechen. „Ich habe vom alten Land gelesen, auch wenn ich nicht viele Bücher darüber gefunden habe. Es trug den Namen „Noamer" und mir scheint, dass ich meinen Weg nicht fortsetzen kann, ohne mehr darüber zu erfahren. Würden Sie uns davon erzählen?", fragte sie den alten Mann.

Der alte Mann hob seine dichten, buschigen Augenbrauen. Sie waren umgeben von vielen kleinen Fältchen, die darauf schliessen liessen, dass dieser Mann in seinem Leben viel gelacht, aber auch durch sorgenvolle Zeiten gegangen war. Das Leben hatte seine Gravur hinterlassen.

„Noamer. Das alte Königreich. Sein Name bedeutet „das Königsland" in der uralten Sprache unseres Volkes. Es ist das älteste Land aller Geschichte. Viele unserer Lieder und Geschichten erzählen von den alten Mythen und Geheimnissen dieses Landes der alten Zeit." Auf seinen Stock gestützt ging er in den hintersten Teil des Raumes und stand schliesslich vor einem der grossen Regale, die beinahe verborgen hinter all den anderen standen.

„Hier sind die alten Bücher und Schriftrollen aufbewahrt. Viele Fragmente wurden gefunden, und ich konnte einige Texte später rekonstruieren. Wer genau sie verfasst hat, bleibt ein Rätsel." Das Gesicht des alten Mannes hellte sich auf und strahlte eine gewisse Ehrfurcht aus. „Wundervolle Lyrik und Poesie einer alten, vergessenen Zeit, meine Freunde. Ich habe die herrlichsten Schriften entdeckt, Lieder und Kompositionen, wie ich sie niemals wieder gefunden habe. Was für Meisterwerke! Nächtelang lag ich wach und habe sie gelesen und durchforscht, wieder und wieder. Diese Worte ergriffen mein Herz."

Der Mann fuhr mit seiner linken Hand liebevoll über die alten, staubigen Bücher. Seine Berührung zeigte eine innige Vertrautheit. „Ich habe jedes Einzelne gelesen. Viele Male. Sie hielten mich wach und hielten mich all die Jahre jung. Meinen Geist haben sie berührt, könnte man sagen. Ich trage sie in mir."

Er schüttelte seufzend seinen Kopf. „Doch heutzutage scheint sich niemand mehr dafür begeistern zu können. Ich denke mal, ich habe zu viel darüber gesprochen. Sie halten mich alle für einen Spinner. Die Leute der heutigen Zeit haben kein Interesse mehr auf diesen alten Bücher? Die Epoche der Geschichtenerzähler ist verstrichen, und die Bedeutung unseres Erbes verblasst."

Er lächelte ihnen müde, aber doch belustigt zu. „Nun denn, das ist wohl das Schicksal des Alters. Damit bin ich nicht alleine. Der Zauber der Vorzeit, der noch an unserem Geiste haftet und in uns mitreist in Form schöner Erinnerungen und früherer Werte, ist um so schwerer zu teilen je älter man wird."

Lijah sah den alten Mann voller Faszination an. Er schien sie sichtlich zu beeindrucken. „Mein Herr, Sie müssen wissen, wir beide sind nicht von hier." Amiel sah sie erstaunt an. Der alte Mann horchte auf. Ein Glitzern huschte über sein Gesicht. Er ging mit seinem geduckten Gang zurück zum Tisch und legte die Hand auf Amiels Stuhllehne. „Das freut mein altes Herz. Denn ich habe einen einsamen Platz in diesem Lande eingenommen. Hüter der alten Schriften, geduldet aber kaum mehr besucht. Manchmal frage ich mich, was nach meiner Zeit mit all den Büchern geschehen wird. Aber solange ich noch hier bin, werde ich mich nicht vertreiben lassen, das will ich euch sagen." Er setzte sich auf seinen ledernen Ohrensessel neben den Kamin und wies die beiden an, neben ihm am Feuer Platz zu nehmen. Er zündete die Kerze, die vor ihnen auf dem kleinen Tisch stand, an und blickte gedankenverloren in die Flammen. „Erzählen Sie uns Noers Geschichte", bat Lijah. „Noers Geschichte? Ja, die will ich euch erzählen. In diesen Tagen, wo diese Frage keine Bedeutung mehr hat, will ich ihr eine geben. Doch wer Noers Geschichte kennen möchte, der wird Noamers Geschichte hören müssen", antwortete der Mann mit leiser, nachdenklicher Stimme. Der alte Mann lehnte sich zurück und schob einen Augenblick lang nachdenklich seine Unterlippe vor. Dann beugte er seinen Oberkörper leicht nach vorne und sah sie an.

„Das Land, das vor allen war. Das ist Noamer. Dieses Land war mit keinem anderen zu vergleichen. Seine Bäume waren voll und mächtig. Seine Pflanzen reich an Vielfalt, mehr als diese Erde jemals zusammenbringen würde. Die Berge ragten mächtig zum Himmel, und der Boden war fruchtbar und jeder Tisch war reich gedeckt mit Köstlichkeiten vom Ertrag des Feldes. Niemand musste hungern in Noamers Tagen. Jeder Same brachte Frucht und jede Arbeit brachte ihren Lohn. Jeder lebte vom Ertrag seiner Gärten, die an Fülle nicht zu übertreffen waren. Ich habe Gedichte gelesen, die Seitenweise nur den Geruch einer Blume oder den Geschmack einer Frucht beschrieben. Sinnlich und voller Anmut. Solch intensiven, tiefgreifenden Worte für Dinge, die wir kaum mehr beachten in den heutigen Tagen. Lieder von weiten Feldern und Abendspaziergängen in Blumenwiesen. Symphonien einer geachteten, mit Sorgfalt behüteten Natur."

Er fasste sich an seine Brust.

„Das war unser Land, unser vergessenes Land. Wisst ihr, in jenen Tagen gab es ein Miteinander, das ich mir selbst nicht vorstellen kann, denn ich habe es nie kennengelernt. Ich habe darüber gelesen und doch vieles nicht erfasst. Die Menschen lebten vom Tausch. Wer wenig hatte, bekam von den anderen, was ihm fehlte. Die Menschen sorgten füreinander und teilten, denn es war genügend da, und keiner begehrte, etwas für sich zurückzubehalten.

Die Menschen waren zum Teilen bereit und dies betraf nicht nur die Güter, nein. Zuhörende Ohren und Trost, offene Stuben und bereitstehende Lager, für die, die der Ruhe bedurften. Jeder war jedem der kostbarste Gast, und so gab es viele Besuche, viel Tischgelächter und in Fülle gedeckte Tafeln, viele Lieder und abendliche Tänze, Geschichten und Unterhaltung. Träume wurden geteilt und viele Abende sass man beieinander und erzählte sich von den Freuden und Fragen des eigenen Lebens.

Es gab keine Einsamen und keine Minderheiten. Die Schwachheit und Andersartigkeit war ihnen keine Bedrohung, sondern fand stets offene, lachende Arme. Jeder wusste, dass Schwäche und Mängel ein Teil menschlicher Existenz sind und es keinen Massstab für Wert und Bedeutung brauchte, um einander zu begegnen. Denn sie alle waren vom gleichen Volk. Sie wussten, dass nur die Gemeinschaft eine Ganzheit ergibt und die Ergänzung untereinander letztendlich ein herrliches buntes Bild malt. So ergänzten sie sich und liebten einander. Wenn ich darüber las, so habe ich oft daran gedacht, was dies für eine reine Art der Liebe gewesen sein muss. Das Königreich der Ehre nannten sie es. Die Ehre war in ihren Herzen und wurde freigiebig weitergegeben an die Mitmenschen. Von Generation zu Generation. Neid fand keinen Boden in ihren Häusern und Freundschaften, zu kostbar war ihnen die Nähe zueinander. In diesen Tagen regierte ein König. Dieses herrliche Miteinander war ohne Zweifel das Ergebnis seiner unangetasteten, verwunderlichen Politik. Ein besonderer König, der mit viel Präzision und Weisheit sein Land führte. Ihm gehörte der Palast, auch wenn er selbst ihn nicht gebaut hatte. Die Bücher berichten Erstaunliches über ihn und seinen Hof. Der Palast hat seinen Prunk in jeder Hinsicht verloren, denn was wir in den alten Schriften über die Schönheit des Königshofes erfahren, übersteigt weit, was wir heute davon kennen. Die wenigen Berichte, die von ihm erzählen, sind schwer zu verstehen. Ich hoffe immer, dass ich eines Tages mehr über ihn finden werde. Ein Mann grosser Klarheit und Weisheit, der sein Königreich mit Sanftmut und Würde regierte. Sein Palast war mitten bei seinem Volk, jeder kannte ihn in seiner Weise persönlich. Er nahm Anteil an ihnen und war ein Gast in jedem Hause. Man nennt es noch heute „das umgekehrte Königreich", denn seine Regierungsstrategie unterschied sich sehr von der, die uns heute bekannt ist. Ansehen und Wert waren an keine Machtstruktur gebunden. Was wir heute so leicht übersehen, war wertgeschätzt und geachtet. Die Geringen, die Alten, die Auffälligen und Vergessenen, die standen nicht am Rande. Eine äusserst faszinierende Ideologie, wenn man sich einmal die Zeit nimmt, die damals gängigen Strukturen näher zu erforschen. Sie gingen verloren, wie alles verloren ging. Auch wenn viele Versuche unternommen wurden, dahin zurück zu gelangen, sein Königreich war nicht zu imitieren, denn die menschlichen Herzen vermochten es nicht. Nach ihm kamen viele Generationen, die sich die Köpfe darüber zerbrachen und viele ihrer brillanten und initiativen Ideen präsentierten, Noamers Tage aufleben zu lassen. Doch keiner war, wie er. Es gab niemals mehr ein Königreich wie Noamer. Es wurde niemals ein grösserer König gesehen. Kein Reich kam dem Seinem gleich."

Der alte Mann seufzte, fuhr sich mit den Fingern durch seinen Bart und fuhr dann fort:

„Er und seine Leute erschufen Wunderbares: Prächtige Dörfer und Städte wurden gebaut. Ihre Architektur muss alles übertroffen haben, was wir heute an neuesten Kunstwerken errichten. Ich habe einige alte Skizzen gefunden. Es ist unglaublich, ich sag es euch. Ich kann mir nicht vorstellen, wie so etwas möglich sein sollte. Sie hatten erstklassige Kunst: Tänzer, Maler, Poeten, Musiker, Gestalter und viel darüber hinaus. Man hat berichtet von ihren Theatern und Konzerten, ihren Hallen und Galerien. Damals, meine Freunde, wurde Kunst noch geehrt. Sie hatten die wunderbarsten Köche, die fantastische Rezeptbücher schrieben. Ich habe einige davon gefunden und habe nicht einmal eine Spur von einer Ahnung, welche Zutaten da beschrieben sind und wie wir es ihnen gleich machen könnten.

Im Land gab es berühmte Erfinder und Wissenschaftler, Entdecker aller Art. Ihre Erkenntnisse waren prägend. Ich könnte hier forterfahren und fortfahren. Vieles kann ich nur erahnen.

Es muss ein wunderbarer Lebensreichtum gewesen sein. Ich komme ins Schwärmen. Dies war ein sehr reiches Land. Reich an allem, was Menschen reich macht, ohne viel Geld zu besitzen. Herrlich, nicht wahr? Der König wurde geliebt und geehrt. Niemand begehrte einen anderen König und seine Herrschaft war ihnen teuer und kostbar. Sie dienten ihm und suchten sein Bestes. Er war überall zu sehen. Im Hause der ganz gewöhnlichen Leuten, lachte und feierte mit ihnen und nahm an jedem einzelnen Herzen Anteil. Nichts Gutes wollte er ihnen vorenthalten und verlangte wenig von seinen Leuten. Bis auf eines. Er wollte, dass sie ihm vertrauen.

Doch wie die Wogen der Geschichte hereinbrechen, kam auch nach Noamer der Wind der Veränderung. Der König hatte Neider. Von ferne kamen sie herbei und fanden ihren Weg durch die gut gehüteten Grenzen. Schlichen sich ein in das warme, liebliche Land und brachten einen kalten und eisigen Winterregen mit. Ein Tropfen Dunkelheit fiel in das Land des Morgens, hinein in die Gedanken und wurde zum bitteren Geschmack der Zwietracht. Er spaltete das menschliche Herz und weckte auf, was doch so tief darin schlummerte: Misstrauen. Das Volk begann, der ungeteilten Güte des Königs zu misstrauen und war sich auf einmal sicher, dass er ihnen etwas vorenthielt. Aus Misstrauen wuchsen wie junge Pflanzen die Dornen, und schon war die Trennung geboren. Das Streben nach dem Thron und nach der Einsicht in alle Geheimnisse wuchs und wuchs. Ebenso die Gier nach Schätzen über die nun spekuliert wurde, welche anscheinend irgendwo im Königspalast verborgen liegen sollten und die ihnen vorenthalten wurden. Dessen waren sie sich auf einmal ganz sicher. Sie begannen, nach Höherem zu streben und wollten mehr Weisheit, mehr Einfluss besitzen. Ein Durst kam auf, es verlangte die Menschen nach Geltung. Der Stolz zog ein. Und der Nachbar wurde niedrig in ihren Augen und der Schwache lächerlich. Sie schämten sich für die, die nicht mehr mitkamen, und es war die Scham, die wie ein unsichtbares Heer gegen sie aufzog und wie Nebel vor ihren Augen wurde. Sie begannen, sich zu verbergen. Sie versteckten ihre Schwächen und Mängel und brüsteten sich mit falschen Gesichtern. Und ihre Seele wurde verletzlich und auf einmal war sie dünn wie Glas. Die Erschütterungen liessen nicht lange auf sich warten. Das Glas wurde brüchig und aus der Scham wurde Angst, und mit ihr wurde das Misstrauen zu Feindschaft und trennte die Menschen. Nachbar trennte sich von Nachbar, dann die Frau von ihrem Mann, die Mutter von ihrem Kind und das Volk, das Volk trennte sich letztendlich vom König selbst.

Eines Morgens waren der König, seine Nächsten, seine Diener und seine Hofleute alle verschwunden. Mit jenem Morgen war der Glanz Noamers vergangen, und all seine Herrlichkeit und Schönheit ging verloren. Die königliche Stätte, die Gärten, die schönen Brunnen und Pferdegespanne - alles war weg. Denn in ihrem Inneren, da haben sie ihn verlassen und so schloss sich diese ewige Türe zu. Und das Land wurde wie jedes andere. Vergangen waren seine Wunder und seine Pracht. Neu ist es lediglich eine Insel, wie jede andere, der Ruf ihrer Besonderheit ist verhallt und die Zeit hat ihren Lauf genommen. Das Volk weinte und trauerte um seinen grossen Verlust und wollte zurückkehren. Sie bereuten bitterlich. Doch das, was in ihrem Herzen war, war nicht mehr zu verbergen. Die Eindringlinge blieben und waren nicht zu vertreiben. Viel Gutes blieb zurück, viel Weisheit und Können. In ihnen besteht unser Erbe fort und ein Teil Noamers überdauerte ihn ihnen die Torheit der Menschen. Noamer wurde zu Noer, was bedeutet „Das Land einer alten Geschichte". Die Erzählungen blieben in ihnen wach und wurden den Kindern weitergegeben.

Die Erinnerung überdauerte die Jahrhunderte, wie auch der Schmerz dessen, was war und was verloren ging. Die Sehnsucht nach der alten Heimat wurde zum Mythos, und blieb in den Herzen der Menschen. Die Zeit brachte neue Erzählungen. Neue Könige kamen und andere Reiche brachen an. In vielen Menschen verblasste die Erinnerung, für manche wurde sie zum Märchen und im Laufe der Jahre für die meisten zu nichts mehr als schwärmerischem Unsinn."

Sie schwiegen eine Weile und blickten nachdenklich ins Feuer. „Ich habe eine Einladung erhalten, das verlorene Königsland zu suchen", sagte Lijah mit zaghafter Stimme. „Ich weiss nicht, wie ich es finden kann, und dennoch bin ich dazu aufgebrochen." Der alte Mann blickte sie an, er wirkte aufgewühlt. „Das Königsland finden?", fragte er erstaunt.

„Der Mann, der mir die Einladung überbrachte, hat mir erzählt, das Königsland sei nicht verloren gegangen, selbst wenn es aus der Sichtbarkeit verschwunden sei. Ich habe mich aufgemacht, es zu suchen. Viele habe ich angetroffen, die gesagt haben, ich sei einem Spinner verfallen. Doch einige haben mir erzählt von jenen, die auch dazu aufgebrochen sind. Ich weiss, dass ich es suchen muss."

Der alte Mann dachte nach. „Ja, ich habe davon gehört. Noch habe ich nicht gewagt, mich selbst aufzumachen und das alles hier zurück zu lassen." Er sah Lijah mit festem Blick an.

„Dann lassen Sie sich nicht entmutigen, am wenigsten durch mich. Ich weiss nicht, wie ich dir weiterhelfen kann. Doch was ich weiss, will ich dir sagen." Er beugte sich vor. „Ich kenne einen Mann. Sein Name ist Joran. Er lebt zwei Tagesreisen weiter südlich von hier. Er ist einer der Letzten vom alten Königshof. Seine Vorfahren, so sagt man, haben am Königshof gelebt und gedient. Es gibt nicht mehr viele von ihnen und sie geraten mehr und mehr unter Druck.

In den heutigen Tagen haben sie kein einfaches Los aufgrund ihrer Herkunft. Doch bin ich mir sicher, dass Joran euch auf Eurer Reise weiterhelfen kann. Ich werde Euch einen Brief mitgeben, damit er weiss, dass Ihr vertrauenswürdig seid."

Amiel sah Lijah verstohlen an.

Sie hatte dichtes, blondes Haar, welches ziemlich zerzaust bis zu ihren Schultern reichte. Ihr Gesicht prägten dunkle Augen und schmale Lippen. Sie war wirklich hübsch anzusehen, wenn auch ihr Körper sehr dünn und ausgemergelt wirkte. Dennoch strahlte sie etwas sehr Feines und Liebliches aus.

Sie sah ihn fragend an, als wolle sie ihn bitten, mit ihr zu gehen.

„Wirst du sie begleiten?", fragte der alte Mann schliesslich aufs Geratewohl.

Etwas verlegen entgegnete Amiel Lijahs Blick. „Ich weiss nicht. Willst du mich denn mitnehmen?", fragte er. Sie lachte. „Es würde mich wirklich sehr freuen, nicht länger alleine wandern zu müssen, zumindest für einen Teil der Reise. Suchst du denn auch das Königsland?", fragte sie.

„Ich weiss nicht genau, was ich suche", entgegnete Amiel. „Ich suche vielmehr ein paar Antworten, und mir wurde gesagt, dass ich dies nicht alleine tun soll."

Der alte Mann nickte. Er wirkte müde. Eine weile sassen sie noch schweigend da, dann räumten den Tisch ab und spülten die Teller.

Es war bereits wieder nach Mitternacht, und sie waren zu müde, den Weg in die Herberge unter die Füsse zu nehmen. So kam es, dass die ungleichen Drei alle beim langsam erlöschenden Feuer in ihren Sesseln sassen und nachdachten, bis der Schlaf sie übermannte.

*„Die stillsten Worte sind es, welche den Sturm bringen. Gedanken, die mit Taubenfüssen kommen, lenken die Welt"*

*Friedrich Nietzsche (1883)*

## Aufbruch

Sie erwachten früh und machten sich alsbald auf den Weg. Der alte Mann verabschiedete sie herzlich, und es war ihm anzusehen, dass er traurig war über ihren Weggang. Vielleicht würden viele Tage vorbeigehen, bis jemand ihn erneut besuchen würde. Er reichte ihnen einen Briefumschlag und steckte ihnen eine Karte ein, die den Weg beschrieb.
„Ich rate euch zur Vorsicht. Es sind neue Mächte am Wirken in unserem Volk. Unbekannte Wesen haben sich vermehrt unters Volk gemischt und säen Misstrauen und Argwohn." Er senkte die Stimme. „Man weiss nicht genau, woher sie kommen und zu wem sie gehören. Ich vermute, aus den alten Höhlen, von welchen viele nichts wissen. Sie waren schon immer unter uns, seit das Königreich verging. Aber nun mehrte sich ihre Zahl und ihr Einfluss. Man munkelt, die Rumnod halten geheime Räte mit ihnen, aber das sind Gerüchte. Und doch habe ich schreckliche Geschichten vernommen in letzter Zeit. Vertraut euch nicht jedem an. Seid wachsam und weise." Seine furchigen Gesichtszüge wurden matt, und seine Augen waren ein wenig feucht. „Sollte sich Noamer finden lassen, bitte sendet mir Kunde. Ich bin zu alt zum Reisen, und mein Platz ist hier, bei den Schriften und Büchern."
Er hob die Hand, winkte ihnen zu und ging die Stufen hinunter. Lijah besass kein Pferd und war bislang zu Fuss unterwegs gewesen. So banden sie das Gepäck auf Ira und machten sich auf. Als sie die kleine Stadt verliessen, waren viele Fensterläden geschlossen und eine unheimliche Stille lag in den Gas-

sen. Ein heftiger Wind kam auf und erschwerte ihren Weg. Dicke Wolken zogen in grosser Geschwindigkeit über ihre Köpfe und der Wind pfiff ihnen um die Ohren. Er peitschte über die Felder und zerrte an dem frischen Grün der Bäume. Sie zogen die Kapuzen ins Gesicht und gingen schweigend nebeneinander her. Für Stunden hielt der Wind an, und sie verweilten nicht lange zur Rast. Endlich, am späten Nachmittag, liess der Wind etwas nach. Sie waren jetzt fernab von Siedlungen und mussten einen Ort zum Übernachten finden. Als es schon dunkel wurde, fanden sie eine kleine Mulde, wo ein grosser Felsblock sie vor dem Wind schützte. Amiel entfachte ein Feuer, und Lijah suchte Holz für die Nacht. Weit und breit war kein Licht zu sehen und die Sterne waren hinter den Wolken verborgen. Sie kochten Kartoffelsuppe, um sich zu wärmen. Sie waren müde und erschöpft von den vielen Stunden der Wanderung. Sie hatten kaum miteinander gesprochen und doch fühlten sich beide in der Gemeinschaft des anderen gut aufgehoben. Lijah legte ihre Schlafmatte aus und hüllte sich in ihre Decke. „Ganz schön verrückt unsere Reise, was?", sagte sie und lächelte. Er erwiderte das Lächeln und nickte. „Ich kann dir sagen, ich komme mir ganz schön eigenartig vor", erwiderte Amiel. „Was ist es, das du hier suchst?", fragte sie ihn. Amiel blickte zu Boden. Lijah betrachtete diesen jungen Mann. Er war schön und rätselhaft mit kräftigen Armen, aber einer eher hageren Statur. Strähnige, schwarze Haare hingen ihm in die Stirn und unterstrichen die blauen Augen. Seine ruhige, ja fast schweigsame Art war gewöhnungsbedürftig für sie. Sie, die sonst so lebensfroh und gesellig, aber nun durch die Umstände dazu gezwungen war, sich mehr ins eigene Innere zu verkriechen.

„Nun, so wie es scheint, werden wir eine Weile zusammen unterwegs sein, also sollten wir ein wenig mehr voneinander wissen", warf sie ein, „Erzähl mir ein wenig von dir." Er blickte auf und lächelte. „Ja, da hast du wohl recht." Er musterte sie einen Augenblick. Da Lijah aus diesem Lande zu stammen schien, versuchte er, seine Herkunft möglichst vage zu umschreiben. Er erzählte ihr, dass er als kleiner Junge gefunden wurde, und niemand jemals etwas über seine Vergangenheit erfahren hatte. Er erzählte von seinem Leben am Meer und seinem Beruf als Fischer. Schliesslich erwähnte er die Begegnung mit Dalin und ihre gemeinsame Überfahrt nach Noer, ohne zu erwähnen, wie mystisch es dabei zu und her ging. Für sie musste er einer der Inselbewohner aus dem nahen Norden sein, malte er sich aus.

„Ich suche hier also nach Spuren meiner Herkunft. Einer Antwort darauf, wer ich genau bin und wer allenfalls meine Eltern waren. In meiner Erinnerung da gibt es nichts, nicht den kleinsten Hinweis, was damals genau passiert ist, ausser diesem merkwürdigen Traum, der sich seit meiner Kindheit immer wiederholt. Die Erinnerungslücke und Ungewissheit, die kann ich nicht ein Leben lang unbeantwortet lassen, das wurde mir klar. Es macht mich krank, nicht zu verstehen, was geschehen ist. Dalin hielt mich dazu an, mehr über die Geschichte dieser Insel - die ich zum ersten Mal umfänglich bereise - zu finden, um Hinweise über die eigene Vergangenheit zu erfahren. Wie genau das gehen wird, weiss ich nicht. Ich habe beschlossen, diesem Typen zu vertrauen. Bis jetzt scheint es so, als würden sich die einzelnen Bruchstücke mit der Zeit zusammenfügen. Ich bin, wenn ich ehrlich sein soll, hin- und hergerissen zwischen Spannung und Furcht, was kommen wird. Vieles, was hier vor sich geht, nagt gewaltig an mir und meinem Verstand." Er hörte sich selbst kurz auflachen, obwohl es eher verzweifelt, als belustigt klang. Wie irre sich das alles doch anhörte. Es gab keine verständliche Art und Weise, diese Geschichte mit jemandem zu teilen. Also beschloss er, nichts weiter auszuführen.

„Und was ist mit dir?", fragte er schliesslich.

Sie brauchte einige Sekunden, ehe sie begann. „Ich kann dir nicht alles erzählen. Es sind Dinge dabei, die ich erst für mich klären muss." Sie suchte weiter nach Worten. „Es war eigentlich alles ganz normal. Mein Leben war schön, und ich war glücklich. Ich bin auch jetzt glücklich, nur...", Sie stockte. „Manchmal kommen solch schnelle Veränderungen. So habe ich beschlossen, loszuziehen und eine Weile alles zurückzulassen. Ich bekam diese Einladung und ich habe mich auf den Weg gemacht." „Das klingt ziemlich verwirrend, genau wie bei mir!", bemerkte Amiel. Lijah begann wieder zu lachen. „Wie recht du hast. Mir mangelt es an angebrachten Beschreibungen und den richtigen Worten. Ich muss so vieles erst ordnen, bevor ich es mit jemandem teilen kann. Vielleicht erzähl ich dir einfach ein wenig von mir, ja?"

Sie begann zu erzählen. Sie wurde in einer wohlhabenden Familie geboren und bewegte sich seit jeher in der oberen Gesellschaftsschicht. Ihr Vater war Professor an einer bekannten Universität, wo er Naturwissenschaft unterrichtete. Er war ein bekannter Wissenschaftler, der sich in seiner Freizeit in gelehrten Kreisen aufhielt und keine Gelegenheit ausliess, sein Wissen zu erweitern. Ihre Familie war wohlhabend und weitherum angesehen. Ihre Mutter war eine engagierte Frau, die so manches wohltätige Projekt lancierte und sich für das Gemeinwohl mit Herzblut einsetzte. Sie war eine Frau der Tat und legte Wert darauf, dass ihre vier Kinder ihr darin folgten. Langeweile und Untätigkeit gab es in ihrem Hause nicht. Zuweilen glaubte Lijah, dass ihre Eltern, die kaum jemals zu zweit anzutreffen waren, sich über die Jahre so verbissen der Veränderung der Welt zugewandt hatten, dass ihre Ehe darin zu einer geradezu störenden Nebensächlichkeit verkümmerte. Aber dennoch pflegten sie einen freundlichen, würdevollen Umgang miteinander und das Familienleben war - wenn auch mit vier Kindern laut und chaotisch - meist friedvoll und fröhlich.

Die Familie legte Wert auf ein gepflegtes und würdevolles Erscheinen und gehobene Umgangsformen. Die Kinder wurden nach Möglichkeit gefördert und erhielten von frühen Kindesjahren Zugang zu Bildung. Manchmal glaubte Lijah, ihre Kindheit an grosse Berge von Schulbüchern verloren zu haben. Wenn die Kinder um den grossen Tisch sassen und angestrengt in ihren Büchern blätterten, wagte Lijah scheue Blicke aus dem Stubenfenster, wo die Sonne die Asphaltstrasse erhitzte und Kinder mit Bällen spielten. Sie war eine Träumerin, die Wissenschaft und insbesondere die Literatur stets geliebt hatte, sich aber gut und gerne von ganz handfesten, ursprünglichen Dingen ablenken liess. Sie liebte die Natur, genoss es zu wandern, zu klettern und bewirtschaftete einen kleinen Garten, welcher ihr viel Freude machte.

Sie konnte nicht klagen. Ihre Kindheit war, wenn man sie mit deren anderer Kinder um sie herum verglich, die oft von Armut und harter Arbeit gekennzeichnet war, unbeschwert und sicher. Ihr Vater war sehr stolz auf seine gebildete Tochter und sie gab ihr Bestes, seinen hohen Erwartungen zu entsprechen.

Ihr Leben schien bereits geplant. Der berühmte Vater sicherte ihr den gesellschaftlichen Aufstieg und hatte auch bereits eine politische Laufbahn für sie vor Augen. In den Kreisen, in welcher sich die Familie bewegte, gab es Bemühungen, die Töchter möglichst vorteilhaft zu verheiraten, um eine baldige Familiengründung zu sichern. Sie hatte sich gefügt und war bereitwillig in die vorgebahnten Spuren ihres Daseins eingestiegen. Bis eines Tages die Einladung kam. Jetzt kam alles anders. Die Einladung brachte eine grosse Erschütterung in ihr Leben und das ihrer Familie. Sie brauchte Monate, um zu verstehen. Bis sie schliesslich begriff, dass diese Einladung ihr ganz persönlich gehörte und ihr Leben nun an einer Gabelung stand, wo sie selbst zu entscheiden hatte.

Damit verabschiedete sie sich von allem, was immer so klar für sie gewesen war. „Ich bin Monate gereist, habe unter freiem Himmel übernachtet. Habe mich zu Tode gefürchtet und am nächsten Morgen die Welt umarmt. Ich war ganz furchtbar einsam und zerbrechlich, weil ich nie gelernt habe, was es heisst, mit mir selbst allein zu sein. Dann aber habe ich mehr und mehr Ruhe gefunden und konnte mich auf diese Reise einlassen. Seither bin ich auf viele wunderbare Menschen gestossen und habe sehr schöne Dinge erlebt." Sie drehte sich auf den Rücken und sah in den wolkenverhangenen Nachthimmel.

„Und gibt es auf deiner Einladung auch so was wie eine Wegbeschreibung?", bemerkte Amiel. „Nein", sagte sie langsam, „ich habe nicht damit gerechnet, so lange unterwegs zu sein. Aber es scheint bei dieser Einladung um mehr zu gehen als um das Ankommen." Amiel seufzte. „Na schön, dann scheinst auch du dieses miese Los zu teilen, unter kaltem, verregnetem Nachthimmel übernachten und den nächsten Hinweis des Schicksals abwarten zu müssen." „Genau", bestätigte Lijah. „Aber es ist zumindest schön, nicht mehr alleine zu sein." „Ja, das finde ich auch", entgegnete Amiel und gähnte laut. Er breitete seine Matte auf der anderen Seite des Feuers aus und hüllte sich in seine Decke. Sie schliefen rasch ein.

Der Morgen brachte endlich die ersehnte Frühlingswärme zurück. Die Sonne, die sich zaghaft zwischen den Wolken durchzwängte, wärmte ihre durchfrorenen Glieder. Die Nacht war kalt und unangenehm gewesen, niemand hatte viel geschlafen.

Müde und zerknittert kochten sie Wasser über dem Feuer und bereiteten Tee zu. Dazu assen sie Brot. Ihre Vorräte liessen zu wünschen übrig, aber der morgendliche Sonnenschein reichte aus, um ihre Gemüter zu beglücken.

Bald brachen sie auf. Ihre Glieder waren noch steif und schmerzten von der gestrigen Wanderung. Der Weg führte für gute drei Stunden durch einen dichten Tannenwald und sie hofften, sich nicht zu verirren. Erleichtert blickten sie schlussendlich auf eine weite, grasige Ebene die sich bis an den Horizont zog.

Vielleicht würden sie eine weitere Nacht unter freiem Himmel verbringen müssen, ehe sie die Ortschaft erreichen würden. Lijah sang Amiel einige Lieder aus ihrer Gegend vor. Amiel fand, dass ihm die Sprache sehr bekannt vorkam. Sie sprachen über vielerlei belanglose Dinge, erzählten sich lustige Erlebnisse von ihren Reisen und tauschten über die Eigenartigkeiten des Landes aus.


*"Leben und Tod waren zwei Seiten derselben Sache. Man kann nicht erleben, dass man existiert, ohne auch zu erleben, dass man sterben muss, dachte sie. Und es ist genauso unmöglich, darüber nachzudenken, dass man sterben muss, ohne zugleich daran zu denken, wie phantastisch das Leben ist."*

*Jostein Gaarder aus „Sofies Welt"(1991)*


**Der Krückenverkäufer**

Vor ihnen am Wegrand erschien auf einmal ein ungewöhnlicher, antiker Karren. Er wurde gezogen von einer alten, haarigen Kuh mit gewaltigen Hörnern und einer kräftigen Statur. Neben der Kuh ging ein Mann. Auch er war kräftig gebaut und hatte langes, helles Haar. Zwischen seiner wilden Mähne und dem kurzen Bart strahlten grüne Augen, die von vielen Lachfältchen umrandet waren und jeden willkommen hiessen.
Der Wagen war voll beladen. Auf den ersten Blick erschien es wie ein Haufen Äste. Beim Nähertreten erwiesen sich diese als kunstvoll verzierte Holzstäbe und Wanderstecken.
Der Mann machte eine kleine, verbeugende Geste, als sie sich kreuzten, hielt an und begrüsste sie mit einem breiten Lachen. „Guten Tag, liebe Freunde. Wohin des Weges, auf dieser alten und einsamen Strasse?" „Wir suchen das alte Königsland, werter Herr", sagte Lijah, überrascht über die eigene, rasche Antwort. „Ach ja, das alte Land. Es freut mich zühören, dass

es noch Wanderer wie Euch gibt. Züviele sind träge geworden." Wieder lachte der kräftige Mann laut auf. „Ich bin Leno, der Krückenverkäufer. Doch für Reisenden wie euch habe ich wohl nicht viel anzubieten."
„Du verkaufst Krücken? Wozu? Ist hier ehemaliges Kriegsgebiet?"Breit grinsend erwiderte Leno „Ja ja, vielleicht ist es das. Lasst mich euch meine Werke zeigen." Die alte Kuh stoppte auf seine leisen Rufe hin und wirkte sehr zufrieden über die angebotene Rast. Genüsslich begann sie, am Wegrand Kräuter und Gräser zu kauen. Leno tätschelte das Tier. „Ein Prachtstück, nicht wahr? Seid Jahren wandern wir gemeinsam von Dorf zu Dorf. Nur sie und ich, und unsere Krücken. Die Krücken sind heiss begehrt, müsst ihr wissen. Die Menschen reissen sich förmlich drum." Er zog die Abdeckung seiner Ladung weg und schnallte sie fest. Erstaunt betrachteten sie die vielen kunstvoll geschnitzten Krücken. Es gab welche in sämtlichen Grössen. Aus feinster Handarbeit angefertigt, jede ein Einzelstück. In das Holz waren zahlreiche Figuren eingeritzt, verziert mit blumigen Farben.
„Nun Freunde, vom Königsland habe ich zwar gehört. Aber gefunden habe ich es nicht. Seit Jahren reisen wir umher, ziehen entlang des Weges durch Frühlingsbriesen und durch Winterstürme. Der Wind erzählt mir von der Sehnsucht der Menschen. Von ihren Träumen nach dem, was war und nicht mehr ist. Nun, ich kenne die Antwort nicht.
Ich habe wenige getroffen, die sich wirklich aufgemacht haben. Das Wandern wird heute vielen zu mühsam, und das Fragen erstickt im Wohlstand. Sie haben sich gut eingerichtet und suchen nicht das Höhere. Sie empfangen mich freundlich in ihren Dörfern und erzählen mir ihre Geschichten. Traurige und fröhliche. So, wie sie diese Zeiten nun mal schreiben.
Ich wünschte, sie bräuchten meine Krücken nicht. Aber doch weiss ich, dass sie eine gewisse Erleichterung finden werden, wenn sie welche kaufen. Ihr müsst wissen, das hier sind nämlich keine gewöhnlichen Krücken. Es sind die Lebenskrücken.

Alle Menschen besitzen welche. Im Grunde sind sie ja unsichtbar, aber meine hier in Noer, die sind immer für die ersten Monate sichtbar, damit man sich fürs Erste auch richtig an ihnen freuen kann. Die meisten reissen sie mir förmlich vom Karren. Oder geben immense Bestellungen auf. Nun, ich versuche ihnen die besten Krücken zu verkaufen. Aber zum Deal dieses Auftrages gehört nun mal, niemanden zu bevormunden. Alles steht jedem offen. Es stimmt mich immer wieder aufs Neue nachdenklich, dass die Menschen genau die Krücken kaufen, die ihnen nicht helfen. Die, welche die Dinge noch komplizierter, noch verworrener machen. Meine Ratschläge weisen sie ab. Sie nehmen, was der Augenblick begehrt, ohne es zu prüfen. So ziehen sie nach Hause. Und ich weiss nicht, ob sie grössere Leiden mit diesen oder ohne diese Krücken ertragen müssen. Wer kann dies schon beurteilen?" „Warum verkaufst du denn die Krücken, wenn manche nicht gut für die Menschen sind?", fragte Lijah. „Nun", antwortete er, „weil es mir nicht zusteht, zu beurteilen, welche für wen gut sind. Hier herrscht der freie Wille, jeder wählt sein Schicksal selber. Ich vermag es nicht zu beeinflussen. Der Mensch wählt nun mal, was ihm hilfreich erscheint. Leider, teilweise mit verheerenden Folgen. Manchmal aus purer Torheit oder Gier, manchmal, weil ihm seine Geschichte gar keine Wahl lässt. Ich kann nicht mehr als meinen Rat geben." Er blickte zu Boden und sah nachdenklich aus.

„Manche Lebenswege sind so steinig, so wahnsinnig komplex. Jeder sucht sich seine Krücken, seine Strategien, das Leben zu meistern, und es zu bewältigen. Es kostet immer Kompromisse. Meine Gerechtigkeit mag eines anderen Ungerechtigkeit sein. Mein Leid eines anderen Glück. Aber wir ziehen weiter, in ein unbestimmtes Sein, das nach diesem kommt. Zwischen Hoffnung und Enttäuschung, zwischen Suchen und Finden, immer weiter. Wie könnte ich den Menschen abschlagen, ihren eigenen Weg zu gestalten? Sei er nun besonders weise oder töricht. Denn die Freiheit bleibt trotz allem das höchste

Gut. Ich masse mir nicht an zu beurteilen, welche Lebenswege dienlich oder zerstörerisch sind." „Was sind die Krücken?" „Nun, es sind kleine Helfer. Gute und Böse. Segen und Fluch. Manchmal beides zusammen. Vielleicht dazu da, Langeweile zu ertragen, Ängste zu bedecken oder Mangel zu akzeptieren. Wir alle tragen welche mit uns. Sonst könnten wir hier nicht leben. Es gibt welche, die auf Dauer viel mehr zerstören, aber dafür viel mehr Gewinn für den Moment bringen. Die Sucht in all ihren Formen. Ein ständiges Streben, mehr zu bekommen für das hungrige Herz. Krücken eben, um dieses Leben zu meistern. Gewohnheiten, Ablenkungen, Wohlstand, Suchtmittel, Sorgen, Idole, Trostmittel und Ideale, ganz Verschiedenes eben. Bei manchen Menschen so offensichtlich, dass die anderen mit den Fingern auf sie zeigen, bei ihnen selbst vielleicht verborgen, doch genauso mächtig. Mir erscheint es wie eine Suche nach einer kleinen Belohnung in der grossen Entbehrung dieser Generation. Was ist Gerechtigkeit? Vielleicht hat ein Mensch nie die Chance gehabt, zu lernen, wie man das Gute wählen kann. Vielleicht war er zu schwach, einen anderen Weg zu gehen, oder zu stolz. Vielleicht wählt er ganz bewusst das Böse und stillt die eigene Gier und den eigenen Eigennutz. Welcher Mensch könnte darüber richten? In der Zwischenzeit verkaufe ich ein paar Krücken, um Leid zu lindern und den Schmerz der unerfüllten Wünsche zu kompensieren." Dann wurde Leno plötzlich ganz nachdenklich und still. „Wenn ich über die Jahre nachdenke, die ich schon mit diesen Krücken verbracht habe, glaube ich immer mehr zu verstehen, warum wir Menschen ohne sie nicht auskommen. Auch nicht jene Menschen, bei welchen vieles vordergründig stabil und ausgeglichen scheint. Ja, ich werde den Gedanken nicht los, dass wir Menschen verzweifelt versuchen, etwas festzuhalten, was im Grunde lose ist. Wir versuchen aus eigener Kraft ein Ungleichgewicht auszubalancieren. Etwas ist uns verloren gegangen. Ein Vertrauen, das unser Innerstes gehalten hat. Ein Vertrauen, das uns im Gleichgewicht gehalten hat. Meine

Freunde, ich habe aufgehört, an das alte Königsland zu glauben. Doch wenn es existiert, so muss dort dieses Vertrauen zu finden sein. Ein Ort, wo uns nur Wärme umgibt und alles zur Ruhe bringt." Nun begannen seine Augen zu leuchten.
„Ja, das Land ohne Grenzen, ohne Krücken und Selbstbewältigung. Welch wunderbarer Hoffnung ihr doch auf den Spuren seid. Deshalb gebe ich euch keine meiner Krücken, solange ihr diese in euch tragt. Hoffnung ist eine eigene Stütze, eine machtvolle und herrliche! Zieht eures Weges, doch wenn ihr das Königland findet, gedenkt dem alten Leno und sendet mir Kunde."
Nun huschte wieder ein verschmitztes Lächeln über Lenos Gesicht. Er klopfte den beiden auf die Schultern und rückte seine schwere, lederbesetzte Jacke zurecht. Dann ertönte ein lauter Pfiff und die Kuh setzte sich, träge von der gemütlichen Verköstigung, wieder in Bewegung. Und Leno zog leise summend weiter.
Eine eigenartige Begegnung, da waren sich beide einig. Sie sahen dem Karren eine Weile nach und bedachten seine Worte. Welch seltsamen Auftrag dieser Mann doch verfolgte. Sie wanderten weiter. Gegen Abend begegneten sie zwei Reitern, die sie in grosser Eile überholten. Amiel betrachtete die Reiter misstrauisch, als er merkte, dass sie sich oft umsahen und die beiden genau musterten.
Ihm kam wieder der seltsame Vorfall in den Sinn, als er in jener Nacht nach Luun fuhr und sie der schauerlichen Figur auf dem Weg begegnet waren. Er erzählte Lijah von dieser Gestalt und auch von der, welcher er zur Abendstunde in den Gassen von Luun angetroffen hatte. „Ja", erwiderte sie bestimmt, „wir müssen auf der Hut sein!" „Weisst du etwas über sie?", entgegnete Amiel. „Ich weiss nicht viel, aber ich weiss, dass Späher das Land durchqueren. Sie bekämpfen die Unruhestifter und sind sehr bedacht darauf, ihre Gegner zu überwachen." „Und wer sind ihre Gegner?" „Das Land ist geteilt. Die Politik hat sich in den letzten zwei Jahren gespal-

ten. Die Kluft wird immer grösser. Vordergründig ruft ein grossteil des Volkes nach Erneuerung und pochen auf die kommenden glorreichen Zeiten, die nach einer Neuausrichtung kommen sollen. Doch wenn man mit den Leuten spricht, wird klar, dass dahinter noch andere Ideologien stehen. Es gibt Menschen und Wesen, die nach weit mehr trachten als politischer und wertorientierter Neuausrichtung. Sie treiben das Volk in eine Richtung und machen grosse Versprechungen von Wohlstand und Frieden. Dabei geht es ihnen vielmehr um die Herrschaft. Sie begehren den Thron und niemand weiss, was dies für das Land bedeuten wird. Ich fürchte um Noer!", sagte sie. „In Luun und in Amra habe ich schon einige Unruhen beobachtet", fügte Amiel hinzu. „Ja, diese Berichte häufen sich. Sie werden immer brutaler und Prinz Nerjan greift nicht länger ein. Er und seine Soldaten haben einige Male versucht, die öffentlichen Anprangungen zu unterbinden, aber das Volk hat aufbegehrt. Das Volk forderte vom ihm, dass er der Rumnod Partei freie Hand gibt „Verräter" zu bestrafen." „Und gegen wen richtet sich ihr Zorn?", fragte Amiel. „Es sind einige, die sie von der Bildfläche verschwinden lassen wollen. Natürlich die Regierung, aber bislang ist es ihnen nicht gelungen, diese zu stürzen, Gott bewahre uns. Dann alle, die zu den direkten Nachkommen des alten Königshofes gehören und den ideellen Stand nicht aufgeben wollen. Sie sind ihnen der grösste Dorn im Auge. Und natürlich alle, die ihre schleichende Machtübernahme durchschauen und sich dagegen wehren. Nicht alle lassen sich täuschen. Doch viele sind unsicher und wissen nicht, wie sie sich positionieren sollen." „Und wer genau sind diese Leute?", wollte Amiel wissen. „Ich weiss es nicht genau. Sie kamen vor langer Zeit in dieses Land und haben sich unters Volk gemischt, geschickte Lügen verbreitet und ein erschreckend systematisches Netzwerk gebaut. Sie sind nicht wie wir, aber sie können ihr Aussehen anpassen wie es ihnen beliebt. Viele haben sie gewonnen und auf ihre Seite gezogen. Ihre Ziele verfolgen sie mit aller Bestimmtheit."

„Könnte es also sein, dass wir beobachtet werden?" „Oh ja", sagte Lijah, „das werden wir mit Sicherheit."

*„Alles wirkliche Leben ist Begegnung"*

*(Martin Buber, 1868- 1975)*

## Nura

Mit gesteigerter Wachsamkeit gingen sie weiter. Sie gönnten sich wenig Rast, da sie zumindest versuchen wollten, die nächste Nacht in einem Bett zu verbringen. Doch als es dämmerte, war noch weit und breit kein Dorf zu sehen.
So rasteten sie für ein kurzes Abendbrot und gingen dann - mit müden und schmerzenden Füssen - bei Dunkelheit weiter. Beinahe zwei Stunden gingen sie durch die aufziehende Nacht. Sie besassen ausser der kleinen Laterne, die Lijah trug, kein Licht und der Wald zu ihrer Seite war schwarz und still.
Plötzlich wurde die unheimliche Stille von Hufschlägen durchbrochen. Sie horchten auf. Hinter ihnen kamen Reiter angeritten. Sie sahen sich um, doch noch war kein Licht zu sehen. „Sollen wir auf der Strasse bleiben oder uns lieber gedeckt halten?", flüsterte Amiel und machte instinktiv die Lampe aus. Sie sahen sich um, doch nirgendwo sahen sie ein passendes Versteck. Sie lenkten ihr Pferd zum Waldrand und versuchten, sich so leise wie möglich fortzubewegen. Das Geräusch wurde lauter. Es waren mehrere Reiter. Sie konnten tiefe Stimmen rufen hören. „Sie dürfen uns nicht finden, ich habe kein gutes Gefühl", flüsterte Lijah und zog Amiel am Ärmel weiter in den Wald hinein. „Das sind Reiter der Rumnod. Ich glaube, sie suchen uns. Wer ihnen hier, in der Einsamkeit, in die Hände fällt, hat keine Chance." Amiel schnallte

seinen Rucksack un und führte Ira an den Zügeln ins Unterholz. Ihm wurde bewusst, dass er keinerlei Waffe besass und dachte, dass Dalin um diese doch so entscheidende Ausstattung hätte wissen müssen. Der Boden knirschte unter den schweren Hufen. Sie blieben stehen. Die ersten Lichter tauchten in der Ferne auf. Es waren mindestens ein Dutzend Reiter. Viele Laternen waren nun zu sehen, die sich im gestreckten Galopp der Pferde ruckartig auf und ab bewegten. „Weiter", zischte Lijah, „lass Ira zurück." Sie gingen geduckt und so leise es ihnen möglich war, in den Wald hinein. Es war so finster, dass sie den Boden nicht sehen konnten. Plötzlich spürten sie einen ebenen Pfad unter den Füssen. Zu ihrem Entsetzen hörten sie Ira laut wiehern. Die Reiter verlangsamten. „Da ist jemand", hörten sie eine Stimme sagen. „Los, seht nach." Lijah zerrte Amiel am Arm, und sie hasteten den Pfad entlang. Ira wieherte erneut, und Amiel begriff, dass er sein Pferd nie wieder sehen würde. Die Reiter waren bereits bei ihm angekommen. „Los, sucht im Dickicht", befahl eine weitere Stimme. „Die können nicht weit sein. Sie müssen sich eben erst verkrochen haben. Wir müssen sie finden!" Blindlings stolperten Amiel und Lijah den Pfad entlang und versuchten, zu entkommen. Der Wald lichtete sich, und sie konnten ein wenig sehen. Hinter ihnen kamen Pferde den Abhang hinauf und mit Laternen suchten ihre Verfolger den Wald ab. Sie hasteten keuchend weiter. Nirgends sahen sie ein geeignetes Versteck. Hinter den Büschen würden sie gefunden werden. Lijah fiel hin und gab einen leisen Schrei von sich. Amiel zog sie hoch und ging voran. Sie änderten die Richtung in der Hoffnung, die Reiter abzuhängen. Doch die Rufe kamen näher. Furcht ergriff die beiden. Auf einmal hörten sie vor sich ein Geräusch. Äste knackten, und etwas kam ihnen entgegen. Ehe sie realisierten, was hier geschah, wurde Amiel am Arm gepackt. Es war ein sanfter Druck von einer sehr kleinen Hand. Ein Kind. Wortlos zog es Amiel am Arm und führte die beiden einen kleinen Abhang hinunter. Die Pferde waren nun

dicht hinter ihnen. Doch im letzten Augenblick, gerade als eine Laterne hinter ihren Rücken aufleuchtete, zog sie die kleine Hand hinter eine Böschung. Das Kind legte sich hin und kroch durch einen kleinen, von Laub getarnten Eingang in eine schmale Öffnung. Schnell krochen Lijah und Amiel hinterher.
Die Reiter ritten am Versteck vorbei. Es war stockfinster. Einige Minuten rangen sie keuchend nach Atem. Sie mussten in einer Höhle sein, denn die Wände bestanden aus kaltem Stein. „Wer bist du?", flüsterte Lijah, doch das Kind gab keine Antwort. Die Reiter machten sich nicht die Mühe, den ganzen Wald abzureiten und gaben laut fluchend ihre Suche auf.
Sie konnten hören, wie sie davon ritten. Die Minuten verstrichen und die quälende Dunkelheit behagte Amiel gar nicht. Das Kind rührte sich nicht, und sie hatten keine Ahnung, wo sie sich befanden. Amiel erinnerte sich an die Kerze und die Streichhölzer, die Dalin ihm in den Rucksack gesteckt hatte. Er wühlte im Rucksack und holte die Kerze hervor. Nach einigen Fehlversuchen gelang es ihm, die Streichhölzer zu entfachen, und er zündete die Kerze an. Sie sahen sich um. Es war eine wohl dreissig Fuss lange Höhle, die hoch genug war, damit ein Mann aufrecht darin stehen konnte. Die Höhle war wohnlich eingerichtet, hatte eine Kochecke und einige Schlafmatten, doch war ausser ihnen niemand zu sehen. Sie blickten auf das Kind. Es war ein Mädchen, höchstens sieben Jahre alt. Sie hatte glatte, braune Haare, eine schmale Gestalt und schaute sie mit grossen, staunenden Augen an. Sie trug einen wollenen Rock, der von einem breiten Ledergürtel gehalten wurde. Es war ihr anzusehen, dass sie sich fürchtete. Sie war blass und zitterte leicht. „Ich danke dir, dass du uns gerettet hast", flüsterte Amiel. „Wie ist dein Name?" Das Mädchen antwortete nicht, sah sie nur mit ihren grossen Augen an und rührte sich nicht von der Stelle. „Willst du uns nicht sagen, wer du bist?" Doch das Mädchen blieb stumm. „Was sollen wir denn jetzt tun?", fragte Lijah. Das Mädchen

setzte sich in eine Ecke und schlang ihre Arme um die angewinkelten Beine. Es dauerte nur wenige Minuten, bis von draussen Schritte zu hören waren. Vier weitere Kinder krochen durch den Eingang, dann eine Frau mit einem Kleinkind. Erstaunt blickten sie die beiden Fremden an. „Wer seid ihr?", sprach die Frau. „Wir sind zwei Reisende. Wir wurden verfolgt und von dem kleinen Mädchen hierher in Sicherheit gebracht", erzählten sie. Die Frau nickte. „Wenn die Reiter kommen, so rennen die, die können, in dieses Versteck. Nura, bist du in Ordnung?" Sie wandte sich an das kleine Mädchen. Es nickte. Die Frau ging zu ihr herüber und nahm es in die Arme. „Joran wird bald hier sein", sprach sie ihr zu. Wieder waren Schritte zu hören. Dann tauchte das Gesicht eines Mannes in der Öffnung auf. „Es ist alles in Ordnung, sie sind vorbeigeritten!", meinte er beruhigend, und die Frau atmete hörbar auf. Alle verliessen die Höhle. Draussen waren Menschen versammelt. Einige waren vor den Reitern Richtung Wald geflüchtet, andere kamen jetzt hinzu. Ein älterer Mann kam auf das Mädchen zu und umarmte es stürmisch. „Kind, es ist alles gut", redete er ihr zu und hob sie hoch. Er blickte auf die beiden Fremden. „Wer seid ihr?", fragte er harsch. Die Frau erzählte ihm kurz, was geschehen war. Sein Gesicht wurde milder. „Welch glückliche Fügung", murmelte er. „Kommt mit in mein Haus, da seid ihr vorerst sicher." Amiel wusste, dass es keinen Sinn haben würde, nach seinem Pferd zu suchen. Traurig ging er hinter den anderen her den Abhang hinunter.

Das Dorf lag gleich hinter dem Feld an der unteren Seite des Waldes. Eine kleine Ansammlung einfacher Hütten aus Bruchstein und Holz, die über ein weites Feld verstreut angelegt waren. Nur wenige Lampen erhellten die Kiesstrasse, die zum Dorfkern führte. Auf dem Dorfplatz waren Männer zu sehen, die sich angesichts der Bedrohung versammelt hatten. Sie trugen Lanzen und Schwerter an sich. Auch Joran trug ein

Schwert an seinem Gurt. Die Menschen gingen nun in kleinen Gruppen zurück in ihre Häuser. Joran und das kleine Mädchen gingen voraus und kamen bald an den oberen Dorfrand, wo sie einen kleinen Seitenpfad einschlugen. Etwas abseits der anderen Hütten stand ihr Haus. Es schien ein älteres Bauernhaus zu sein, und einige Ställe waren zu sehen. Draussen war es wieder kühl geworden und beide waren erfreut, dass sie eine Bleibe gefunden hatten.

Ein großer Hund kam ihnen entgegen und bellte laut, bis dass er seinen Meister erkannte und diesen fröhlich begrüsste. Nura streichelte ihn und ging mit ihm in das Haus. Sie folgten ihr. Die Decke war niedrig und aus dicken, hölzernen Balken.

Joran machte Licht und bemühte sich, im grossen Kamin ein Feuer zu entfachen. Bald loderten schwache Flammen, und das Zimmer wärmte sich. „Nehmt Platz. Seid heute Nacht meine Gäste, und ruht euch aus. Ich werde die Kleine zu Bett bringen und setze mich nachher zu euch."

Er hob Nura hoch, die sogleich ihr Gesicht an seiner Schulter verbarg, und trug sie die hölzerne, knarrende Treppe ins Obergeschoss hoch. Das Haus war gemütlich eingerichtet. Beim Feuer standen zwei geflochtene Schaukelstühle und ein lederner Sessel. Am Boden lagen dicke, weisse Felle ausgebreitet.

Auf der anderen Seite des Raumes befand sich eine einfache Kochecke mit Holzherd und Waschbecken. Pfannen und Töpfe hingen an der dahinterliegenden Wand und schafften eine vertraute Atmosphäre. Ein grosser Tisch, an welchen sie sich nun setzten, stand in der Raummitte. Bald darauf kam Joran die Treppe herunter. Seine Gesichtszüge hatten sich etwas entspannt. Sie betrachteten ihn. Ein kräftiger Mann mit hohen Schultern und leicht nach vorne geneigtem Kopf. Nicht betagt, aber in stattlichem Alter. Er hatte graues Haar, das ihm bis zu den Schultern reichte, und einen kurzen Bart. Seine Augen waren wie die von Nura gross und unter der prägnanten Stirn leicht zurückgesetzt. Er hatte einen wachsamen, prüfenden Ausdruck im Gesicht. Er ging zum Holzherd. „Was bin ich froh. Sie ist eingeschlafen. Und nun lasst uns essen und trinken. Ihr müsst am Verhungern sein nach all der Aufregung." Er öffnete den alten Küchenschrank, nahm drei Becher aus Lehm hervor und füllte sie mit frischem Bier. Dazu tischte er Trockenfleisch und Fladenbrot auf. Er legte Holz nach und setzte sich zu ihnen an den Tisch. Dankbar nahmen sie von dem Essen. „Wer seid Ihr?", fragte er sie mit vollem Mund und sah sie prüfend an. Amiel zog den Brief aus der Tasche und reichte ihn Joran. „Ich denke, wir haben den Mann gefunden, den wir gesucht haben." Joran studierte behutsam den ihm vorgelegten Brief. „Oh", sagte er in mürrischem Tonfall und blickte auf, „und mein guter Freund dachte also tatsächlich, dass ich euch weiterhelfen kann. Ich weiss nicht, was ich dazu sagen soll. Aber nun weiss ich wenigstens, dass ihr mit guten Absichten hergekommen seid, was aber noch nicht viel darüber aussagt, wer ihr seid." Sie berichteten ihm kurz von ihrer jeweiligen Reise. Als der Name Dalin fiel, hob Joran zynisch die rechte Augenbraue. „Der hat wohl überall die Hände im Spiel", knurrte er. „Doch jetzt, wo ich seiner Hilfe so dringend bedürfte, ist er nicht aufzufinden. Ich habe nach ihm suchen lassen und wollte ihm ausrichten, dass ich seinen Rat dringend brauche. Er ist nicht aufgetaucht. Keiner weiss, wo er ist." Amiel wusste nicht recht, was er erwidern sollte. Er hörte den bitteren Unterton aus Jorans Worten und fragte sich, was es mit diesem Mann wohl auf sich hatte. Joran stand auf, zog die Gardinen zu und legte erneut Holz nach, obwohl das Feuer noch kräftig brannte. Er wirkte angespannt. „Gut, ich soll euch also vertrauen", sagte er und blieb beim Kamin stehen. „Ich weiss nicht, warum ihr zu mir geschickt wurdet. Ich habe euch nichts mitzugeben. Mein Herz strebt nicht mehr nach träumerischen Dingen. Was ich will, ist Vergeltung." Sein Ausdruck verdunkelte sich und er ballte eine Faust. „Wir waren heute Nacht draussen beim Brunnen. Die Frauen und die Kinder haben sich in Sicherheit gebracht, doch wir, wir sind hier geblieben und haben es sehnlichst erwartet, ihnen die

Lanzen in die Brust zu stossen. Wären sie nur gekommen, diese Feiglinge. Sie wissen, dass wir kämpfen werden, wenn sie kommen." Er spuckte zu Boden. Seine Stimme war fest und voller Zorn. „Wer seid ihr, und warum werdet ihr verfolgt?", fragte Amiel. „Wir?", erwiderte Joran. „Was weiss ich, wer wir sind. Dieses Dorf ist eines von vielen hier in der Gegend, in welche die geflohen sind, die vertrieben wurden. Es sind gewöhnliche Bauerndörfer, die uns aufgenommen haben. In diesem Teil des Landes und weiter westlich kam es zu vielen Übergriffen. Doch die Städte wollen den Berichten nicht glauben. Sie lassen sich täuschen." „Aber warum kommt es zu diesen Unruhen? Was geht hier vor?", hakte Lijah nach. Joran setzte sich und rieb sich mit der Hand übers Gesicht.
Schliesslich erzählte er ihnen seine Geschichte: „Es hat schon vor langer Zeit angefangen. Ich bin einer der Nachkommen Joranas. Meine Vorfahren lebten einst am Königshof in Luun. Meine Urväter waren des Königs Diener und Vertraute. Sie gehörten zum Hofe des Königs und waren Teil seiner engeren Gefolgschaft. Als Noamer verloren ging, wurden sie zu den Wächtern und Hütern des Palastes. Das Volk wählte eine Regierung, welche mit ihnen zusammen über Jahrhunderte hinweg das Land führte und auf die Rückkehr des Königs wartete. Mein Stamm gehört zu den Nachkommen dieses Königshofes. Wir haben die Traditionen bewahrt und das Rechtsystem gemäss den alten Grundsätzen aufgebaut und weiterentwickelt. Die Regierung Noers war meinem Stamm stets verpflichtet, und wir pflegten eine erfolgreiche Zusammenarbeit. Es war immer unsere Bestimmung, das Erbe des Königs bei aller Entwicklungen und Veränderungen unseres Landes zu bewahren. Noer brauchte seinen Mythos. Es hat uns geeint und gestärkt. Noamer sollte wiedergefunden werden, daran hielten wir alle fest. Doch es waren seltsame Dinge am Werk in diesem Land. Wir haben unserer Herkunft keine Ehre gemacht. Herrscher rissen Besitz und Macht an sich. Mehr und mehr hörten wir von unheimlichen Besuchern. Sie waren nicht

von hier und hatten ein ungewohntes Aussehen. Sie kamen oft des Nachts und klopften an die Türen der normalen Leute, erzählten von Schätzen und versprachen Reichtum und Ruhm. Niemand weiss, woher sie kommen. Aber viele schlossen sich ihnen an, und nach und nach entstand eine Vereinigung, die ihren Einfluss geltend machte unter dem Volk.
Das Land veränderte sich.
Nach jahrhundertelangen Spannungen und Kriegen kamen Leute der Berge, des Waldes, des Meeres und sogar der Wüste zusammen und gründeten neue Gefolgschaften und. Natürlich rechneten wir alle mit positivem Aufbruch, denn das neue Miteinander brachte Noer viele Vorteile. Niemals zuvor war ein freier Handel ohne Kriege unter den vier Völkern möglich gewesen. Die Partei ermöglichte uns ein neues Gemeinschaftsgefühl und Noer erlebte grossen wirtschaftlichen Aufschwung. Nach vielen Jahren Zwietracht kamen Zeiten des Friedens, und wir alle schöpften Hoffnung. Vielleicht war Noamer nicht mehr weit von uns entfernt und Wir gewannen an Selbstvertrauen. Es gab nur noch wenig Hunger im Land und die Menschen begannen, ihre Fähigkeiten zu entwickeln. Es wurde viel in Forschung investiert, und es gab einen rasanten Fortschritt in der Wissenschaft. Es ging uns so gut wie nie zuvor. Wir waren sehr glücklich. Doch diese unheimlichen Besucher streuten ihre versteckten Ideen. Die Vereinigung der vier Völker war zu einem Grossteil durch sie gehalten und unter ihrer Leitung. Innerhalb ihrer Fraktion kam es zu Streitereien, die Rumnod spaltete sich ab und übernahm mehr und mehr die Oberhand. Schnell kamen Forderungen nach Revolution auf und schleichend begannen sie, das Volk für ihre Vorhaben zu gewinnen. Ich begann mit Schrecken festzustellen, welchen Einfluss sie in Kürze geltend machten. Sie kauften die Geldhäuser auf und organisierten den Handel. Sie taten gekonnte strategische Schritte in die Politik, die Bildung und die Forschung. Mir wurde klar, dass ihre Absichten eine klare Richtung angenommen hatten. Sie strebten die Alleinherr-

schaft an und trieben ihren Machtanspruch geschickt und mit viel List voran. Dann begannen die Schikanen gegen meinen Stamm und gegen jeden, der ihren Forderungen und ihren gesellschaftlichen Stand missbilligte. Auch das war schleichend und raffiniert. Wir waren ihnen ein Dorn im Auge, denn noch immer war unser Einfluss im Lande gross und unser Status unangefochten. Sie hassten den alten König und verachteten die alten Erzählungen und damit alle, die in Verbindung mit dem alten Weg standen. Das Ziel war klar: Sie wollten uns zur Seite drängen, um an die Macht zu kommen. Wir durchschauten ihre Strategie, und auch die Regierung horchte auf. Doch es war zu spät, ihr Einfluss war bereits zu gross geworden. Sie verbreiteten Lügen über uns. Für die Schandtaten, die sie begangen hatten, wurden wir verantwortlich gemacht und das Volk begann, uns zu misstrauen. Ich beschloss, eine Gegenbewegung zu organisieren. Wir wollten nicht provozieren, sondern das Volk sensibel machen für das, was vor sich ging. Wir fingen an, öffentlich aufzutreten und über unsere Wahrnehmung zu sprechen. Wir sandten Schreiben an die Mächtigen unseres Landes und organisierten Kundgebungen in den Städten. Dies entfachte ihren Zorn, und sie begannen, gegen uns in die Offensive zu gehen. In den letzten Monaten häuften sich die Berichte. Viele wurden aus Luun vertrieben. Auch ich bin vor langer Zeit gegangen. Die, die geblieben sind, werden schikaniert. Man wirft ihnen Diebstähle und strategische Volksaufruhr vor. Als Gegner der Erneuerung werden wir beschimpft, und es kommt immer mehr zu Verurteilungen und öffentlich vollzogenen Strafen." Er seufzte und sah zu Boden.

„Ohne es zu wollen, wurde ich zum Anführer der Bewegung. Es ging mir nicht um mich, es ging mir um die Ehre unseres Landes. Ich bin kein verbissener Verfechter von alten Traditionen. Ich kann verstehen, dass das Volk ihrer müde ist. Dennoch verspüre ich Respekt gegenüber unserer Geschichte. Sie nicht. Wie können wir unsere Herkunft so verleugnen? Die

Rumnod spottet über jeglicher Art der Hingabe an alte Traditionen und an eine übergeordnete Macht. Sie haben weder Achtung noch Interesse an den einzelnen Menschen. Sie verfolgen die Absicht, die emotionalen Wurzeln zu beseitigen. Sie haben die Geschichtsbücher ausgelagert, haben die Inhalte geändert und verleugnen jede Art von überirdischer Verantwortung. Letztlich geht es ihnen aber in keiner Weise um übersinnliche Fragen, sondern alleine darum, die eigenen wirtschaftlichen Zwecke zu verfolgen und die Menschen diesen unterzuordnen.

Ich durchschaute ihre Absicht und beschloss, alles dafür einzusetzen, um sie daran zu hindern." Amiel sah, wie er die Hände an die Tischkante legte und fest zudrückte. Seine Lippen waren zusammengepresst, seine Augen eng zusammengekniffen, seine Stirn in Falten. „Ich habe einen hohen Preis dafür bezahlt", flüsterte er.

Einige Minuten vergingen in Schweigen. Joran regte sich nicht, bis Lijah mit leiser Stimme fragte: „Was ist geschehen?" Es dauerte einige Sekunden, ehe Joran antwortete. „Ich war seit Langem auf ihrer Liste. Sie wussten, wer die Gegenbewegung anführte. Erst brannten sie unser Dorf nieder. Wir konnten uns retten. Einige meiner Freunde sind damals ums Leben gekommen. Als sie das zweite Mal kamen, des Nachts, blieben auch wir nicht verschont. Wir lebten als Sippe - meine Frau, meine zwei Töchter, ihre Ehemänner und Kinder. Einen meiner Schwiegersöhne nahmen sie gefangen. Den anderen brachten sie um."

Seine Augen glänzten. „Wir Ältesten hielten einen geheimen Rat ab in jenen Tagen. Wir waren zwei Tagesreisen nach Norden gereist, wo wir mit den Leitern unseres Stammes zusammenkamen und uns intensiv mit den Ereignissen der Zeit auseinandersetzten. Als wir zurückkamen, war unser Dorf zerstört. Wir haben sie nicht schützen können. Einige konnten in die Wälder fliehen, doch meine Familie hat es nicht geschafft. Sie waren das Hauptziel ihrer Wut. Meine Frau ist verschwunden, keiner hat sie jemals gefunden. Sie haben alles geraubt, was wir besassen. Der Schmerz in den Augen des alten Mannes war erdrückend. Wieder ballte sich Jorans Faust und er schloss die Augen. „Ich ging in mein Haus, und meine Tochter lag in der Küche. Geschändet und getötet. Ihr Mann war ebenfalls tot. Nura, ihre Tochter, war verschwunden. Vier Tage später haben wir sie im Wald gefunden. Sie muss alles mit angesehen haben, konnte aber im letzten Moment fliehen. Sie hat niemals wieder ein Wort gesprochen." Tränen rannen ihm über sein Gesicht, und er rang nach Fassung. „Auch meine zweite Tochter und ihre zwei Kinder fand man später, getötet mit dem Schwert. Sie haben mich vernichtet. Ich habe das Schweigen gewählt, mein Widerstand ist gebrochen." Wieder vergingen Minuten quälender Stille. „Wir flohen hierher, und es kamen andere dazu. In manchen Nächten, wie auch heute, reiten sie vorbei. Sie wollen uns Angst einjagen, doch sie kommen uns nicht mehr nahe. Sie halten uns unten als gebrochene Menschen. Das ist unser Los." Er hob seinen Kopf, und sein Blick wurde wieder fest. „Also fragt nicht mich nach dem Königsland. Ich war ein alter, sturer Idealist und habe für meine Utopien gekämpft. Den Preis dafür haben andere bezahlt. Das Königsland ist verloren." Er erhob sich und räumte den Tisch ab und wusch, ohne ein Wort zu sagen, das Geschirr. Lijah und Amiel sassen- getroffen von der Erzählung - am Tisch und hatten die Köpfe geneigt. Schliesslich seufzte Joran und trat wieder zum Tisch. „Verzeiht mir. Ich wünschte, ich wäre euch ein besserer Gastgeber. Doch heute Nacht werde ich es wohl nicht schaffen. Ich habe einen Weg gefunden, weiter zu leben. Nura wurde mir anvertraut, und ich sorge für sie. Das ist alles, was ich noch will. Die Zeit hat dem Schmerz zu Distanz verholfen, und ich kann nichts am Geschehenen ändern. Ich bitte euch, bleibt diese Nacht bei mir und ruht euch morgen aus. Danach zieht weiter, ich werde euch keine Hilfe sein. Da hat sich der Bibliothekar geirrt." Er atmete

einige Male tief durch. „Kommt, ich zeige euch euer Schlafgemach. Es ist Zeit, zu ruhen."
Mit einer Lampe gingen sie nach oben und er zeigte ihnen ein Zimmer mit zwei Matten am Boden. Weiche Decken und Kissen lagen bereit. Joran ging zu Bett. Amiel schlief rasch ein, doch Lijah lag noch lange Zeit wach. Voll tiefen Mitleids für diese zwei Menschen, zu denen sie ihr Weg geführt hatte , erlag schliesslich auch sie ihrer Müdigkeit.

*„Werden die Sterne zusammenstossen?", fragte Kaspian mit schreckerfüllter Stimme.*
*„Oh nein, teurer Prinz", erwiderte der Doktor, und auch er sprach im Flüsterton. „Dazu beherrschen die Herren des oberen Himmels ihre Tanzschritte zu gut."*

*Aus „Die Chroniken von Narnia" (1998)*

## Die Stimme der Nacht

Amiel erwachte. Es war noch dunkel, und er brauchte einige Sekunden, um sich zurecht zu finden. Vor dem kleinen Fenster ertönte der nahe Ruf einer Eule. Er ärgerte sich, als er erkannte, dass er den Schlaf so schnell nicht wieder finden würde. Am anderen Ende des Raumes hörte er Lijahs Atem. Joran und Nura schliefen im Nebenzimmer. Eine Weile lag er einfach nur da, lauschte der Eule und der nächtlichen Stille. Dann aber wurde er unruhig, und er beschloss, aufzustehen. Weit weg würde der Morgen nicht mehr sein, denn die Müdigkeit war beinahe verflogen.
Er schlüpfte in Hose, Pullover und Umhang und schlich so leise wie möglich die knarrende Treppe hinunter. Er wollte nach draussen, hinaus in die Nacht.

Er setzte sich vor das Haus auf die Bank, zog den Umhang fest um sich und liess seinen Blick über die dunkle Wiese streifen. Es war kühl und der Morgentau netzte das Gras.
Seine Lider waren noch schwer, sein Geist aber klar. Die grosse Eule, die an seinem Fenster gerufen hatte, flog mit schweren Flügelschlägen über das Haus und nahm quer gegenüber dem Stall auf der grossen Kiefer Platz. Ihre Nähe beruhigte ihn irgendwie.
Er sog die kühle Luft tief in seine Lungen ein und atmete dann langsam aus.
Seine Gedanken nahmen ihren Lauf, kreisten um die Ereignisse der letzten Tage, um die Gespräche, um jede Begegnung und um die offen gebliebenen Fragen.
Er erinnerte sich an Dalins Worte. Noer ist nur eine Bühne, hatte er gesagt. Er sann darüber nach. Was mochte das bloss bedeuten? Eine Bühne wofür?
Dann dachte er an Jorans Geschichte, an die vielen Unruhen in diesem Land und die zunehmende Bedrohung durch die politischen Bewegungen.
In seiner Heimat, in Europa, da herrschte Frieden. So lange schon, wie dieser Kontinent nie zuvor Frieden gesehen hatte. Seit er in Geschichte unterrichtet worden war, war ihm bewusst, wie glücklich er sich schätzen konnte, Kind dieser Generation zu sein. Kein Hunger, kein Krieg bedrückte sie, vielmehr bestand ein unglaubliches Angebot an Bildung und Gestaltungsraum für das Leben des Einzelnen. Dem Menschen von heute bot sich so viel Wohlstand, Freizeit und Vielfalt. Umsorgt von Versicherungen, Meinungsfreiheit, Demokratie und Bildung liess sich wirklich in Frieden leben. Die Unruhen, die hier in Noer wüteten, schienen zu Hause vorbei. Zumindest im reichen Westen.
Aber etwas liess ihn dabei nicht los.
War das gut genug? Genügte dieser Frieden, dieses Leben? Haben die gefallenen Machtsysteme die Nöte der Menschheit dauerhaft beendet?

Der jetzige Zustand schien beinahe vollkommen! Hatte man sich doch dorthin gekämpft - durch all die Jahrhunderte -, wo die grossen Mängel endlich abgeschüttelt werden konnten.
Und dennoch war sie da, diese Einsamkeit, die vielen zerbrochenen Familien und Ehen, die Perspektivlosigkeit und die wachsende Zahl an erkrankten Psychen, die Ungleichheit der Chancen und die vielen Seelen, die am Rande stehen blieben, die Ungesehenen.

In Noer schienen sie zu warten auf ihren alten König. Auf die Obrigkeit, die alles richtig stellen würde. Auf das Höhere, welches die vielen Wogen glätten würde. Die Sehnsucht, sie lebte hier, auf dieser eigenartigen Bühne. Das rührte ihn.
Sehnsucht. Gab es sie zu Hause noch? Dort, wo man sich der Obrigkeiten entledigt hatte und nur noch den Individualismus krönte? Der neue Gott war die persönliche Entfaltung. Sie allein war der Allgemeinheit heilig. Die eigene Lebensfülle zu realisieren, hatte sich zur höchsten Priorität emporgehoben und hinterliess ihre Leichen. Im Schatten dieser neuen Hoheit blieben so einige - oft nahestehende Menschen - zurück. Nichts konnte mehr verpasst werden, keine Wünsche dürfen mehr offen bleiben. Während es darum ging, das Leben und seine Privilegien auszupressen wie eine Orange, wurde gleichzeitig die Fähigkeit des Verzichts verlernt. Das spürte Amiel. Er war selbst nicht gut darin. Viele seiner Vorsätze nach einer gerechteren Lebensweise zerschellten an dem üppigen Angebot der Dinge, die ihn umgaben.
Es war für ihn schwer auszuhalten: Auf der einen Seite ein unerschöpfliches Angebot an Möglichkeiten und gleichzeitig das Wissen darum, dass viele dieser Dinge die Erdressourcen verschlangen und ausdörrten. Wie aber alle dem abschwören, wenn es einem aus jeder Strassenecke zuwinkte?
Wie hier in Noer lösten sich die Menschen von gängigen, alten Wirklichkeiten. Satt waren die Menschen der jahrhundertelan-

gen Moral, die die Gesellschaft und das Streben der Seele regelte. Und das zu Recht, da gab es wenig Zweifel.
Und doch regten sich hinter jedem Befreiungsschlag neue Tabus. Er begann zu ahnen, was die neuen Tabus waren. Denn trotz grosser, wichtiger Debatten und Trends um Klimaschutz, fairen Handel und Menschenrechte, rückte eines mehr und mehr ins Vergessen: Niemand sprach mehr über sein eigenes Innen. Oder nur zum Therapeuten mit der Schweigepflichtsurkunde. Wie es im Menschen drin aussah, ganz tief im Kern - und welche Verantwortung sich aus diesem oft zwiespältigen Innen für das Aussen ergab - wurde kaum mehr debattiert. Denn das ging niemanden etwas an. Solange das äussere Handeln nicht verwerflich war, war das Innen legitimiert und in allem Recht gesprochen.
Amiel erkannte, dass er über jenen Stein gestolpert war. Das Tabu, über die eigene Zerrissenheit zu sprechen, löste nicht ihre Qual. Er war nicht mehr fähig, sein Inneres zu verantworten oder die Unordnung, die dort herrschte, zu ordnen.
Wo die Moral tot war, blieb dennoch das Gewissen. Und mit diesem und seinen oft schmerzlichen, stillen Zurufen fühlte er sich ganz schön alleine.


Noer, das war die Bühne dafür, dieses Innen – diesen Kern seiner Selbst - zu ordnen. Die vielen seltsamen Begegnungen mit komischen Käuzen, die von vergangenen Kronen erzählten, sie hielten ihn alle dazu an, still zu werden und ins eigene Herz zu blicken. Schonungslos.
Ein Geräusch liess ihn aufschrecken. Ein Rascheln. Es kam näher. Er stand auf und blickte in die Richtung, aus der das Geräusch kam. Sein Herz begann gegen die Brust zu klopfen.
Und dann trat aus dem Gebüsch ein riesiger Schatten. Etwas trat auf ihn zu. Amiel war einen Augenblick wie gelähmt, doch dann wurde er augenblicklich ruhiger. Es war ein Tier. Doch nicht irgendein Tier. Es war mächtig und kräftig, und ein silberner Glanz lag auf seinem Fell. Das Tier hielt inne und

blickte in seine Richtung. Amiel trat einen Schritt vor, dann zwei - und erkannte schliesslich das mächtige Geweih eines riesigen Hirsches. So einen Hirsch hatte er nie zuvor gesehen. Seine europäischen Artgenossen überragte er um weites. Das silberne Fell schimmerte trotz der Dunkelheit hell und Amiel musste sich das Tier genauer ansehen.

„Schschsch...", sagte er beruhigend und ging auf ihn zu. Der Hirsch blieb stehen und wartete. Als Amiel nur noch einen Meter von ihm entfernt war, stoppte er. Es war einer jener Momente, die er schwer beschreiben konnte. Ehrfürchtig stand er da und streckte ganz langsam seine Hand zu ihm aus. Da senkte der Hirsch seinen Kopf und berührte mit seinen Nüstern Amiels Hand.

Er fühlte den warmen Atem.

Die beiden blieben lange so stehen und Amiel begann, das Tier zu streicheln.

Auf einmal ging der Hirsch in die Knie und legte sich zutraulich zu Amiels Füssen, den Kopf zu ihm emporgehoben. Da setzte sich Amiel und strich mit der ausgestreckten Hand durch das weiche, silberne Fell. Immer und immer wieder.

Und am Ende legte Amiel seinen Kopf auf dessen Schulter und schloss für einen Moment die Augen. Der Hirsch blieb da. Über eine Stunde sassen die beiden Gestalten so auf der Weide - über ihnen der Morgenstern - bis dass die Konturen klarer und klarer wurden, der Himmel heller und der Tag den Zauber dieser Nacht beendete.

Und als die Sonne ihren ersten Glanz über den Horizont warf, erhob sich der Hirsch, blickte Amiel sanftmütig an und verabschiedete sich, so, wie es Tiere eben tun.

Und Amiel hatte seine Antwort auf sein inneres Chaos gefunden.

Eines nur, das blieb keinem erspart: Für sich zu beantworten, was das Letzte, das Höchste, das Eigentliche in diesem Leben und für sein Menschsein war! Dazu war er hier. In ihm drin rüttelte eine hungrige Seele. Es gab keine Möglichkeit, sie

selbst zu sättigen. Mochten auch die Wogen der Geschichte an jedem Flecklein Erde anders ausschauen, die Nöte stets andere sein - sei es nun in einem Märchenland oder auf europäischem Boden - es gab keinen Weg an jener Frage vorbei. Zumindest nicht für ihn.
Er sah dem Hirsch nach, wie er gemächlich dem Wald entgegen wanderte und dankte dem Schicksal für diese Begegnung.


*„Die Leute bei dir", sagte der kleine Prinz, „züchten fünftausend Rosen in einem Garten... und dennoch finden sie nicht, was sie suchen." „Und doch könnten sie es in einer einzigen Rose oder in einem einzigen Schluck Wasser entdecken."*

*Antoine de Saint- Exupery"der kleine Prinz" (1943)*


## Ein Tag der Fragen

An diesem Morgen lag das Land in jenem feinen, schleierhaften Zauber eines Frühlingsnebels, der die Landschaft wie mit Zuckerschaum bedeckte. Die Sonne schimmerte durch das matte Weiss hindurch und liess das zarte Grün hoffnungsvoll gen Himmel wachsen. Die Luft war frisch, und Vögel sangen vor ihrem Fenster. Wäre nicht die Schwere des vergangenen Abends gewesen, hätte nichts die Schönheit dieses Morgen trüben können. Lijah stieg die Stufen zur Stube hinunter. Nura sass bereits am grossen Tisch und ass ein Brot mit eingemachtem Pflaumenmus. Mit grossen, wachen Augen sah sie ihr entgegen. Ihr Blick war nicht mehr traurig, aber kein Lächeln war auf ihren Lippen. Joran hantierte in der Küche. Er kochte Rührei mit Speck. Auch Amiel sass bereits am Tisch und begrüsste sie. Von seinem Erlebnis mit dem Hirsch erzählte er niemandem. Sie setzte sich an den Tisch, und Joran bemühte sich um eine ungezwungene Stimmung. „Wir haben vier Kühe in den Ställen. Nura hat sie heut Morgen schon gemolken. Sie ist sehr geschickt mit Tieren. Ausserdem haben wir einen Esel, unseren ganzen Stolz. Wenn ihr mögt, können wir heute zum kleinen Markt im Nachbardorf gehen. Wir haben Eier und Brot zu verkaufen."

Der sonnige Tag brachte viel Schönheit in die von Tragödien erzählenden Wände. Lijah verbrachte den Morgen damit, ihre und Amiels Kleider zu waschen, und Amiel half Joran bei Reparaturarbeiten in den Ställen. Nura spielte mit dem Hund im Garten. Am Nachmittag brachen sie auf und wanderten eine gute Stunde in das nahegelegene Dorf. Der Esel war bepackt mit Waren, die sie anschliessend verkauften.

Die Menschen auf dem Markt wirkten zurückhaltend und erledigten ihre Einkäufe schnell. Joran kaufte Mehl, Tee und Zucker, und als die Sonne tiefer stand, machten sie sich auf den Heimweg. Nura rannte mit dem Hund voraus. Joran wandte sich an die beiden: „Und wohin wollt ihr als nächstes ziehen?", fragte er sie. Der Tag auf dem Markt hatte ihm gut getan. Er konnte den vergangenen Tag zur Seite schieben und war dankbar für einen Augenblick der Normalität. Er hatte vergessen, wie gerne er früher Gäste bei sich gehabt hatte.

„Wir hofften eigentlich, dass wir das bei dir herausfinden", meinte Amiel. „Nun, ich werde euch kaum weiterhelfen können", brummte Joran. „Wenn es sein muss, so bleibt noch ein paar Tage, bis ihr euch entschieden habt, wohin ihr nun zieht. Aber etwas anderes werdet ihr bei mir nicht finden."

Sie gingen eine Weile stumm nebeneinander her. Die Sonne schien und kein Wind begleitete sie auf der staubigen Strasse. Der Esel schlug ein eigenwilliges, gemächliches Tempo an und blieb immer mal wieder am Wegrand stehen, um zu fressen. Joran zerrte am Zügel, doch den Esel überzeugte dies noch mehr, sich keiner aufgedrängten Eile unterzuordnen.

Dann tauchte auf der einsamen Strasse plötzlich eine Hütte auf, die auf dem Hinweg bestimmt nicht hier gestanden hatte. Beim näheren Hinsehen wurde klar, dass es sich um einen aufgebauten Marktstand mit Sonnendach handelte. Nebenan standen ein grosser Schubkarren und ein Pferd, welches friedlich graste. Im Eingang der Hütte sass eine Frau an einer Töpferscheibe, welche sie mit ihren Füssen anstiess und drehte. Sie hatte lange, zu einem Zopf geflochtene, graue Haare und trug ein grünes Kleid. In ihrer Hand formte sie eine ovale Schale.

Vertieft in ihr Werk sah sie nicht auf, als die Wanderer vor ihr stehenblieben und erstaunt ihre Kunst betrachteten. An den Wänden waren vielerlei Regale angebracht, auf welchen sie die Tongefässe lagerte. Dahrunter waren Töpfe, Schüsseln, Tassen, herrlich farbige Schalen und Platten. Es gab auch Schmuck und Ketten, die sie liebevoll an einer Wand befestigt hatte.

Doch etwas stimmte beim Anblick ihrer Werke nicht: Sie waren nicht fertiggestellt! Alles war unvollendet. Bei einen fehlte zur Hälfte die Farbe, bei einem andern waren Scherben ausgeschlagen, und einige waren bewusst nur zur Hälfte hergestellt. Halbe Tassen, halbe Teller, ein Wasserkrug mit Löchern und der Schmuck, der nur zur Hälfte verziert war und die andere grau und roh zurückliess. Die Frau sah auf. „Oh", sagte sie erstaunt, „wie schön, dass ich gerade euch antreffe. Ein herrlicher Tag, nicht wahr?" Keiner wusste so recht, was darauf zu entgegnen war. Joran murmelte schliesslich: „Ja, das ist er in der Tat. Sagen Sie, gute Frau, ich habe Sie noch nie in dieser Gegend gesehen. Verkaufen Sie hier Ihre Kunst?" „Oh, bestimmt nicht", antwortete die Frau und schmunzelte dabei. „So was würde doch keiner kaufen."

„Ach", sagte Lijah, „und wozu fertigen Sie dann Ihre Werke an?" Die alte Frau stoppte die Töpferscheibe, drehte sich zu ihnen um und streckte ihre Beine aus. „Nun, weil ich einfach nicht anders kann. Ich versuche immer wieder, eine Schale fertigzustellen, aber es gelingt mir einfach nicht. So was gehört nicht hierher." „Nicht hierher?", fragte Lijah. „Naja, zumindest für mich ist das so. Es ist mir nicht möglich", entgegnete die Frau. „Diese Geschichte lässt es nicht zu." „Welche Geschichte?" „Ach, meine Lieben, sie ist euch nicht neu. Ihr kennt schon manches Kapitel daraus, aber noch gibt es mehr von ihr zu erzählen. Aber setzt euch erst mal hin und trinkt einen Schluck!" Sie holte vier Hocker und stellte sie ins Gras.

Die Frau holte einen Krug mit kaltem Wasser, der nur zur Hälfte gefüllt war, da am oberen Rand ein grosser Teil heraus gebrochen war. Vorsichtig goss sie das Wasser in drei Humpen, die ebenfalls nur wenig gefüllt werden konnten. Alle vier mühten sich ab, aus diesen Krügen zu trinken.

Dann wandte sich die Frau an Nura. „Komm kleine Nura, für dich hab ich etwas Besonderes!", sprach sie das kleine Mädchen an. Sie ging nach hinten, holte eine Tüte und zog eine Kette daraus hervor. Eine wunderschöne Kette aus vielen glänzenden, farbigen Tonsteinen. „Diese Kette ist eine der wenigen Dinge, die ich fertig gestalten konnte. Sie gilt ganz besonderen Menschen." Sie streifte sie Nura sachte über den Kopf: „Hier, mein schönes Mädchen. Damit du nicht vergisst, wie kostbar du bist, meine Kleine! Bald schon wirst du wieder lachen können!" Joran starrte die beiden an, sagte aber kein Wort.

Die Frau zog sich einen langen Schal über die Schultern und begann zu erzählen:

„Es gab einmal eine Zeit, da gab es nichts, dass nicht ganz genau so war, wie es sein sollte. Es gab keine Unfertigkeit und keine halben Dinge.

Ihr Menschen habt dies vergessen. Die Suche ist leise geworden, aber in keiner Weise hat sie geendet. Reichtum und Wohlstand mögen die Seelen beruhigen, Zeit und Raum sie ablenken, aber die Jagd geht immer weiter, ohne das sie als diese erkannt wird. Die Seele ist hungrig, durstig und sucht fortwährend nach Sättigung."

Amiel musste an Zuhause denken. Er hatte sich diese Frage oft gestellt.

Er dachte an die vielen Werbespots, die am Fernseher zu sehen waren. Die grossen Ikonen der heutigen Zeit: Gesundheit, Glück, Freiheit und Besitz. Perfekt verpackte Botschaften im geschönten Bild der neuen Welt. Glück, Gesundheit und Erfolg mussten für jeden zu finden sein, gleich um die Ecke. Aber sein Herz blieb hungrig, wider all den Versprechen.

Die Frau fuhr fort: „Also, ich kann meine Werke nicht fertig stellen, noch nicht. Ich kann nicht aufhören, das Ganze zu suchen, denn darin liegt unsere Bestimmung. Ich suche die Fertigkeit und das abgeschlossene Kunstwerk. Das wahrhaftig Schöne! Denn die Kopie davon ist längst nicht genug." Sie blickte zu Amiel. „Das Land der Vollendung ruft seine Wanderer! Für sie gibt es keine Ruhe und keine Rast, bis dass die Grenzen überwunden sind." Dann sah sie Joran an. „Joran, guter Freund, du magst mich nicht kennen, doch ich kenne dich sehr wohl. Dein Herz hat aufgehört zu schlagen und ist starr. Du hast es dir rauben lassen, und dein Schmerz ist gross. Doch auch deine Geschichte muss zu Ende geschrieben werden. Stehe auf und gürte dich! Es ist Zeit geworden. Lass dich nicht allen Lebens berauben! Brich auf!" Sie sah ihm fest in die Augen, und er erwiderte ihren Blick. Niemand sprach. Dann erhob sich die Frau und räumte das Geschirr weg. „Ich muss bald aufbrechen und ihr solltet das auch." Sie verschwand wieder im hinteren Teil der Hütte.

Lijah blickte an die Wand zu ihrer Linken. Ein grosses Plakat war dort angebracht. „Bazar der Weisen", war in grossen Buchstaben geschrieben. Darunter ein Bild eines Marktes und in kleineren Buchstaben war ergänzt: „Lilibon, Samstag zur Sommerwende." Die Frau kam zurück, trat zum Plakat, riss es ab und reichte es mit einem Nicken an Lijah weiter.

„Ich würde ja niemals dahin gehen und ausserdem bin ich auch nicht eingeladen. Aber", sie zwinkerte, „für euch könnte es durchaus interessant sein. Es ist der erste Bazar der Weisen.

Die grossen Gelehrten Noers kommen zusammen und zeigen ihre Errungenschaften und präsentieren ihre Ideale." „Und was tun wir da?", fragte Amiel.
„Die Fertigkeit suchen, Amiel", antwortete sie. Sie wühlte in ihrer Rocktasche und holte vier Münzen hervor. Tonmünzen, auf welchen eine Gravur eingeprägt war. „Das hier sind eure Eintrittsmünzen. Hab sie schon länger bei mir getragen für den Tag, an dem ich euch treffe. Ihr werdet sie brauchen, die lassen da nicht jeden rein", antwortete sie. „Jetzt muss ich mich aufmachen, es wird regnen", ergänzte sie. So verabschiedeten sie sich von der Töpferin und machten sich auf den Heimweg.

Es war Abend. Joran brachte Nura nach einem einfachen, schweigsamen Abendessen zu Bett. Danach sassen sie am flackernden Feuer, dessen Licht am den dunklen Holzwänden entlang tanzte. Der Hund lag in der Ecke am Boden, und sein Fell hob und senkte sich von seinen tiefen Atemzügen. Sie schwiegen. Vor ihnen stand ein Krug Rotwein, den Joran aus dem Keller geholt hatte.
Amiel blickte zu Lijah. Er musterte ihre Gesichtszüge. Sie waren seltsam angespannt, ihre Lippen aufeinandergepresst, ihr Kopf gesenkt. Sie hatte die Hände um ihren Bauch geschlungen und atmete tief. Er wusste nicht, was das zu bedeuten hatte. Jeder war in seiner eigenen, kleinen Welt versunken, in die kein anderer das Recht hatte einzutreten. Amiels Gedanken schweiften zum Meer. Er wünschte sich, auf seinem eigenen kleinen Schiff dem Sonnenuntergang entgegen zu segeln, bis er ihn mit der Hand berühren könnte.
Es war Joran, der das Schweigen brach: „Es ist nicht Bitterkeit, die mich erstickt. Es ist nicht, dass ich keinen Willen habe, die nächsten Jahre in Angriff zu nehmen und Mut zu fassen. Es ist dieses verflixte Leben, das ich nicht mehr fassen kann. Ich bin stehengeblieben, bin in einem Jahr um viele Jahre gealtert. Ich kann das Leben für mich nicht mehr zusammenfügen. Es ist auseinandergefallen in viele Stücke, die

sich nicht mehr zusammensetzen lassen. Es ist mir entglitten, und ich bin hart und kalt geworden. Ich habe viel verloren, um mich selbst jemals wieder finden zu können. Und dennoch bleibt diese grässliche Realität, dass ich nun entweder erstarrt und tot die letzten Jahre hinter mich bringen kann, nur um meiner Enkeltochter willen, um dann, am Ende der Tage nichts als mein Ende herbei zu sehnen. Oder ich stehe auf. Jetzt, bevor es zu spät ist. Doch weiss ich nicht, wozu ich es tun soll. Dieser Gedanke zerfrisst mich. Ich könnte aufstehen, Nura in die Obhut guter Menschen geben und zwei, drei von ihnen töten... Oder ich könnte den Widerstand neu organisieren. Könnte versuchen, meine letzten Atemzüge so zu nutzen, dass ich mit dem Gefühl sterben kann, dass ich alles gegeben habe. Doch wofür? Ich könnte in die Einsamkeit verschwinden und versuchen, vergessen zu werden. Und all das, all das ergibt für mich doch keinen Sinn. Also bleibe ich hier sitzen und warte. Gequält von unaufhörlichem Hass und Trauer."
Der alte Mann wirkte in diesem Moment gebückt und ausgezerrt bis auf die Grundfeste seines Seins. In sein Gesicht standen endlose Müdigkeit und Leere geschrieben. Er starrte eine Weile zu Boden, während er mit den Händen seine eigenen Finger knetete, als wollte er sich Schmerz zufügen.
Sein Atem war langsam und schwer. Niemand antwortete. Joran erwartete auch keine Antwort. Minuten verstrichen.
Dann sagte Joran zu Amiel:
„Nun sag schon, weshalb reist du durch diese Einöde? Welche Verrücktheit hat dir dieser Dalin aufgebürdet?"
Amiel dachte einen Moment lang nach. „Nun, weil mir noch nicht klar ist, was ich auf dieser Erde genau soll. Ich schaue in den Spiegel und frage mich, wessen Gesicht es ist und was es für eine Substanz hat. Es hat für mich nie Sinn ergeben, zu leben und am Ende zu sterben als einer von ein paar Milliarden Menschen. Warum hat uns dieses Leben eine derartige Tiefe gegeben hat, um sie am Ende nur wieder loszulassen? Wir werden geboren, um ein Leben lang zu wachsen, zu ler-

nen und uns zu entwickeln. Aber wozu? Warum sind wir mit solch komplexen Seelen bestückt, wenn wir sie doch niemals wirklich teilen oder ergründen können? Wären wir alle Funktionswesen, die diesen Planeten bestellen, bebauen und wieder verlassen, dann würde es für mich Sinn ergeben. Aber nicht so. Es erscheint mir als vergeudetes Gut, ein Schatz, der niemals entdeckt wird. Wenn der Mensch also so gemacht ist, mit solch ungeheuerlicher Feinheit und Raffinesse, dann muss es einen Sinn dafür geben. Eine Aufgabe. Eine, die weiter geht als mein Brot zu verdienen und mein Leben bestmöglichst zu geniessen." Er hielt einen Moment inne und fügte an: „Ich bin auf der Suche nach dem Wesentlichen."
Joran stiess einen spöttischen Seufzer aus: „Ach Junge, das Wesentliche ist ein Trugbild. Es wird geraubt, ehe man es festmachen kann. Die Mächtigen unterdrücken die Schwachen, die Herrscher der Welt sind voll von Eigennutz, und jene, die sich um Gerechtigkeit bemühen, sterben jung. Die wahre Pein dieses Daseins ist, dass sich die Ungerechtigkeit und Fehlbarkeit der Welt durch alle Jahrhunderte geschleift haben. Sie haben überlebt, während alles andere im Keim erstickt ist."
Sie blickten eine Weile ins Feuer und sagten nichts. Lijah blickte zur Decke und zog die Knie zum Bauch. Sie schwieg.
Joran neigte sich nach vorne und stützte sein Gesicht in die rauen Hände. „Also, was nur soll ich Nura weitergeben? Was ist ihr denn geblieben? Ein alter Mann, der ihr nichts mehr an Schönheit und Unversehrtheit zu vermitteln hat? Das ist es, was mich schmerzt."
Dann entglitt ein rauer Schluchzer Jorans Kehle. Er vergrub den Kopf in seinen Händen. „Ich, ich habe schreckliche Angst. Angst, dass ich den Verstand verliere. Angst, mit mir selbst alleine zu sein, denn ich kann mich nicht länger ertragen. Des Nachts liege ich wach, innerlich zerfressen von Wut und Verzweiflung. Sei es nun Vergeltung oder Vergebung, keines kann ich erreichen." Dann sah er beide an. „Ich habe dem

alten Weg gedient. Ich habe an das Höhere geglaubt, hab mein Leben unserem Glauben verschrieben. Doch nun, nun bin ich alleingelassen, und ich vermag es nicht zu ertragen. Es lässt mich nicht mehr los, es quält mich. Habe ich das alles vergebens getan? Gibt es nichts Höheres hinter diesem grossen Vorhang der Menschheitsgeschichte? Gibt es niemanden, der auf der anderen Seite auf mich wartet, mich tröstet, mir meine Qual beantwortet? Gibt es niemanden, der mir das Gift der Gewalt aus dem Herzen presst und meine Seele heilen kann?" Wieder legte er das Kinn in die Hände. „Wenn es wirklich nicht mehr war als eine gute Geschichte, wenn der Mensch wirklich nicht mehr ist als Vergänglichkeit, die im Nichts endet, dann will ich es wissen. Nur darin ergibt diese schreckliche Ungerechtigkeit und Grausamkeit Sinn. Aber der Gedanke, dass es da oben jemanden gibt, der mich mit all dem hier alleine lässt, das macht mich so ungeheuerlich wütend! Wenn es den König also noch gibt, dann ist er ein Verlierer! Ein Feigling! Er, der das Recht versprach und sich nun all dem Leid und Unrecht zieht und sich verbirgt. Wie sollte ich ihm noch dienen? Ihm, der die Seinen alleine lässt. Der das Verzweifeln nicht aufhält! Ich verzehre mich nach Gerechtigkeit! Vorher werde ich niemals Frieden finden."

„Und was ist mit dem, was dir die Frau heute gesagt hat?", fragte Lijah sanft. Joran sagte eine ganze Weile nichts. Sein Blick war ins Feuer gerichtet. Schliesslich sagte er schwach: „Sie ist nicht die Erste, die mir solche Worte gab. Ich kann nicht behaupten, dass sie mich kalt lassen. Es war dieser Dalin, der mich immer dann besucht, wenn ich ihn am wenigsten erwarte. Er hat mir gesagt, dass ich wandern soll, dass ich suchen soll. Die Wurzeln, meinte er. Den Anfang. Er sagte mir, dass ich eine Rolle zu spielen habe in dieser Geschichte. Er war der Einzige, der mich besucht hat in den dunklen Tagen. Aber ich wollte ihn nicht bei mir haben. Ich hielt ihn nicht aus, keinen hielt ich aus. Ich habe ihn weggejagt. Ich kann daran nicht mehr glauben! Es ist zu Ende!"

Dann sah er Lijah an. „Und was ist mit dir? Wir sind dabei, in einer völlig ungeschützten Runde von Fremden voreinander unsere Herzensabgründe auszubreiten. Viele Dinge wurden ausgesprochen, nun bist du an der Reihe."
Sie wirkte verlegen, geradezu scheu. „Ich, ich bin traurig, weil ich es nicht geschafft habe, meinen nächsten Menschen das zu geben, was ich so gerne gewollt hätte. Ich bin traurig, dass Dinge vergehen, die man so geliebt hat, und dass das Leben so schmerzlich voll von Abschieden ist. Ich wünschte, ich wäre ein besserer Freund gewesen, eine bessere Tochter, eine bessere Schwester. Doch ich habe so vieles verpasst. Ich war viel zu sehr mit mir beschäftigt." Sie schwieg einen kurzen Moment „Es ist so viel Zeit verstrichen, die ich nicht genutzt habe, es gab so viele Chancen, die ich verpasst habe. Die Jahre sind an mir vorbeigezogen und ich habe zu vieles verpasst. Ich habe es nicht verstanden, oder wollte es nicht sehen, welche Dinge wirklich wichtig gewesen wären. Für zu vieles ist es nun zu spät." Dann aber wirkte sie entschlossen, als sie forterfuhr: „Aber ich habe die Einladung. Also werde ich gehen."
Joran erhob sich wieder und trat ans Feuer. Er starrte in die lodernden Flammen. Dann sprach er leise: „Dalin hat mir gesagt, dass ihr kommen würdet. Vor vielen Monaten hat er mich besucht, doch ich war voller Zorn. Er sagte, ich solle mit euch gehen. Mit den zwei Wanderern aus der fernen Welt. Ich habe euch erwartet, und ich wollte euch wegschicken. Ich habe es nicht getan." Er seufzte, ballte die Fäuste und erhob seine Stimme: „Zum verruchten Hühnerdreck, dann werde ich eben mit euch kommen! Werde diesem verrückten Dalin noch eine letzte Chance geben! Auch wenn ich nicht weiss, wie weit es wird und wie lange ich die Reise ertragen werde."

Die Nacht war noch lang und die Gespräche zahlreich. Doch muss nichts davon mehr erzählt werden. Vier Menschen, vier Hintergründe, vier Wegstrecken. Für eine kurze Weile sollten sie zusammenfinden, um gemeinsam ein Stück zu gehen. Sie

hatten nicht viel Zeit, um sich vorzubereiten. Die Sommerwende stand kurz bevor, und bis zur Stadt Lilibon waren es vier Tagesreisen. Der Esel kam mit, alle anderen Tiere gab Joran in die Obhut seines Nachbarn. Nura hätte er niemals zurückgelassen. So packten sie alles, was sie für die weitere Reise brauchten, zusammen und brachen am übernächsten Tag auf, als der Nebel über dem kühlen Frühsommermorgen hing und die Luft frisch war von den länger werdenden Nächten.
Das Land zog sich in Richtung Berge über weite Hügel und Waldlandschaften. Schwere Regenwolken blieben an den mächtigen Bergspitzen hängen, und der Regen staute sich im Norden. Das Klima war wechselhaft, aber die Landschaft üppig und grün. Die Wälder waren dicht, und der Boden war mit hellgrünem Moos überzogen. Die Pfade, die diese Wälder durchqueren, waren schlecht bestellt, und es benötigte einige Anstrengung, einen Weg durch die dichten Ranken zu schlagen. Sie kamen nicht gut voran, doch waren sie froh, Joran dabei zu haben, der die Wälder hier gut kannte. Wenn Nura vom Gehen müde war, ritt sie auf dem Esel, der trotz seiner eher zerbrechlichen Erscheinung wirklich in bemerkenswerter Verfassung war. Sie sprachen nicht viel, und als der Abend anbrach, begann es leicht zu regnen. Sie suchten Unterschlupf unter dichten Tannen und bereiteten ein schlichtes Abendbrot. Joran hatte genügend Proviant für eine Woche gepackt, und sie waren gut versorgt. Die Dunkelheit brach herein. Amiel bemerkte besonders Lijahs Schweigsamkeit. Sie legte sich gleich nach dem Essen schlafen. Der nächste Tag war stürmisch und unangenehm. Sie wanderten viele Stunden durch dichten Wald, der kein Ende zu nehmen schien. Auch diese Nacht verbrachten sie im Schutz der Bäume.
In der Nacht wachte Amiel auf. Es war stockfinster, und ausser dem leisen Rascheln der Bäume war es still. Doch, da war ein Geräusch. Amiel lauschte angestrengt. Er war sich ganz sicher, es musste sich um Schritte handeln. Ein Tier? Seltsamerweise klang es so, als würde ihr Lager von Schritten um-

kreist werden. Die Schritte waren gleichmässig und zogen stetige Kreise um sie. Amiel horchte und wagte nicht, sich zu rühren. Er beschloss, abzuwarten. Ihn schauderte. Erst nach Stunden entfernten sich die Schritte langsam. Viel Schlaf fand Amiel in dieser Nacht nicht.

Als sie am Morgen aufbrachen, erzählte Amiel nichts von den Schritten. Doch als sie bereits zurück auf dem Pfad waren, erblickte Amiel auf einmal eine Gestalt. Sie stand etwas weiter entfernt, oben an einer Böschung. Eine graue, gekrümmte Gestalt. Amiel erschrak. Er kannte diese Gestalt. Es war jener unheimlicher Verfolger, den er bereits auf der nächtlichen Reise nach Luun angetroffen hatte.

Die Gestalt schien alleine ihn zu fixieren. Mit grossen, stummen Augen schien sie Amiel zu durchbohren. „Seht ihr diesen Kerl da oben an der Böschung?", flüsterte Amiel. „Ja", entgegnete Joran, „eine wahrlich seltsame Gestalt!" Sie beschleunigten ihre Schritte, und es gab keine Hinweise, dass der Mann ihnen folgte.

*„Alles, was ihr zu glauben wisst, wird sich ändern."*

*Aslan in: „Die Chroniken von Narnia" (2008)*

## Der Bazar der Weisen

An diesem Tag wanderten sie bis spät in die Abendstunden hinein. Morgen schon war Mittsommertag, und sie mussten Lilibon um die Mittagsstunde erreichen. Als sie endlich rasteten, waren sie alle derart erschöpft, dass sie weder ein Feuer legten noch gross ein Abendbrot zubereiteten. Nach einer kleinen Stärkung wickelten sie sich in ihre Decken, und auch Amiel schlief diese Nacht.

Früh brachen sie wieder auf, allesamt geschwächt und mit schmerzenden Füssen. Doch hatten sie ihren Verzug am Vortag gut wettmachen können und bis Lilibon würden sie nicht mehr als sechs Stunden brauchen. Der dichte Wald lichtete sich nun, und weiter ging die Reise auf soliden Strassen, die sich durch weite Felder zogen.

Grosse Karren kamen angefahren und rasten in beachtlichem Tempo an ihnen vorbei. Manche hatten sechs Pferde vorgespannt und schienen es äusserst eilig zu haben. Es waren kostbare Wagen, verziert mit allerhand prunkvollen Stoffen und Ketten. Die Kutscher sassen auf hohen Sitzen und waren elegant gekleidet. Wenig Fussvolk war auf den Strassen anzutreffen.

Lilibon war die grösste Stadt der Region, weiter südlich lagen die Grenzen. Das Land des Waldes mündete in das Land der Berge - eine wilde, steinige Grenzlandschaft, die kaum noch bewohnt war. Bis sich dann am Fusse der Berge und in den weitläufigen Tälern die ersten grossen Ortschaften des Bergvolkes bildeten. Lilibon war als wichtige Grenz- und Handelsstadt von zentraler Bedeutung. Sie war berühmt für ihre kulturelle Vielfalt und ihre südlichen Einflüsse. Somit war es wenig verwunderlich, dass Lilibon als Schauplatz des grossen Bazars auserkoren wurde.

Es war wahrlich eine geschichtsträchtige Stunde. Dies war das erste Mal, dass die Weisen der vier Völker Noers zu einem öffentlichen Anlass zusammenkamen. Lange Jahre herrschte wenig bis kein Austausch, denn die Beziehungen waren schlecht und die Klüfte zwischen den Kulturen zu gross. Natürlich kannten sich die grossen Meister seit Jahren, und viele standen in regem Kontakt. Ebenso fand man grosse Differenzen und gegenseitige Missgunst unter ihnen, aber da es bei berühmten Gelehrten selten zu einer einheitlichen Meinung kommt, hat dies nichts Besonderes zu bedeuten. Seit einigen Jahren wurde das Ziel verfolgt, den ganzen Wildwuchs der modernen Forschung und Erkenntnistheorie etwas zu struktu-

rieren und zu vernetzen. Eine mühenvolle, äusserst anspruchsvolle Aufgabe, die nun aber zu fruchten schien.
Nun, da Noer sich der alten Zeiten entledigt hatte, brach Neues an.
Die Würfel des gängigen Weltbildes, das so viele Jahrzehnte klar definiert war, wurden noch einmal neu geworfen. Es herrschte Aufbruchsstimmung unter den Gelehrten. In den letzten Jahren hatte die Wissenschaft riesige Sprünge macht. Auf allen Gebieten wurde intensiv geforscht und spekuliert. Da waren sie nun, die Sterndeuter, die Philosophen und die Ethiker, die Naturwissenschaftler und die Geologen. Nicht zu vergessen die Magier und die bodenständigen Mediziner. Und all die anderen wagemutigen Abenteurer. Das Angebot war bunt und vielfältig. Heute war der grosse Tag, an dem die Weisen von Noer ihre Errungenschaften zusammentrugen. Hitzige Diskussionen und emotionale Gefühlsausbrüche wurden erwartet.
So lag an diesem Nachmittag der Duft des freien Denkens in der Luft, und da dies in den Augen der Obrigkeit keine Eigenschaft des normalen Volkes war, waren die Tore Lilibons an diesem Tag nur den geladenen Gästen geöffnet. Ausschliesslich Männer und Frauen hoher Bildung und angesehenen Ranges wurde Eintritt gewährt. Natürlich eingeschlossen waren alle Zauberer, bekannten Künstler und Forscher.
Die Tore der Stadt waren passend geschmückt. Masten mit bunten Bändern, die im Winde tanzten, waren errichtet. Teppiche waren ausgelegt, und Soldaten in stattlichen Uniformen standen in strammer Haltung die Brücke entlang. Es herrschte ein reges Treiben. Die Tiere wurden ausserhalb der Stadt versorgt, und Jorans zerzauster, erschöpfter Esel, der neben den vielen ansehnlichen Pferden schäbig und winzig wirkte, musste einige verächtliche Blicke erdulden. Sie taten ihr Möglichstes, um den Eindruck einer gehobeneren Gesellschaftszugehörigkeit zu vermitteln, aber das gelang kaum. Joran, der die Öffentlichkeit so viele Monate gemieden hatte,

zog seinen grossen Hut weit ins Gesicht. Die Wärter wollten sie nicht passieren lassen, und ohne die Tonmünzen hätten sie keine Chance gehabt. Schliesslich schaffte es Amiel, eine überzeugende Geschichte für den Grund ihrer Einladung zu erzählen, und man liess sie eintreten.

Zwei grosse Torbögen bildeten den imposanten Eingang auf die breite Marktgasse, die sich von der Mitte der Altstadt beinahe bis zum anderen Stadtende zog. Zu deren Seite führten dutzende, kleine Gässchen zu weiteren Häusergruppen. Der Bazar war entlang der Marktgasse errichtet, und man trat sofort in eine Ansammlung von Menschen ein, die sich zwischen den hölzernen Tischen und Marktständen auf und nieder bewegte.

Beim Eingang in das Marktgetümmel hing ein imposantes Schild, auf welchem in grossen Buchstaben „Das grosse Rennen der Menschheit" geschrieben stand. Es symbolisierte den Charakter dieses Ortes. Es wurden keine normalen Waren verkauft, keine Nahrungsmittel oder Baustoffe.

Am Bazar der Weisen vertraten die Gelehrten ihre eigene Weltanschauung, und es herrschte ein offenes Streben, Sinn und Sein der Welt zu erklären. Sie alle waren hier und präsentierten ihre Errungenschaften in gewohnter Noer-Weise, was da bedeutete, Vertreter und Verkäufer einer Symbolik zu sein, die ihren Standpunkt untermauerte. Was also auf den Marktständen angeboten wurde, waren Produkte ihrer Überzeugung.

Es ging nicht in erster Linie darum, diese Produkte zu verkaufen, sondern vielmehr um die Präsenz. Denn in jenen Tagen, wo es in Noer an Orientierung fehlte und niemand ahnen konnte, wohin der grosse Umbruch führen würde, wollte es keiner der Gelehrten verpassen, den Lauf der Geschichte mitzuprägen. Natürlich in der Hoffnung, die eigene Überzeugung würde im Lande Fuss fassen und sich weiter etablieren.

Denn wohin die nächsten Jahre dieses Land bringen würden, das galt es jetzt zu steuern.

Aus der einen Ecke spielte Musik, durchmischt mit den Rufen und Debatten einiger Leute. Man brauchte einen Moment, um sich zu orientieren und einen Überblick über das Geschehen zu gewinnen. Glücklicherweise konnte man sich trotz all der Menschen frei bewegen. Der Marktplatz war ziemlich gross. Sie sahen sich um. Es war ein aussergewöhnlicher Anblick, der sich von einem bekannten Marktgeschehen unterschied. Die Leute waren vornehm gekleidet, bewegten sich elegant und ruhig, aber es wurde heftig diskutiert und gestikuliert. Die Zauberer waren an ihren spitzen Hüten und den langen Gewändern zu erkennen, die überaus prachtvoll wirkten. Es gab auf diesem Markt so manche Gestalt, die man nicht von der gewohnten Strasse her kannte. Jene mit langen, seidenen Kleidern, die sich tänzerisch und leichtfüssig fortbewegten und wirkten, als hätten sie sich der Schwerkraft entledigt. Oder jene in braunen Kitteln mit schwarzen, dicken Brillen und grauen Hüten. Auch gab es welche, die Turbane trugen. Menschen des Südens, die man in Luun selten zu Gesicht bekam. Joran beugte sich vor und sagte: „Ich schlage vor, wir treffen uns in zwei Stunden bei den Toren. Ich denke nicht, dass wir grosse Chancen haben, zusammen zu bleiben." So ging jeder seinen eigenen Weg und machte sich auf.

Joran und Nura begaben sich in den Strom der Leute. Er fasste seine kleine Enkelin fest bei der Hand und zog den Hut weit über die Brauen. Mit vagen Seitenblicken behielt er die Übersicht über die Menge, stets bereit, sich vor bekannten Gesichtern zu verbergen oder sich zu verteidigen, sollte es zum Äussersten kommen. Er war sich nicht mehr gewohnt, an öffentlichen Veranstaltungen teilzunehmen. Seit jenen fürchterlichen Tagen lebte er in Zurückgezogenheit und ständiger Sorge.

Er konnte nicht leugnen, dass er hier inmitten der Menge Furcht verspürte. Er wusste, dass er sich niemals mehr gänzlich frei bewegen konnte. Er konnte fühlen, wie sich das kleine Mädchen an seiner an ihn klammerte und nach Schutz

suchte. Wann immer ihm dies bewusst wurde, durchfuhr ihn ein tiefer Schmerz. Was musste dieses Kind alles an Vertrauen und Sicherheit verloren haben. Sie hatte nicht die Gelegenheit, sich zu entwickeln wie die anderen. Sie war ihrer Kindlichkeit beraubt worden, und er fragte sich, ob sie jemals die Chance bekommen würde, ein normales Leben, fern von allem Trauma zu führen.
Als er die kleine Hand so in der Seinen spürte, wurde sein Herz wieder fest. Er selbst hatte nicht mehr viel zu verlieren. Er würde sich nicht fürchten und würde alles daran setzen, dass Nura ihre tiefe Angst mehr und mehr vergessen konnte. Er hob den Blick. Bislang war ihm niemand bekannt vorgekommen. Hier schien sich eine ganz andere Gesellschaft zu bewegen, als die jener Leute, die ihn suchten. Im Grunde wäre das früher ganz seine Welt gewesen. Er war wohl ein Bauer, aber er war auch Gelehrter und hatte - wie alle Nachkommen des Königshofes - jahrelange Bildung genossen. In seiner Kindheit waren sie hoch angesehen gewesen. Wer zum Volk der Überlieferung gehörte, genoss über Jahrhunderte einen Sonderstatus und wurde wertgeschätzt. Er war ein eifriger Schüler gewesen, der die Geschichten und Lehren in sich aufsog. Schon als kleiner Junge wusste er, dass dies seine Bestimmung war. Er würde sich ganz dem Ruf seiner Herkunft widmen. Er war ausgesprochen fleissig und übte sich in ständiger Disziplin. Er vertrat die Werte des Königshofes, lebte streng nach dessen Massstäben und Ritualen. Darum drehte sich seine ganze Welt. Nächtelang studierte er die alten Schriften. Er war ein Auserwählter, ein Hüter dieser Wahrheit. Er würde alles dafür geben, seine Sache gut zu machen und ein ehrenvoller, wahrheitsgetreuer Mensch zu sein. Die Zweifler und die Ausbrecher, nie hätte er ihnen Gehör geschenkt. Er verstand nicht, wie sie es wagen konnten, in solcher Selbstgefälligkeit zu leben. Besonders verachtete er die offenen Spötter und entsetzte sich über jene, die mit eigensinniger Machtgier und dem Streben nach Einfluss den alten Weg leichtsinnig

beiseite schoben. Hatten sie kein Gewissen? Konnten sie so töricht sein und ihr sittenloses Leben vor sich rechtfertigen? Er hatte kein Verständnis. Und je dunkler die Wolken über ihnen wurden und je offener die Kritik und der Ruf nach Erneuerung über ihnen ertönte, desto mehr wuchsen sein Zorn und seine Entschlossenheit, eine Stimme für die Wahrheit zu sein. Bis sein Herz gebrochen wurde und mit ihm sein Glaube. Nie würde er die Schwärze jener Stunden vergessen, als er alles verloren hatte. Es war so viel mehr als der Tod seiner Nächsten. Es war seine ganze Welt, die in diesem Augenblick starb, auch wenn er es sich erst Monate später eingestehen konnte.

Es waren diese Monate der Finsternis und der inneren Zerrissenheit, wo sein Grund und Boden erschüttert war und er nichts mehr weiter war als zerbrochenes Glas. Diese dunkle Zeit sog den letzten Atem aus ihm heraus und zwang ihn schliesslich, alles, was er geglaubt hatte, zu verwerfen. Denn da unten, inmitten des Wahnsinns seiner Selbst, da war niemand anderes anzutreffen. Die gellende Einsamkeit, die er erlebte, verbitterte sein Herz und tötete alles. Nie würde er darüber hinwegkommen.

Am ersten Stand winkte eine junge Frau von ausgesprochener Schönheit. Sie hatte langes, schwarzes Haar und war äusserst vornehm gekleidet. Sie trug einen silbernen Gurt um die schlanken Hüften und über ihren Schultern hing ein langer, weisser Umhang. „Kommen sie doch näher, Joran, dessen Name in diesem Land so bekannt ist. Ich erachte es als grosse Ehre, Sie hier anzutreffen."

Joran zögerte. Diese Frau war ihm gänzlich unbekannt und er war überrascht, dass sie seinen Namen kannte. Er trat etwas näher. „Was ist es, dass Sie hier anpreisen?", fragte er sie herausfordernd.

Sie lächelte. „Nun, da es Ihnen nicht fremd ist, bin ich sicher, dass es Ihnen gefallen wird", antwortete sie in ruhigem Ton. „Ich biete Ihnen Umhänge aus kostbarster Handarbeit. Wir

haben in diesem Jahr zwölf Farben im Angebot, basierend auf den fünf Grundfarben. Denn ich sehe, dass Sie Ihren eigenen Umhang und Ihre Farbe niedergelegt haben. Es ist kein Geheimnis, werter Herr."
Joran verstand. „Gut, ich werde Ihnen zuhören", sagte er und trat nahe an sie heran. Tatsächlich hingen an grossen Ständern prächtige, farbene Umhänge. Rot, grün, blau, gelb und schwarz waren die Grundtöne. Von ihnen gab es weiterführende Mischfarben, die separat aufgereiht waren. Sie nickte ihm zu. „Es ist mir eine Ehre, mein Herr. Sie wissen, an diesem Bazar stellen wir uns die Frage nach dem Sinn und dem Sein der menschlichen Geschichte. Seitdem wir diesen Planeten bewohnen, bewegt uns der Auftrag, mehr über unsere Existenz zu erfahren. Eine unaufhörliche Suche hat begonnen und sich durch die Jahrtausende gezogen. Der Mensch hat vielerlei Dinge versucht und sich meist einer der fünf grossen Wahrheiten, die die Menschheitsgeschichte schrieb, untergeordnet." „Welche da wären?", fragte sie Joran. „Ideologie, Verstand, Religion, Übersinnlichkeit und Macht. Unter diesen Wahrheiten haben wir uns geordnet und sie auf verschiedenste Art und Weise ausgelebt und entwickelt. Diese fünf sind die Grundpfeiler der menschlichen Wahrheitsfindung und wir Forscher vertreten die Einzelnen von ihnen aus Überzeugung." Joran nickte, ohne es zu wollen. „Und Religion ist die Ihre?", fragte er zurück. „Ja, die Religion. Fünf Grundfarben und viele, bunte Weiterentwicklungen. Mögen andere hier die menschliche Stärke hervorheben oder sich alleine an das Sichtbare und Beweisbare klammern, so glaube ich doch niemals, dass dies genügen könnte, um den Lauf der Erde zu beantworten. So haben wir heute eine Vielzahl von Angeboten, sowohl altbewährte als auch moderne Neuentwicklungen. Das Geschäft boomt und die Nachfrage bleibt stets gross, selbst wenn sich die einzelnen Produkte unterschiedlich gut verkaufen. Die Zeiten ändern sich, doch der Mensch braucht die Religion. Er braucht einen festen Umhang, der die ge-

wählte Farbe bekennt und sich über allem anderen tragen lässt. Er umhüllt den ganzen Menschen mit Klarheit. Denn wer sich einmal entschieden hat, hat einen festen Standpunkt eingenommen und ist nicht so leicht umzustossen." „Damit vermögen Sie mich nicht mehr zu gewinnen", erwiderte Joran fest. „Und warum tragen Sie selbst weiss? Konnten Sie sich nicht entscheiden?", fügte er hinzu. „Oh, ich vertrete keine Einzelne von ihnen", gab sie zur Antwort. „Ich vertrete sie als Gesamtheit, als Halt für den Suchenden. Jeder kann die Seine frei wählen."

„Lassen Sie die Spinnerin", hörte er eine andere Stimme rufen. „Religion hat ausgedient. Lange genug hat sie unseren Planeten verstaubt und ein Blutbad nach dem anderen gefordert. Wir plädieren für mehr Freiheit und erweiterte Übersinnlichkeit. Die Weite des Universums vermag mehr zu tragen als festgelegte Normen. Spiritualität verdient mehr Raum!"

Die penetrante Stimme kam von einem Stand einige Meter weiter. Eine rundliche, kräftige Frau mittleren Alters mit toupiertem, kupfernem Haar stand davor und forderte ihn auf, sich ihr zu nähern. Joran zog den Hut, nickte der Frau mit dem weissen Umhang zu und ging weiter. „Was bieten Sie an?", fragte er und musterte den Tisch, auf dem vielerlei kleine Gefässe und

Sie sah ihn mit wachem, vielsagendem Blick an. „Zauberkosmetik, mein Herr! Sehen Sie nur, welche Vielfältigkeit wir hier haben! Ich bin die Vertreterin der Übersinnlichkeit. Wir begrenzen uns nicht auf Weltbilder und feste Annahmen. Wir vertreten ein reichhaltiges Sortiment. Über der uns sichtbaren Realität steht ein weitaus grösserer Schatz an überirdischen Mächten und Kräften, derer wir uns bedienen. In den heutigen Tagen haben wir unendlich viele Nuancen, und jeder kann sie nach eigenem Gutdünken gewichten. Spiritualität ist viel mehr als religiöse Schwere. Sie hat so vieles an Zauberkraft und überirdischem Wert: Die Kraft der Steine, der Zauber-

wässerchen, der Sterndeuterei, der Vorhersehung, der Geisterwelt und vieler mehr. Wir können uns ihrer bedienen.
Sinnbildlich erhalten Sie hier Kosmetik, welche Sie frei wählen, frei mischen und kombinieren können. Alles ist möglich, die Grenzen setzen Sie alleine. Sie bestimmen Ihr Gesicht, Ihre Realität! Dazu sind die Spiegel. Wählen Sie die Spiritualität, die Ihr Interesse weckt und Ihre Möglichkeiten bekräftigt. Erweitern Sie Ihre Wahrnehmung, Ihre Identität. Lassen Sie sich faszinieren von Dingen, die über dem Fassbaren stehen. Kein fester Umhang, sondern Freiraum und Abwechslung."
Sie wies auf die Spiegel.
„So schafften wir uns die Möglichkeit, uns selbst und alle Dinge in einem neuen Licht zu betrachten."
Für Joran war das nicht neu. Er kannte viele, die sich fremder Mächte aufschlossen. Er selbst hatte sich davor gehütet. Sein Gewissen verschrieb ihm absolute Hingabe an den einen Weg und diesen war er kompromisslos gegangen. Er war nicht so weit, sich weiteren Wahrheiten zu öffnen. Er wusste nicht, ob er es jemals tun würde. Er bedankte sich hastig und sie gingen weiter. Warum nur konnte alles nicht einfacher sein? Ihn verwirrte das breite Angebot an Lebensrichtungen. Worauf war denn schon Verlass? Es war ihm, als sei ihm nichts geblieben ausser Zweifel. Er erblickte ein grosses, stählernes Gebilde. Ein Waffenstand, daneben eine Schmiede, wo Eisen in glühenden Kohlen erhitzt wurde. Er ging darauf zu. Der Vertreter war ein stämmiger, muskulöser Mann. Ein Riese, der ihn um mindestens einen halben Meter überragte. Er stand mit verschränkten Armen da, lächelte aber aufmunternd. „Na, haben Sie sich von unseren Träumerinnen umschwärmen lassen? Von den grossen Versprechen von Friede und Selbstfindung? Ich sehe in Ihren Augen, dass Sie dies kaum berührt. Recht so. Diese Gelehrten mögen lange forschen und Jahre mit ihren Büchern, Ritualen und Heilmethoden verbringen. Doch für Frieden brauchen wir mehr als das." Er wies auf seine

Waffensammlung. „Die Welt, sie gehörte schon immer den Mächtigen, selbst wenn wir es gerne anders hätten, es lässt sich nicht ändern. Es waren die grossen Könige, die mächtigen Reiche und ihre Heere, welche die Zeiten bestimmt haben. Alleine ihre Namen gingen nicht in Vergessenheit. Unsere Geschichte zeigt klar, dass am Ende der Stärkere siegt. Ja, Macht und Einfluss sind das wahre Bestreben jedes Herzens! Jeder sucht nach Geltung, jeder nach eigener Stärke. Da, wo der einzelne Mann wenig vermag, da müssen wir uns zusammenfügen und in Einheit auftreten. Die Kriege, die Diktatoren, die mächtigen Institutionen, sie haben es uns gezeigt. Wenn wir den weiteren Lauf dieser Welt prägen wollen, müssen wir unsere Kräfte einen." Joran ertappte sich, wie er sich dieselbe Klarheit und Tapferkeit herbeisehnte, die dieser Mann ausstrahlte. „Und was machen Sie dann hier, am Bazar der Weisen, mitten unter all den Gelehrten?", fragte er. Der Mann neigte sich nach vorne: „Weil Weisheit mehr ist als Bücherwissen. Wir dürfen die Welt nicht dem Intellekt und der Schwärmerei überlassen! Das Rennen der Menschheit führt nicht am eigenen Mut, an der Stärke und dem eigenen Willen vorbei. Ein Unterschied macht nur der, der mit Schlauheit und Geschick die Macht greift. Denn erst damit können wir Einfluss nehmen, sei es nun zum Guten oder zum Bösen." Joran wusste, dass der Mann recht hatte. Das war sein Leben. Ideologie und Bestrebungen wurden von den Mächtigen beiseite gefegt, und es herrschte nicht mehr als das Gesetz des Stärkeren. Eine bittere Wahrheit, doch kaum zu leugnen. „Ich werde Ihre Karte nehmen", antwortete er dem Vertreter. „Ganz zu Ihren Diensten", erwiderte dieser und reichte ihm eine Visitenkarte. Als sie sich die Hände reichten, fügte er in flüsterndem Ton hinzu: „Sie sollten nicht zu lange warten, ehe Sie Ihre Position einnehmen. Ihr Kopfgeld ist hoch. Seien Sie sich nicht zu sicher, mein Guter. Selbst hier gibt es viele Späher." In diesem Augenblick wurde sich Joran gewahr, dass Nura nicht mehr an seiner Seite war. Ohne dem Mann etwas zu entgegnen, sah er sich hektisch um, doch er erblickte das Mädchen nirgends. In aufkeimender Panik ging er hastigen Schrittes davon und suchte die Marktstrasse ab. Nura war verschwunden.

Während Nura fest die Hand ihres Grossvaters umklammerte, als dieser mit der Frau im weissen Umhang redete, erblickte sie an einer entfernten Seitenstrasse eine Gestalt. Ihr kindliches Herz verkrampfte sich. Die Gestalt war verschwommen, trug einen grauschwarzen, langen Mantel und hatte die Kapuze weit über das Gesicht gezogen. Doch sie spürte, wie die fahlen Augen, die schwach aus dem dunklen Schatten leuchteten, direkt auf sie gerichtet waren.
Sie waren hier! Das Mädchen erstarrte und wagte nicht, sich zu rühren. Sie wusste, dass ihr Grossvater die Gestalten nicht sehen konnte. Er hatte sie noch nie gesehen, wenn sie in der Nähe ihres Hauses warteten oder sich durch die Wälder schlichen. Nura hatte gemerkt, dass nicht viele sie sehen konnten, doch sie, sie konnte sie sehen. Seit jener Nacht, als die Männer mit den lauten Stimmen in ihr Haus eingebrochen waren und alles zu Boden geworfen hatten. Sie hatte sich versteckt, als sie die Schreie ihrer Eltern hörte. Unter den grossen Ofen war sie gekrochen und hatte ihr Gesicht in den Armen verborgen. Sie hörte die Schreie ihrer Mutter, und als sie kurz wagte, aufzublicken, sah sie, dass die Mutter ohne Kleider war und die Männer sich auf sie gelegt hatten. Einer nach dem anderen. Ihr Vater kämpfte, doch schloss sie die Augen, als man ihm ein Auge ausgestochen und ihn schliesslich aus dem Haus gezerrt hatte. Es wurde ruhig im Haus. Sie löste sich aus ihrer Starre, denn sie wusste, dass dies nun ihre einzige Chance war, um zu entkommen. Sie schlich vorbei an ihrer toten Mutter zur hinteren Haustüre, als sie sich plötzlich umdrehte und den dunklen Mann in der Ecke stehen sah.
Es war keiner von den Kriegern. Er war anders und hatte kein Gesicht. Sie besuchten Nura vor allem in ihren Träumen.

Doch an manchen Tagen, da standen sie in ihrer Nähe, ganz real und klar, und schienen ihr in unhörbarer Stimme zuzuflüstern, dass sie nie wieder ein normales Mädchen sein könne. Sie glaubte ihnen und hatte schreckliche Angst. Würden diese sie eines Tages mitnehmen in ihr Schattenreich? Denn Nuras Welt wurde dunkler und dunkler, wie sehr sie sich auch dagegen wehrte. So vieles machte ihr Angst, und ausser Grossvater, dem Hund und dem Esel hatte sie keine Freunde. Wie konnte sie das Schreckliche, was passiert war, vergessen, solange die Gestalten sie in ihren Träumen heimsuchten? Sie war entsetzt, sie auch hier an einem offenen, fröhlichen Markt anzutreffen. Gerne wäre sie jetzt bei Lijah gewesen, die so lieb zu ihr gewesen war. Doch sie war nicht hier. Mit Schrecken stellte sie fest, dass sich die Gestalt ihr langsam näherte. Sie winkte ihr, winkte sie zu sich. Doch da wollte sie nicht hin. Da würde sie sterben. Ihre Verzweiflung war bodenlos. Bisher waren die Gestalten nicht näher gekommen, hatten sie aus der Ferne angestarrt. Doch nun trat er auf sie zu. Etwas zupfte an ihrem Ärmel. Als sie sich umblickte, sah sie einen kleinen Jungen. Er lächelte und sah so freundlich aus. Er trug einen schlichten Umhang und auf dem Kopf eine Art Krone, die sein blondes Haar zusammenhielt. „Komm", sagte er, „wir werden kurz von hier weggehen." Sie folgte ihm, ohne auch nur einen Augenblick zu zögern. Noch nie hatte sie solch liebliche Wärme verspürt als in dem Moment, in dem sie seine Hand nahm. Er ging mit ihr in eine Seitengasse und führte sie ruhigen Schrittes durch die verwinkelten Gässchen, bis niemand mehr zu sehen war. In einem stillen, kleinen Stadtgarten stand eine grosse Weide und unter ihr eine Bank. Die Kinder setzten sich. Sie blieben eine Weile ganz still und horchten dem Klang einer singenden Nachtigall, die oben in den Baumwipfeln sass. Als wäre alles Dunkel weit hinter dem Horizont versunken, verharrten sie viele Minuten in friedvoller Stille. Dann nahm der kleine Junge erneut Nuras Hand und strich sanft über ihren Handrücken. Er sah sie an, griff in die Tasche, holte einen goldenen Ring heraus und streifte ihn ihr über. „Du hast viel gelitten. Bislang wurde dir nur die eine Seite enthüllt und diese hat dir sehr viel Angst gemacht. Nun ist es an der Zeit, dir auch die andere zu zeigen. Denn wie schwarz die Nacht auch sein mag, hat sie doch noch nie den Morgen verdrängen können. Wo viel Dunkelheit ist, da wird viel Licht angezündet, und es wird immer und ewig stärker sein. Von nun an sollst du es sehen!" Er sah auf ihre Hand. „Der Ring soll dich daran erinnern. Der Morgen wird bald kommen! Ich habe einen Brief für deinen Grossvater. Eine Einladung. Es wird ihm schwerfallen, zu glauben, und deshalb muss ich jetzt gehen. Gib ihm diesen Brief, und führe ihn zur Brücke. Du wirst den Weg dorthin finden." Er stand auf und ging davon. Noch einmal drehte er sich um und fügte hinzu: „Warte hier, er wird bald kommen." Dann war er verschwunden. Das kleine Mädchen sass auf der Bank und lauschte weiter der Nachtigall. Es war das erste Mal, dass sie alleine war und keine Angst mehr hatte.

Als Joran kam, schrie er erschreckt auf und rannte auf sie zu. Er riss sie an sich und weinte. Dann war er zornig und schalt sie in lauten Tönen. Doch sie war ruhig. Als er sich erschöpft auf der Bank neben ihr niederliess, reichte sie ihm den Brief. Verwundert nahm er ihn an sich und las die geheimnisvollen Zeilen.

Als er damit fertig war, schloss er die Augen, lehnte sich mit einem tiefen Seufzer an die Mauer und blieb reglos sitzen.

*„Es gibt ein grosses und doch ganz alltägliches Geheimnis. Alle Menschen haben daran teil, jeder kennt es, aber die wenigsten denken je darüber nach. Die meisten Leute nehmen es einfach so hin und wundern sich kein bisschen darüber. Dieses Geheimnis ist die Zeit."*

*Michael Ende aus „Momo" (2005)*

**Das Geheimnis der Zeit**

Lijah sah sich das Ganze vorerst aus einer gewissen Distanz an. Sie hatte keine grosse Lust, sich den lauten Diskussionen anzuschliessen und zog die Rolle der Zuhörerin vor. Sie begab sich zu der Ecke, wo die Wissenschaftler sich versammelt hatten und über ihre neuesten Erkenntnisse diskutierten. Die Naturwissenschaftler hatten ihre Proben mitgebracht, die Mediziner ihre dicken Bücher und die Physiker ihre Diagramme und Formeln. Daneben lehrten die Philosophen mit eindrücklichen Reden über die Theorien des Verstandes und die Zusammenhänge von Körper und Geist.

Lijah sah dem Geschehen mit grossem Interesse zu. Sie wäre immer gerne Ärztin geworden. Biologie faszinierte sie. Alles schien in solch eleganter Präzision miteinander verbunden zu sein und ergab ein einzigartiges Zusammenspiel. Die Erkenntnisse der Wissenschaften überstürzten sich geradezu. Es war ein abenteuerliches Zeitalter. Manches Rätsel wurde entschlüsselt und nie geahnte Zusammenhänge erkannt.

Es begeisterte sie zu sehen, mit welcher Hingabe die Geheimnisse dieses Planeten ergründet wurden. Zweifellos, dieses Jahrhundert hatte grosse Errungenschaften mit sich gebracht. Die Möglichkeiten erweiterten sich jährlich um ein Vielfaches und wurden mit aller Kraft ausgeschöpft. Die Neugier der

Entdecker war grenzenlos und der weite Horizont, den sie der Welt aufschlossen, überaus faszinierend.

Wahrhcit schien nun fassbar geworden zu sein, gewichtet anhand fester Messwerte. Das Verständnis von Weisheit und Torheit stand auf der allgemeinen Gültigkeit der gängigen Errungenschaften von Gelehrten.

Lijah zog sich in den Schatten eines Hauseinganges zurück. Sie hatte während der letzten Monate oft darüber nachgedacht. Gerne hätte sie diesen Männern Fragen gestellt, die ihr vielleicht geholfen hätten, zu verstehen. Doch wusste sie zu gut, dass es Dinge gab, die kein Mensch jemals messbar erfassen würde. Der Horizont der menschlichen Weisheit würde immer von einem Zaun umgeben sein, den keine Verstandeskraft würde weiter stecken können. Sie hatte Schmerzen. Sie waren nicht neu, aber immer aufs Neue quälend und überwältigend. Jetzt, wo sie so alleine war, fühlte sie sich schwach und zerbrechlich. Sie war all dem nicht mehr gewachsen. Wusste, dass ihre äussere Stärke sich weit von der inneren Verfassung unterschied. Lange würde sie nicht mehr durchhalten. Eines Tages würde sie aufgeben und an sich selbst verzweifeln. Es schien ihr, als wäre nicht mehr viel von ihr übrig, sie war sich fremd geworden. Ihr Geist war ausgezerrt, ihre Seele matt und müde geworden. Wo blieb er nur? Sie hatte den Brief immer bei sich. Die Einladung, die sie wie einen kostbaren Schatz hütete und stets in der Innentasche ihres Mantels trug. Er war so plötzlich gekommen, so unvorbereitet. Es hatte sie sehr erschrocken und gleichzeitig berührt. Hatte sie ihn nicht immer treffen wollen? Sich auf jenen Tag gefreut, wo sie ihn endlich sehen würde? Es war ihr wenig Zeit geblieben, sich vorzubereiten und ihre Heimat und alles, was ihr lieb und teuer war, zurückzulassen. Es war ein schwerer Weg. Nein, auch sie kannte den genauen Weg nicht, und manchmal überkamen sie Zweifel, ob alles gut gehen würde. Aber nein, sie würde nicht stehenbleiben, sich nicht hinlegen und aufgeben. Sie wollte diese Reise zu Ende bringen.

Etwas regte sich. In der dunklen Gasse, die hinter ihr lag, hörte sie ein heftiges Husten. Sie blickte sich um. Am hinteren Ende sass ein Mann auf dem Boden, gekleidet in alte, schmutzige Kleider. Es kam ihr vor, als hätte sie ihn schon einmal gesehen. Sein Husten beunruhigte sie, aber doch ging sie einige Schritte auf ihn zu.
„Kann ich Ihnen helfen?", fragte sie leise. Der Mann hob den Kopf, sah sie aber nicht an. „Nun, du könntest dich einen Moment zu mir setzen und mir Gesellschaft leisten", sagte er mit einer warmen, lieblichen Stimme. „Ich habe mich ein bisschen zurückgezogen von diesem bunten Treiben da draussen." Lijah konnte sehen, dass seine Augen trübe waren und verstand, dass der Mann blind war. „Haben Sie Hunger?", fragte sie. „Soll ich Ihnen etwas zu essen bringen?" Der Mann hüstelte noch einmal. „Nein danke, ich bin nicht hungrig. Ich mache hier nur eine kurze Rast." So setzte sie sich ihm gegenüber.
Nun bemerkte sie mit Erstaunen, dass in seinem Schoss eine grosse, goldene Uhr lag. Mit beiden Händen hielt er sie umfasst. Sie hörte das leise Ticken der Sekunden und fühlte auf einmal, wie ihr schwindelig wurde. Bevor sie den Mund öffnen konnte, um ihn nach der Uhr zu fragen, streckte er seine alte, knorrige Hand nach ihr aus, tastete in ihre Richtung und ergriff ihre Linke.
„Mädchen", sagte er und Lijah schauderte ob der Dringlichkeit, die in seinen Worten lag, „fürchte dich nicht vor der Zeit. Sie gehört dir nicht, genauso wenig, wie du ihr gehörst. Ihr wart kurze Zeit Weggefährten, doch sollte sie sich von dir trennen, so bange nicht. Kurze Zeit noch und du wirst sehen, was dein Auge begehrt und dein Herz ersehnt haben all die Tage, die du hier warst. Geh und suche das Land jenseits der Brücke, zu welchem du gerufen worden bist. Es ist nicht mehr weit. Es ist an der Zeit, dass du loslässt, mein Kind."
Verzweifelt fasste sie die Hand und zog sie an sich. Es war ihr, als könne sie all ihre Zerrissenheit in diese eine Hand legen,

all ihre Kämpfe so von sich werfen. „Mein Herr", sagte sie, „wie kann ich den Weg nur finden?" Der alte Mann lächelte und strich sanft über ihre Hand.
„Weisst du, es ist an der Zeit, dass du etwas verstehst. Du hast ihnen doch zugehört, nicht wahr? Ihr Menschen denkt, so vieles erklären zu können und rühmt euch eurer Urteilskraft. Bald schon, und ihr werdet glauben, die Schlüssel des Universums in den Händen zu halten. Man muss gestehen, ihr seid ziemlich gut! Eure Begabungen sind herausragend! Was alles entstanden ist in diesen Jahrhunderten, das kann sich sehen lassen! Versteh mich recht, Kind, was hier diskutiert wird, dem schenke ich hohe Anerkennung. Doch wahrlich weise wird nur derjenige sein, der um die eigene Armut weiss. Ich sage dir, vieles, was als Torheit gilt, ist in Wirklichkeit der einzige Raum der Weisheit."
Er räusperte sich, und ein weiterer, schwerer Husten entglitt seiner Kehle.
Er wischte sich mit dem Ärmel über den Mund und fuhr fort: „Denn weisst du, die Zeit ist nicht in euren Händen. Ihr Geheimnis lässt sich nicht bändigen, nicht manipulieren. Deine Reise ist jenseits der Fassbarkeit. Niemand hat das Land jenseits dieser Erde jemals erforscht und ist zurückgekehrt. Die Endlichkeit überschreitet niemals ihre gesetzten Grenzen. Doch jenseits der Zeit findet sich wieder, was hier unten nur Spuren hinterlassen konnte. Nur Ahnungen - und seien es die der allerklügsten Leute. Es bleiben Ahnungen." Er machte nochmals eine kurze Pause und fuhr fort: „Der Weg zum alten Land ist für die bestimmt, die loslassen, statt festzuhalten. Nur der kann ihn sehen, der die Augen schliesst. Diese Strasse ist keine vertraute, ihre Gewohnheiten sind vertauscht. Stark wird sein, der Schwäche erwählt, finden wird, wer hingibt und verliert, und sehen wird der Blinde." Als Lijah kurz ihre Augen schloss, um die Worte wie einen wohlriechender Duft in sich aufzusaugen und zu verinnerlichen, und dann die Augen

wieder öffnete, war der Mann mit der Uhr verschwunden. Sie war kaum erstaunt darüber.

Amiel hatte anfangs den ganzen Markt abgewandert, ohne gross stehen zu bleiben und sich den Gesprächen zu widmen. Er genoss es, mal wieder alleine herumzustreifen und dem Markttreiben zuzusehen. Insgeheim hoffte er, er würde Dalin hier antreffen. Bei ihrem letzten Treffen hatte er doch gesagt, sie würden sich bald wiedersehen? Wie gerne hätte er mit ihm gesprochen. Seine neuen Freunde waren ihm lieb und teuer, doch wahrte er stets eine gewisse Zurückhaltung. Er wollte sich nicht zu sehr an sie binden. Jeder hatte seine eigenen Motive, und er fragte sich, wie lange ihr gemeinsamer Weg wohl andauern würde.

Die letzten Tage waren so rasch verstrichen, und er hatte sich von dem ganzen Geschehen mitreissen lassen. Nun wurde er nachdenklich. Er war hierher gekommen, um etwas über seine Vergangenheit herauszufinden. Er war nicht hier, um sich in die Geschehnisse dieser Insel einzumischen. Er dachte an all die Fantasyromane, die er als Jugendlicher gerne gelesen hatte. Meist wurde die Hauptperson mit einer Aufgabe betraut, welche sie in der ihr offenbarten, fiktiven Welt zu erfüllen hatte. Bei ihm war es nicht so. Seltsam genug, dass er in solch einer Traumwelt gelandet war, die noch immer jenseits aller Erklärungen lag und in die er so bereitwillig eingetaucht war. Er hatte aufgehört, sich den Kopf darüber zu zerbrechen. Er spürte, dass etwas unmittelbar bevorstand und sich bald ein weiteres Puzzleteil in die wirre Realitäten fügen würde.

Dalin hatte ihm aufgetragen, er solle nach dem Ursprung suchen und Noers Geschichte erkunden. Sie hatten die Legende vom alten Königsland gefunden und verfolgten ihre Spur. Alle drei. Jeder von ihnen wurde auf seltsame Art und Weise auf diesen Weg geführt. Doch wo sollte er hinführen? Was er bisher über das Land Noamer wusste, verwirrte Amiel. Eine Epoche, der das ganze Volk nachtrauerte, wegen des Verlusts des vollkommenen Daseins und des verlorener Königs.

Einige Dinge hatte dieses Land wohl mit ihm gemeinsam. Auch seine Geschichte war ihm verloren gegangen. Seine Heimat, seine Familie, sie waren nie ganz echt gewesen. Die Lücke der ersten ersten Lebensjahre war zu gross, als dass sie so leicht zu schliessen gewesen wäre. In einem Fenster spiegelte sich sein Gesicht. Da war er schon wieder, der unbekannte, junge Mann. Was steckte hinter dem Rätsel des menschlichen Bewusstseins? War es nur er, der sich solche Fragen stellte? Der sein Spiegelbild betrachten musste mit der Frage, wer er war und warum um alles in der Welt er hier auf Erden war? Und wenn es darauf keine Antwort geben würde, woran sollte er sich orientieren? Es musste etwas geben, worauf man sein Leben ausrichten konnte, einen Grund, wozu es gelebt werden sollte. Er richtete seine Aufmerksamkeit wieder auf das Marktgeschehen. Vor ihm stand ein grosser Holztisch, umringt von vielen Leuten, die heftig miteinander diskutierten. Auf dem Tisch waren Behälter mit Gewürzen in allen Farben ausgestellt. Der Verkäufer reichte Kostproben und schwang eine laute Rede: „Die Wissenschaftler haben sich in ihre festgelegten Einheiten und Hypothesen verrannt. Sie glauben nur noch, was sich beweisen lässt und vergessen das Enträtseln der Dinge. Doch Messbarkeit allein gibt keinen befriedigenden Halt, genauso wenig wie die Religion. Unserer Meinung nach ist sie nur ein leichtgläubiges Nachahmen von gewählten Vorbildern. Was wir brauchen, meine Herren, sind Ideale! Wir brauchen Werte, feste Weltkonstrukte und Denksysteme, die uns Boden geben und uns erden. Wir benötigen ein Grundgewürz, eine starke Überzeugung, so das wir mit vereinten Kräften vorangehen können. Wir müssen uns einen und zusammenfinden! Aufhören, mit den Streitigkeiten und endlosen Diskussionen. Menschliche Stärke allein bringt immer ein Machtgefälle. Ist sie aber in der gleichen Ideologie gebündelt, so entsteht wahre Einheit und Stärke!" Es wurde heftig diskutiert. Die verschiedenen Vertreter der einzelnen Ideologien hoben die Vorteile ihrer Weltanschauung hervor und schnell wurde Amiel klar, dass es mit der Einigung nicht ganz so einfach werden würde. Er dachte an Europa. Viele Ideologien hatte der Kontinent bereits erprobt. Die europäische Geschichte durchlief den jahrhundertelangen Machtanspruch der Monarchen und Könige, die schliesslich abgelöst wurden vom brausenden Aufschrei nach Eigenständigkeit und Demokratie. Allesamt durchzogen von allerlei ideologischen Wendungen. Es gab den Kommunismus, die diktatorischen Weltideale des Dritten Reiches, gefolgt von Kapitalismus und humanistischer Grundüberzeugung. Alles wandelte sich mit dem Lauf der Ereignisse und entwickelte sich stetig weiter. Die grosse Einheit blieb leider aus. Entweder wurde sie von oben her erzwungen oder sie wurde von den Untergruppen wieder umgestossen. Es war nicht so einfach, die menschliche Natur zu einen. Die Verschiedenheit und Komplexität des Einzelnen war zu gross.

Und jetzt stand er hier, inmitten dieser beispielhaften Parallelwelt.

Was für ein Bazar! Eine riesige Farbpalette von Überzeugungen und Lebensweisen. Keine von ihnen durfte man gering achten. Nichts davon war gänzlich von der Hand zu weisen oder zu verwerfen. Sie alle waren Teil des grossen, menschlichen Laufes, der sich immer weiter dahinzog, sich stetig entwickelte und entfaltete. Jeder Mensch trug zu diesem Gesamtwerk bei, jeder fügte seinen Farbtupfer hinzu. Von der Steinzeit bis in die Neuzeit, eine unendliche Reise durch die stete Veränderung.

Wohin würde diese Reise am Ende führen? Was würde ihre Vollendung sein?

Als Amiel so nachdachte, wurde er plötzlich einer kleinen Gestalt gewahr. Ein Kind mit blonden Haaren. Er konnte nur seinen Hinterkopf erblicken, wusste doch augenblicklich, um wen es sich dabei handelte. Es musste der kleine Junge sein, dem er damals im Wald begegnet war, bevor seine Reise begann. Der Junge war vom Gewühl der Leute umgeben und bewegte sich in Richtung des grossen Tores. Amiel löste sich schnell vom Kreis der Leute und versuchte, den Jungen zu erreichen.

Das Gedränge hatte zugenommen, und es war schwer, sich fortzubewegen. „Halt, Junge, bleib doch stehen!", rief er dem Kind nach, doch dieses bewegte sich weiter in Richtung des Tores, ohne zurück zu blicken. Es schlüpfte an den Wärtern vorbei und war bereits auf der Brücke angekommen, über die es die Stadt hastig verliess. Amiel kämpfte sich vorwärts, so gut er konnte. Er wollte den Jungen unbedingt erreichen.

Als er schliesslich beim Tor angekommen war, sah er, wie der kleine Junge zu rennen begann, hin, in Richtung des Waldes. Ohne nachzudenken, folgte Amiel seinem Pfad und rannte ihm nach.

Denn auf einmal erschien es ihm glasklar, worum es hier eigentlich ging. Er war nicht hier, um die grossen Menschheitsfragen zu wälzen und beantworten zu können. Er wollte nicht jede Strömung beleuchten und über all ihre Stolpersteine fallen. Die Wahrheit, sie musste ausserhalb dieser Debatte zu finden sein. Dort, weit hinter dem Horizont!

Er rannte dem Kind nach, diesem Boten einer weit grösseren Welt, die sich dem Verstand entzog.

*„Oh ja, ich will nicht umsonst gelebt haben wie die meisten Menschen. Ich will den Menschen, die um mich herum leben und mich doch nicht kennen, Freude und Nutzen bringen. Ich will fortleben, auch nach meinem Tod."*

Anne Frank (Tagebuch 4. April 1944)

## Die Klippe

Der kleine Junge rannte einen schmalen Waldpfad entlang, der einen kleinen Hügel hinaufführte und schliesslich wieder in ein einsames Tal hinunter verlief. Amiel folgte ihm beharrlich. Dies war keine normale Begegnung und er würde nicht locker lassen. Doch Amiel konnte das Kind nicht einholen und staunte über dessen Ausdauer. Bald hatten sie sich mindestens eine halbe Stunde von der Stadt entfernt und er hatte jegliche Orientierung verloren. Langsam liessen seine Kräfte nach. Schliesslich verlor er das Kind aus den Augen.
Er rief noch einmal laut nach ihm, dann sank er neben einem Baum nieder und rang nach Atem. Hatte er es nun verloren? Ihm wurde bewusst, dass er keine Ahnung hatte, wie er den Weg zurück zur Stadt finden sollte. Als sein Kreislauf sich etwas erholt hatte, dachte er nach. Was hatte das zu bedeuten? Er stand auf und ging einige Schritte den Hang hinauf, wo er das Kind zuletzt gesehen hatte. Als er gerade aufgeben und umkehren wollte, erblickte er etwas zwischen den Bäumen. Oben auf der Anhöhe sass der kleine Junge auf einem Stein und sah zu ihm hinunter, als würde er auf ihn warten. Erstaunt stieg er den Hang hinauf und erreichte schliesslich das Kind. Das Kind sah ihn mit grossen, klaren Augen an. Ja, dies war derselbe merkwürdige Junge, den er damals am Fluss angetroffen hatte, kurz vor seiner mysteriösen Entrückung nach

Afrika. Ein blonder, kleiner Junge, der ein seltsames, blaues Gewand und eine kostbare Spange um seinen Kopf trug.
„Ich kenne dich!", sprach Amiel ihn an. „Ich soll dich holen", erwiderte der Junge. „Wohin?", fragte Amiel. Er staunte über die Schönheit dieses Kindes, das aussah, als würde Sonnenlicht durch seine Haut scheinen. Es war wie damals eine Begegnung, die mit keiner anderen zu vergleichen war. So, wie er es sich in all diesen Märchen immer vorgestellt hatte. Dies war kein normales, menschliches Kind. In ihm wohnte eine andere Wirklichkeit. „Du bist zu den Grenzen Noers gekommen", sagte der Junge und wies auf den Stein, auf welchem er sass. Amiel erkannte die Form eines Grenzsteines. Die Buchstaben der vier Himmelsrichtungen waren eingraviert und ein grosses N thronte darüber. „Die Grenzen Noers?" „Dalin hat mich geschickt. Er sagte, triff ihn beim Grenzstein, damit er die Richtung wählen kann." „Wie schön, dass er mal wieder von sich hören lässt", gab Amiel zurück, „aber ich verstehe nicht, was liegt denn hinter dieser Grenze?" „Wenn du weiter nach Süden gehst, dann kommt das grosse Gebirge. Dahinter liegt eine weite Wüste und Sand, hinunter und hinunter bis zum Ozean. Heiss, trocken und einsam sind die Wege. Gehst du nach Osten, so begegnen dir viele Städte und Bauernhöfe, bis dass auch dort einmal das Land zu steinigen Stränden und zum Wasser führt. Nach Westen musst du einige Tage länger wandern, bis das Meer kommt. Es gibt nur einen kleinen Hafen bei der Stadt Urjo, sonst ist die Gegend wenig bewohnt." Amiel sah den Jungen an, wartete, aber dieser fügte nichts hinzu. „Eine Insel, so viel habe ich verstanden", fasste Amiel zusammen. Auf allen Seiten umgeben vom weiten Meer. Lilibon liegt im Südosten und grenzt an das Berggebiet. Ich bin weit gewandert und könnte nun in jede Himmelsrichtung weiterlaufen. Aber wozu?" Der Junge sah zu ihm hoch und legte seine Handfläche auf den kalten Stein. Mit kindlicher Stimme fuhr er fort: „Die Insel Noer geht hier weiter. In jede Himmelsrichtung, wie die Landkarten sie beschreiben. Oder aber

sie endet hier", sagte er. Amiel sah ihn misstrauisch an. „Ich sehe kein Ende", gab er zurück. „Ich weiss", sagte das Kind. „Du kannst es nicht sehen. Du würdest laufen und laufen bis zum Meer. Aber Dalin sagt, dass ich sie dir zeigen soll!" „Was sollst du mir zeigen?" „Die Grenze. Du kannst sie überschreiten, kannst meine Hand nehmen und ich führe dich. Nicht nach Osten, nicht nach Westen, nicht nach Süden und nicht nach Norden. Nicht dahin, wo du es gewohnt bist. Dahin, wo du noch nicht hingegangen bist und wo Noer schliesslich endet."

Die rätselhaften Worte des Kindes ergaben wenig Sinn. Damals im Wald hatte er ihm nicht geglaubt und ihm keine Beachtung geschenkt. Aber nun war es anders. ER war anders. Er streckte seine Hand aus und hielt sie dem Kind entgegen: „Dann nimm mich mit", sagte er und meinte es aufrichtig.

Der Junge ergriff seine Hand. „Eins hab ich noch vergessen", sagte er und zog etwas aus seiner Tasche. Es war ein kleiner Topf aus Ton. Er öffnete ihn. „Dalin hat es mir mitgegeben. Es ist für deine Augen." „Für meine Augen?", fragte Amiel. „Ja. Willst du sehen? Dann beuge dich etwas vor!" Amiel beugte sich leicht vor, und der Junge entnahm dem Topf eine weisse Paste und strich sie auf Amiels Augenlieder. „Und nun komm", sprach er, nahm Amiels Hand und machte sich auf.

Amiel spürte eine Hitze um seine Augen. Er kniff sie zusammen und blinzelte. Lichtfetzen und unklare Umrisse erschienen ihm. Doch dann sah er klarer, und er fühlte sich gestärkt und frisch. Die Landschaft um ihn herum aber war dieselbe. Als sie den Grenzstein überschritten, traten sie auf einen Pfad, der vorher nicht da gewesen war. Gerade durchzog dieser das weite Tal, welches grüner, intensiver und lebendiger war als zuvor. Sie gingen los und wanderten schweigend Hand in Hand.

Nach einem kurzen Abstieg wurde die Gegend karger und felsiger - eine wilde Steinlandschaft, durchmischt mit alten Tannen und Gestrüpp. Schliesslich führte der Weg einen steilen Berghang hinauf. Der Hang war bewachsen mit dichten Büschen, Sträuchern und Wildblumen.

Beinahe zwei Stunden gingen die beiden nebeneinander her. Amiel verlor sich in Gedanken. Er hatte keine Ahnung, wo er sich befand und wo dieses Kind ihn hinführen würde, aber es kümmerte ihn nicht. In diesen letzten Wochen hatte er so manches an sich entdeckt, dass ihm neu war. Er, ein unbedeutender Mensch unter vielen Milliarden, hatte seine Hand nun in etwas gelegt, das weitaus grösser war als die bisherige Realität. Sie waren am obersten Punkt der Ebene angekommen, und eine imposante, felsige Hochebene erstreckte sich vor ihren Augen. Die Landschaft war hier noch karger, und ein kühler, frischer Wind strich über die Anhöhe. Sie gingen weiter, bis Amiel vor sich eine dunkle Linie ausmachte, die auf eine Vertiefung in den Felsen hinwies. Da, plötzlich, gaben die Büsche und Birken den Blick frei: Eine gewaltige, immense Klippe tauchte vor ihnen auf, vielmehr eine gigantische Schlucht, wie er sie noch nie in seinem Leben gesehen hatte. Ein scheinbar unendlicher Abgrund tat sich vor seinen Augen auf und erschreckte ihn. Nie zuvor hatte er etwas Derartiges gesehen! Ein riesiger Riss durchzog das Hochland und bildete eine schier bodenlose Erdspalte. Es war, als wäre die Insel mitten entzwei gespalten. Auf beiden Seiten stürzten Felswände in die Tiefe, durchbrachen abrupt die Landschaft, und wurden zur unüberwindbaren Kluft. Amiel wurde schwindlig. Es war wohl das unglaublichste Naturschauspiel, das er je gesehen hatte. Der Anblick war zutiefst überwältigend. Auf der anderen Seite der Spalte, die an die fünfhundert Meter breit war, erhob sich erneut eine mächtige Klippe, die etwas höher lag als die, auf welcher sie standen. Man konnte die Landschaft jenseits des Grabens nicht ausmachen. Er trat etwas näher und versuchte, einen vorsichtigen Blick in den Abgrund zu werfen. Er schien tausende Meter in die Tiefe zu reichen. Ein Grund war nicht zu sehen, und es schien so, als führe der Abgrund ins ewige Nichts. Hastig trat Amiel zurück.

Der Junge nahm ihn wieder stumm bei der Hand und führte ihn auf einen schmalen Fusspfad entlang der Klippe. Als sie einige hundert Meter gegangen waren, konnte er Rauch riechen. Kurz darauf erblickte er am Wegrand ein Feuer, an welchem ein Mann sass, der mit einem Holzstab das Feuer aufwühlte. Als sie näher kamen, sah der Mann auf und lächelte. Das Kind setzte sich zu ihm ans Feuer. Amiel erschrak. Der Mann war nicht alt, er war uralt. Sein Körper war gebeugt, seine Haut grau, ledrig und von vielen Furchen durchzogen. Seine Augen waren tief eingefallen und das wenige Haar hing ihm in dünnen Strähnen über die Stirn. Er winkte Amiel zu sich. „Setzt dich, Junge", sprach er mit einer dünnen, aber warmen Stimme. Amiel setzte sich ans Feuer.
Der alte Mann begann erneut zu sprechen: „Willkommen an der Klippe. Das Ende Noers und das Ende aller Welt. Kein Weg führt letztendlich an diesem Ort vorbei." „Ich verstehe nicht", erwiderte Amiel. „Weshalb bin ich hier?" „Weshalb?", echote der alte Mann. „Weil du danach gefragt hast. Du wolltest das ganze Bild sehen, und das Ende verstehen. Alle irdischen Pfade, mein Freund, alle zusammen führen an ihrem Schluss genau hierher."
„An den Abgrund?", fragte Amiel. „Ja! An das Schicksal bestimmende Ende jedes Lebens, jedes Moleküls. An den Rand der Erde. An jene Stelle, wo sich alles darüber hinaus unserem Wissen entzieht. Der Abgrund trennt das Sichtbare vom Übergeordneten, vom vollendeten Bild, das wir noch nicht sehen können." „Wer bist du?", fragte ihn Amiel. Der Mann lachte leise. „Wer ich bin? Sieh dir nur dieses kleine Kind an. In den Kinderaugen spiegelt sich das Leben, jung und schön. Meines ist längst verstrichen, und meine Tage sind bald zu Ende. Ich bin die Vergänglichkeit, die von der Geburt an jedem Mensch, Tier und allem Irdischen anhaftet. Das Leben, das wir unser nennen, das von der Geburt des Babys bis zum Begräbnis des alten Menschen verläuft und sich durch all die Zyklen und Abschnitte eines Menschenlebens zieht, führt am

Ende an diesen Rand des Nichtwissens. Alles hängt mit allem zusammen. Jede Zelle existiert nur durch eine andere. Jeder Lebensbaustein wird getragen durch die anderen, gehalten von einem endlosen, komplexen Kreislauf, der alles mit allem verbindet. Es fällt Regen und lässt das Grün gedeihen, das zu Nahrung für Mensch und Tier wird. Nachkommen werden geboren und nach dem Winter kommt ein neuer Frühling. Aber in allem gibt es nichts, das Bestand hat. Alles vergeht."
„Ja", sagte Amiel leise. „Doch wenn das alles ist, warum dann diese Schönheit? Warum diese Komplexität, diese Präzision? All diese Moleküle, diese fein ausgearbeiteten, durch und durch von Schönheit durchzogenen Details? Daran muss ich so oft denken. Es ergibt keinen Sinn!" Der alte Mann nickte schweigend. Amiel musterte ihn. Noch nie hatte er solch einen alten Menschen gesehen. In seiner Welt hatte das Alter seine Rolle in der Gesellschaft beinahe verloren. Die Zeitschriften waren gefüllt mit dem Gott der Zeit: jung, reich, schön. Alte Menschen kamen nur noch in Werbung für Arzneimittel oder Versicherungen vor, sonst schienen sie beinahe aus der Öffentlichkeit verschwunden zu sein.
Das Jung-Reich-Schön-Ideal wehrte sich standhaft gegen das Schicksal der Sterblichkeit. Die Erkenntnis traf ihn aufs Neue: Alles Leben war der Vergänglichkeit auf Gedeih und Verderb ausgeliefert.
Der Mann begann erneut zu sprechen: „Es gibt auf dieser Erde keine Beständigkeit. Nur der Tod, der ist uns sicher. Niemand von denen, die leben, ist längere Zeit jenseits der Lebensgrenze gewesen und wieder zurückgekehrt. Wer also kann leichtfertige Antworten darauf geben? Wer sich seiner sicher sein?"
Er musste dem alten Mann recht geben. Er hatte mit einigen über dieses Thema gesprochen, doch die meisten wichen einer tief gehenden Unterhaltung darüber aus. Jedes Mal, wenn er in den Spiegel geschaut und sich gefragt hatte, wer dieser jemand in Wirklichkeit war, kam ihm der Gedanke nach dem Ende. Die Kausalität der Evolution ergab für ihn keinen Sinn. Er

verstand nicht, warum der Mensch ein Wesen war, das eine unergründliche Tiefe, eine Seele hatte, wenn er doch in seiner Einzigartigkeit nie ganz verstanden wurde und am Ende seines Lebens ins Nichts wandern würde. Und wer waren diese Menschen, die in abgeklärter Verständlichkeit das Wunder des Lebens erklärten und in fester Überzeugung die Lehrstühle hüteten, als sei die Allwissenheit der heutigen Zeit unantastbar? Es gab eben Dinge, die sich für ihn nicht mit Zellteilung und physikalischen Gesetzmässigkeiten erklären liessen. Was genau war denn diese Kraft, dieses Namenlose, das in dem Augenblick - wo der Mensch auf dem Sterbebett lag - sich langsam verabschiedete und die Hülle des Körpers verliess? Der Mensch blieb beim Sterben von aussen genau derselbe wie zuvor. Kein Organ, das plötzlich verschwand, nichts Messbares, das sich hier auf die Reise machte. Etwas wanderte davon und brachte den Kreislauf, der all die Jahre diese Hülle belebt hatte, zum Stillstand. Es musste mehr sein als der verstummende Herzschlag.

„Du sagst, hier endet alles. Es stimmt, der Mensch stirbt und sein Ende ist unumgänglich. Und ja, es gibt einen Rand unserer Erkenntnis. Wir verfügen über keine darüber hinausgehenden Informationen. Die Erde und ihre Mechanismen meinen wir zu kennen. Was sich über den Tod und die Sonnensysteme hinaus befindet, wissen wir nicht. Dort ist die Kluft, an welcher unser Verstand und die Erklärbarkeit aufhört. Also was ist da drüben, auf der anderen Seite? Ist es das Leben nach dem Tode?"
Der alte Mann nickte zaghaft und richtete seinen Blick zum grossen, mächtigen Felsen, der ihnen in weiter Ferne gegenüber lag. „Ob es weitergeht? Hier trennt sich das Diesseits vom Jenseits. Es ist deine Reise, mein Junge. Lass dich nicht aufhalten, sie zu Ende zu gehen. Eines aber weiss ich bestimmt: Wir dürfen uns nicht täuschen lassen und es verpassen, die Verantwortung für unser eignes Leben zu überneh-

men. Wenn wir nur leben, ohne über den Rand dieser Erde zu blicken, über die Ränder unserer Verstandeskraft, so sind wir töricht. Denn allein der Mensch ist so viel mehr als mit dem Verstand zu fassen ist. Was nach dem Leben bleibt, ist die Seele, die einmal hierher reist, losgelöst von allem, was sie auf Erden besessen hat, ausgenommen ihres eigenen Wertes. Sie wird hinüberziehen und mitnehmen, was sie an erlernter Liebe, an innerem Reichtum erworben hat oder an Blösse."

Der kleine Junge sass still bei ihnen und horchte ihrem Gespräch. Doch nun war es an der Zeit, dass er etwas sagte. „Ich möchte ihm die Brücke zeigen", sagte das Kind. „Ja", nickte der alte Mann, „die Zeit ist gekommen."

Mühsam erhob sich der alte Mann. Gekrümmt und auf seinen Stab gestützt ging er mit gekrümmter Haltung auf den vorderen Rand der Klippe zu. „Komm", winkte er Amiel zu. Amiel erhob sich und ging behutsam auf den Rand des Felsens zu. Der alte Mann trat furchtlos an den äusserste Rand und streckte die Hand aus.

„Ist das Königsland auf der anderen Seite?", fragte Amiel. Der alte Mann antwortete nicht, sondern schritt behutsam, auf seinen Stock gestützt, die Klippe entlang. „Ich will dir was zeigen. Folge mir." Amiel folgte ihm. Erschrocken stellte er fest, dass auf einmal ein schmaler Pfad in die Klippe hinein führte. Die Stufen waren direkt in den Fels gehauen. Der Pfad war nur einen Meter breit und neben ihnen ging es tausende Meter in die Tiefe. Amiel zögerte. Es gab keinen Halt, obwohl der Boden solide und rutschfest aussah. Und doch war er erstaunt, dass er kaum Furcht verspürte. Der alte Mann stieg ohne zu zögern die Stufen hinunter. Amiel folgte ihm vorsichtig.

Viele Stufen stiegen sie hinunter. Amiel zwang sich, nicht in die Tiefe zu sehen. Um sie herum war es still geworden, hier unten gab es keinen Wind. Und da erblickte Amiel sie: eine goldene Brücke, inmitten der Felsen. Sie lag in einem feinen Nebel und war auf den ersten Blick kaum zu erkennen. Sie war wunderschön und kunstvoll geformt. Majestätisch zog sich die schmale Brücke über den riesigen Abgrund und verband die zwei Seiten. Aber die Brücke blieb unerreichbar. Kein Weg führte zu ihr, nur der kahle, glatte Fels, den keiner betreten konnte, ohne in die Tiefe zu stürzen. Der Mann setzte sich, und Amiel setzte sich neben ihn, die Füsse über dem unendlichen Schlund baumelnd.

„Und nun lass mich dir die Geschichte Noers zu Ende erzählen. Denn wie Noer die Spur einer verlorenen Geschichte verfolgt, so hat auch dein Land daheim, ja hat Europa eine Geschichte, die langsam vergessen geht. Ich sage nicht, dass sie die einzige ist. Deine Welt, sie hat viele Kulturen, viele Völker und auch viele Wahrheiten. Diese Bühne hier, wie Dalin sie nennt, hat nicht den Anspruch, alle anderen für nichtig zu erklären oder sie zu missbilligen. Darum geht es hier nicht. Es geht einzig und alleine darum, jene eine, verblassende Geschichte zu erzählen und auf ihre Pracht, ihre Tiefe hinzuweisen. Und diese erzählt sich hier so: Vor sehr langer Zeit lebten die Menschen in diesem Land, welches du als Königsland kennengelernt hast. Es ist ein Land der Träume und der Unversehrtheit. Dort gibt es nichts Böses und keinen Tod. Nichts ist der Zeit untergeordnet und nichts endet. Dieses Land war des Menschen erste Heimat, sein wahrer Ursprung. An jenem Ort regierte die Liebe, allein die Liebe. Dort war jeder Mensch erkannt bis in sein Innerstes. Noamer aber ging verloren, und wir lebten hier weiter. In einer Welt, die sowohl fantastisch als auch grausam ist. Wo Liebe und Hass sich vermischen. Wo Traurigkeit und Freude nebeneinander hergehen. Wo Schönheit mit Versehrtheit, Frieden mit Krieg, Leid mit Glück, Angst mit Geborgenheit, Sehnsucht mit Verzagtheit und Leben mit Tod Hand in Hand gehen. Das ist unsere Welt!" Amiel hatte den Worten aufmerksam zugehört. Er blickte zur Brücke, deren Konturen sich sanft durch den Nebel abbildeten.

Mühsam erhob sich der alte Mann erneut und stützte sich auf seinen Stab. „Wir haben unsere Heimat niemals vergessen. Keiner von uns. Sie ist da, eine tiefe, niemals schweigende Sehnsucht. Auch wenn wir sie nicht mehr wahrnehmen, treibt sie uns doch alle Tage unseres Lebens voran, indem sie uns immer wieder aufs Neue zeigt, dass wir noch nicht gefunden haben, was wir suchen. Kein Geld, kein Mensch und kein Umstand können uns den Verlust ersetzen. Deshalb bleibe ich rastlos und kann niemals endgültig ruhen. Ich muss jetzt gehen, lieber Freund. Leb wohl."
Damit machte er sich auf und ging den schmalen Pfad zurück. Amiel blickte ihm nach, ratlos, was er nun tun sollte. Er sass mitten im Felsen, an diesem unendlichen Abgrund und fühlte sich wie erstarrt. Der alte Mann verschwand, und Amiel wusste nicht, ob er jemals den Mut finden würde, aufzustehen und den Weg zurück zu gehen. Er fühlte sich nicht mehr sicher, und der Abgrund vor ihm entsetzte ihn, liess ihn erstarren.
Lange Zeit blieb er reglos sitzen und starrte auf die Brücke. Dann berührte er den glatten Felsen, der den Pfad versperrte. Auf einmal fielen ihm Unebenheiten im Felsen auf. Es waren Zeichen! Eine Inschrift, die in den Stein geritzt war. Er konnte diese seltsamen Buchstaben nicht entziffern, also nahm er Papier und Feder aus dem Rucksack und schrieb sie nieder.
Dann erhob er sich langsam und mit grösster Sorgfalt von seinem Platz. Seine Beine fühlten sich weich und zitterig an. Schritt für Schritt tastete er sich die Felswand entlang und zwang sich erneut, den Blick starr auf den Pfad zu richten. Niemals zuvor hatte er solchen Mut aufbringen müssen. Es kam ihm wie eine Ewigkeit vor, bis er die Stufen erreichte, doch schliesslich hatte er es geschafft. Als er oben auf der Klippe angekommen war, atmete er erleichtert auf. Der Junge und der Mann waren nicht mehr zu sehen. Es schmerzte ihn. Dalin hatte das Kind zu ihm geschickt, und Amiel hatte geglaubt, ihn nun bald zu treffen.

Er schlug den Weg ein, auf welchem er gekommen war und wanderte über die Hochebene, die schliesslich in den Wald mündete. Zu seinem Erstaunen konnte er schon bald die Umrisse der Stadt erkennen, obwohl er sich sicher war, dass der Hinweg um vieles länger gedauert hatte. Als er den Wald verliess, lag Lilibon bereits in der frühen Abenddämmerung.

*„Das Schönste, was wir erleben können, ist das Geheimnisvolle."*

*Albert Einstein (1952)*

**Ein Abend unter Freunden**

Die Lichter von Lilibon wurden angezündet. Noch immer herrschte reges Treiben. Einige Händler waren bereits am Aufbrechen, andere würden noch bis in die späten Abendstunden bleiben. Vor den Stadttoren herrschte Aufregung. Amiel sah eine grosse Garde Reiter in edler Uniform. Sie waren bewaffnet und umringten eine noble Kutsche, die in der Mitte des Platzes stand. Etliche Schaulustige versammelten sich am Rande des Platzes. Beim Näherkommen wurde klar, dass dies die Garde eines wichtigen Mannes war, denn die Gesellschaft war äusserst vornehm. Auf einmal erblickte Amiel Lijah und Nura, die sich neben der Brücke an die Mauer lehnten. Er ging hastig auf sie zu. „Wo bist du gewesen?", rief Lijah besorgt und zog ihn am Arm. „Wir haben uns schon Sorgen gemacht!" „Verzeiht mir", entgegnete Amiel, „ich werde es euch später erzählen. Was ist los und wo steckt Joran?" Lijah zeigte auf die Kutsche, die auf dem Platz stand. Einige Männer hatten sich um sie versammelt und sprachen in angeregtem, aber leisem Ton miteinander. Die Garde stand schützend vor ihnen.

„Das ist Prinz Nerjan! Er ist mit seinem Geleit vor einigen Stunden hier eingetroffen. Er hat Joran sogleich erkannt und ihn um ein Gespräch gebeten. Nun sind er und zwei andere Männer seit einer Stunde da drüben und unterhalten sich. Ich habe keine Ahnung, worum es geht. Er hat mich gebeten, auf Nura aufzupassen und zu warten." Das Volk wirkte unruhig. Einige seltsame Gestalten schlichen herum, und in mancher Ecke wurde geflüstert und gemurmelt. Etwas ging hier vor sich. Die Garde wirkte angespannt und hielt sich dicht an der Kutsche. Sie konnten Joran nicht sehen. Sie warteten, während die Dunkelheit hereinbrach. Nach ungefähr zwei Stunden lichtete sich die Menge, und die Garde brach auf. Joran trat auf sie zu, die Kapuze dicht ins Gesicht gezogen. „Wir nutzen besser den Moment und ziehen weiter", sprach er. Sie holten den Esel und verliessen die Stadt. Es herrschte allgemeiner Aufbruchsstimmung und die kleine Gruppe fiel nicht sonderlich auf. Joran hielt sie an, noch zwei Stunden zu gehen, ehe sie das Nachtlager errichten würden. Sie alle waren müde. Sie zogen eine schmale Strasse entlang, die in die Hügel hinaufführte. Endlich machten sie am Waldrand Rast und richteten das Nachtlager her. Nura schlief sogleich ein, während die anderen ein Feuer entfachten und in Decken eingehüllt ein kleines Nachtmahl einnahmen. Die Nacht war klar und kühl, der Mond schien hell über den Hügel und hüllte die Landschaft in einen sanften, silbernen Schimmer.

„Erzähl, Joran, was ist geschehen?", brach Amiel schliesslich das Schweigen. Joran wirkte aufgewühlt und tiefe Furchen durchzogen sein Gesicht. „Unser Land steht vor einer Wende", begann er zu sprechen. „Das, was ich gefürchtet habe, ist nun eingetroffen. In Luun überschlagen sich die Ereignisse. Prinz Nerjan ist losgeritten, um sich den Rat der Weisen zu holen. Er hat mich wiedererkannt und um Hilfe gebeten." „Was ist geschehen?", fragte Lijah. „Es gab eine grosse, öffentliche Versammlung in Luun. Die Rumnod hat das Volk seit Wochen mit ihren Reden und Auftritten aufgewiegelt und alle nun vor dem Palast zusammengeführt. Es kam zu einer offiziellen Erklärung. Die vergangen Kriege und Unruhen wurden in gross aufgezogenen Festlichkeiten für beendet erklärt und die neue Zeit des Friedens und der Gemeinsamkeit eingeläutet!" "Aber was ist daran verwerflich?", hakte Amiel nach. Joran warf ihm einen verächtlichen Blick zu. "Verwerflich? Die Sache stinkt zum Himmel, mein Lieber. Ich kenne diese Leute. Natürlich hält sie das Volk nun für Helden und rühmt ihren Einfluss. Genau das war ihre Absicht. Sie haben ihre Rolle gut eingeübt und sind nun in kürzester Zeit den Weg angetreten, den sie immer anstrebten. Das Ganze ist noch nicht alles. Am Höhepunkt der Festlichkeiten wurde die Gründung einer neuen und offiziellen Regierung ausgerufen! Es gab einen Friedensvertrag mit Vertretern aus allen vier Stämmen. An jenem Abend ist ein Grossteil aller Regierungsvertreter mit dabei gewesen und hat die Papiere unterzeichnet. Sie haben die Regierungsgebäude und das Parlament von Prinz Nerjan verlassen, um sich der neuen Bewegung anzuschliessen. Das Land ist gespalten. Die Forderungen der Rumnod sind nun öffentlich kundgetan: Prinz Nerjan soll den Regierungssitz verlassen und wird abgewählt. An seine Stelle wird die erneuerte Vereinigung treten, die Noer in das neue Zeitalter führen soll. Luun hat bereits eingewilligt. Als sich Prinz Nerjan weigerte, abzudanken, gingen innerhalb kürzester Zeit Proteste vor dem Regierungsgebäude los. Das Volk ist aufgebracht und völlig ausser sich. Sie schreien nach Reformen und skandieren die lauten Parolen ihrer neuen Anführer. Tag und Nacht wird nun demonstriert. Sie wollen das Land so schnell wie möglich mobilisieren."

Er hielt einen Moment inne. Epoche geführt und unter der neuen Herrschaft neu erbaut werden." "Ist das denn wirklich so schlimm? Es gibt doch viel Hoffnungsvolles in solch einem Zusammenschluss", entgegnete Amiel. "Könige kommen, Könige gehen. Das war schon immer so und in jedem Aufbruch steckt grosses Potential. Ich erkenne viele Parallelen zu meiner Heimat."

Joran seufzte. „Ich weiss, mein Lieber. Könige kommen und gehen, grosse Reiche erheben sich und vergehen wieder. Das ist es nicht, was mich sorgt. Klar, ich bin ein alter Mann, und Veränderungen liegen mir nicht. Aber ich sehe in diesen Herzen der sich nun erhebenden Herrscher nur das verborgene Streben nach Macht. Niemand kann Frieden und Gemeinschaft ausrufen und im gleichen Atemzug diejenigen gewaltsam zum Schweigen bringen, die anders denken. Friede kann nie erzwungen werden und nicht erkauft. Und dann noch eines: Es ist nicht schlimm, das viele nicht auf des Königs Rückkehr warten. Es gibt keinen Grund, dass sich die Zeit nicht wandeln darf, die Karten sich nicht neu mischen dürfen. Fortschritt ist kein Übel. Und ich habe verstanden, dass der alte König freie Entscheidungen der Menschen immer als solche gewürdigt hätte. Wer aber die alten Geschichtsbücher schliesst und meint, sich aus allem herauslösen zu können, wird immer scheitern. Der Mensch hat sich nicht auf diese Weise geändert, dass er dazu fähig wäre, die vergangenen Fehler nicht zu wiederholen. Sie werden sich wiederholen. Immer und immer wieder. Allein mit offenen Geschichtsbüchern und einem demütigen und belehrbaren Geist kommt ein Volk vorwärts." Er presste die Lippen aufeinander und atmete tief ein. „Früher oder später werden sie ihre geheimen Absichten öffentlich machen und den Palast für sich beanspruchen, da bin ich mir sicher. Prinz Nerjan bat mich, aufzustehen und meinen Einfluss geltend zu machen für unser Land. Einen gewaltlosen Widerstand zu organisieren. Die Zeit läuft uns davon. Sollte ich aufstehen und den Mut aufbringen, ihrem Machtanspruch zu widersprechen, so wird es mich mein Leben kosten, da bin ich mir sicher. Aber das ist es nicht, was ich fürchte. Ich scheue mich nicht, zu sterben." Er schwieg. „Was ist der Grund, warum du zögerst?", fragte Lijah leise. Joran blickte zu

Nura, die tief schlafend in ihre Decke gehüllt da lag. „Noch nicht einmal wegen Nura würde ich zögern. Sie würde es besser haben, nicht mehr in meiner Nähe zu sein, nicht mehr bei diesem alten, verbitterten Mann. Gerade für sie sollte ich kämpfen und mich für ihren unendlichen Verlust rächen. Heute haben sich die Ereignisse überstürzt und ich hatte keine Zeit, einen klaren Gedanken zu fassen. Gestern noch und ich hätte einen solchen Hilferuf ohne zu zögern abgewiesen. Wofür hätte ich denn kämpfen sollen? Mein Glaube war tot, und ich hätte keinen Finger gerührt, mich für die alten Schwärmereien zu ereifern. Mein Herz war so kalt wie Eis, und ich hätte es bis an das Ende meiner Tage so belassen. Da gab es kein Glimmen mehr, keinen Funken." Er blickte auf, und in seinen Augen spiegelten sich die Flammen des Feuers. Aber da war noch mehr, viel mehr, was in diesem Gesicht zu flackern begann. „Ich habe einen Brief erhalten", fuhr er fort, „eine Einladung, versiegelt mit dem Siegelring der alten Zeit. Ich habe Gewissheit, dass er unverfälscht ist und echt. Somit hat sich alles verändert. Der König lebt! Und er hat mich gerufen." Jetzt standen Tränen in seinen Augen. „Die Ereignisse der letzten Wochen fügen sich zusammen, ich kann es nicht mehr leugnen. Fragt mich nicht weiter, denn ich verstehe es selbst nicht. Ich bin verstört und ohne Plan. Aber da er mich nun ruft, stellt sich für mich eine viel entscheidendere Frage: Warum tut er das jetzt?

Der Prinz bittet mich um Hilfe und gibt mir an diesem Tag die Möglichkeit, mich aus der Passivität zu lösen und mich zum Führer des Widerstandes zu ernennen und diese Stunde als die meine zu erwählen. Ich wollte kämpfen für die Gerechtigkeit, und nun nimmt mir dieser eine, auf den ich all die Jahre vergeblich wartete, das Schwert aus der Hand. Denn sollte das alles wahr sein, sollte es tatsächlich Er gewesen sein, dann ist alles andere ohne Bedeutung geworden für mich. Dann gibt es nur noch eine mögliche Richtung. Ich hätte niemals damit gerechnet."

Das Feuer war niedergebrannt und die orangerote Glut spie vereinzelte Funken. Amiel legte Holz nach. Schliesslich war es Lijah, die zu sprechen begann: „Auch ich habe heute viel Sonderbares erlebt. Es wird kein Zufall sein, dass wir beide heute auf eine Antwort gestossen sind. Ich traf einen Mann, einen Bettler, und ich weiss, es war kein gewöhnlicher Mensch. Er hielt mir vor Augen, über was ich mir die letzten Wochen den Kopf zerbrochen habe. Vielleicht erinnerst du dich Joran, auch ich habe vor Monaten eine Einladung bekommen. Heute wurde sie mir noch einmal bestätigt. Ich hätte beinahe aufgegeben und dem Zweifel das Feld überlassen. Aber die Begegnung heute hat mir wieder Klarheit geschenkt. So zweifle auch du nicht!."
Joran nickte. Sein Blick schweifte in die Ferne. Lijah blickte zu Amiel. „Und nun würde ich wahnsinnig gerne wissen, wo du dich in den letzten Stunden vor der Dämmerung aufgehalten hast."
Aus irgendeinem Grund hatte Amiel auf einmal das dringende Bedürfnis, die Ereignisse des Tages nicht vollends preiszugeben. Es war seine eigene Begegnung, und er fühlte, dass gewisse Dinge ganz allein für ihn bestimmt waren. „Ich habe einen kleinen Jungen getroffen, dem ich schon früher einmal begegnet bin. Er hat mich an einen schönen Ort geführt, wo ich ein Gespräch mit einem alten Mann gehabt habe. Auch dies war eine sonderbare, übernatürliche Begegnung, mit der ich noch nicht so viel anzufangen weiss. Muss wohl erst eine Weile darüber nachdenken. Jedenfalls wurde auch mir das eine oder andere klarer, und ich weiss, dass du, Lijah, recht hast. Dalin hat in irgendeiner Weise Wort gehalten. Ich glaube, dass sich in Kürze die Rätsel auflösen werden."
„Hast auch du eine Einladung bekommen?", fragte ihn Joran. Amiel schüttelte den Kopf. „Nein." Dann fielen ihm die seltsamen Zeichen wieder ein, die in den Fels geritzt waren. „Aber ich habe etwas anderes gefunden." Er zog das Papier,

auf welches er die Zeichen abgezeichnet hatte, aus seinem Beutel. „Ich weiss nicht, was die Zeichen bedeuten. Der Mann, den ich getroffen habe, er hat mir vom Königsland erzählt. Auch er konnte mir den Weg nicht zeigen, aber er führte mich an einen Ort, wo ich diese Zeichen fand." Er reichte ihnen das Papier. Lijah drehte es in ihren Händen, aber sie konnte die Schriftzeichen nicht lesen. Als sie es an Joran weiterreichte, begannen seine Augen zu leuchten. „Was für einen unglaublichen Schatz du da gefunden hast!" Er drehte es in seinen Händen und betrachtete die geschwungene Schrift. Behutsam fuhr er mit dem Finger über die Furchen. „Ja, dies ist die Sprache unserer Vorfahren. Nur ganz wenige kennen ihre Zeichen. Aber du hast Glück, denn neben dir sitzt ein Erbe des Königshofes. Mein Volk hat das Wissen dieser Sprache an seine Kinder und Kindeskinder weitergegeben. Ich bin einer der Letzten, der sie entziffern kann." „Dann lies es uns vor", sagte Amiel. „was bedeuten die Zeichen?" Joran hielt das Papier nahe ans Feuer, damit er die Zeichen erkennen konnte. Dann sprach er langsam und feierlich:

„Ein Land, eine ferne Heimat ,
eine längst verlorene Würde,
der Ort, der vergessen ward
und niemals mehr gefunden,
bis sich das alte Wort erfüllt
und heimkehrt des Landes König,
der einzog in die Trümmer,
der besiegte aller Tage Fluch
und errichten wird die neue Stadt,
der erneuert das alte Erbe
und erbaut das neue Tor,
der weist den verborgenen Weg,
sodass einziehet jeder, der erkennt die Säulen des Friedens,
die Tiefe der Entäusserung, die ewige Gestalt der Liebe."

In jener Nacht, wo der Mond das Land mit seinem Silberstaub bedeckte und die Sterne weit über dem mächtigen Nachthimmel thronten, in jener Nacht endete die gemeinsame Wegstrecke der vier Gefährten. Wo sie auch jetzt noch schweigend in ihre Decken gehüllt am Feuer sassen, sich schliesslich in ihre Decken rollten und jeder noch lange seinen Gedanken nachhing, veränderte sich der Wind und überbrachte jedem eine leise, nächtliche Nachricht.
Der Schlaf übermannte schliesslich einen nach dem anderen.


*„Man muss nur lange genug im Universum sitzen –*
*dann ziehen die Sterne an dir vorüber."*

*Wolfgang J.Reus (1959-2006)*


**Der Ruf**

Er stand an einem weiten Strand. Er spürte, dass er nie zuvor hier gewesen war und wusste, dass er träumte. Seine nackten Füsse spürten den feinen, kalten Sand, auf welchem er stand. Die Sonne brannte über dem Horizont in tiefrotem Schimmer, und ihr Glanz bedeckte den weiten Ozean mit rotem Gold. Er horchte dem Tosen der Wellen, die sich als meterhohe Riesen mit gewaltiger Kraft an der Küste brachen. Ihn schauderte. Im Hintergrund erhoben sich weite Sanddünen, und die weisse Mondsichel schmückte den bereits dämmernden Abendhimmel. So weit das Auge reichte, erstreckten sich Sand und Meer. Er war allein. Benommen von der Schönheit dieses Augenblickes und der Urkraft der tobenden See. Er sog den Anblick in sich auf, fühlte sich frei und zerbrechlich wie niemals zuvor. Hier stand er, ein einzigartiger und doch unbedeutender Mensch. Er war entbehrbar für diese Welt. Seine Rolle

im Weltgeschehen war belanglos und sein Einfluss kaum nennenswert. Wie er gekommen war, so würde er eines Tages wieder gehen, einige Fussspuren im Sande hinterlassend, die bald vom Meer fortgetragen sein würden. Nur einer von vielen. Aber doch, dieser Ort liess ihn eine Weite spüren. Sie galt alleine ihm. Bestimmung? Schicksal? Das Leben war im Grunde sein einziger Besitz, das Atmen sein einziger Beitrag. Dies war ihm anvertraut und ihm war es aufgetragen, dieses Dasein zu gestalten. Sollte es auch für die Gesamtheit klein und ohne Bedeutung sein, so war es für dieses eine schlagende Herz alles. Er schritt durch den Sand, der weich und fein seine Haut berührte. Das Leben war seine Reise. Nie wieder wollte er sie gering achten und nie wieder sich in Gleichgültigkeit verlieren. Er fühlte nur den Wunsch, dass er am Ende seiner Tage zurückblicken könne, im Wissen, sich nach dem Vollen ausgestreckt zu haben. Er ging der fernen Sonne entgegen. Weiter und immer weiter. Der Wind zerzauste sein dunkles Haar, das Licht versank mehr und mehr hinter dem Horizont. Von Ferne erblickte er schimmernde Umrisse eines Etwas, das sich wie ein Strahl vom Himmel auf den Boden warf. Er konnte sich keinen Reim daraus machen. Er ging weiter auf die Erscheinung zu. Zu seinem Erstaunen sah er eine Leiter. Sie berührte den Sand und stieg steil in den Himmel empor, bis sie im aufkommenden Dunkel verschwamm. Er streckte die Hand aus und wollte sie berühren. Er sehnte sich danach, sie mit seinen Händen zu umschliessen und hochzusteigen. Hoch, einfach hoch in die Unendlichkeit.
Doch bevor er sie erfühlen konnte, verschwammen die Bilder wieder, und wie durch ein fernes, staubiges Fenster erblickte er nun wieder die vertrauten Wiesen und Blumen. Sein Traum. Seine Heimat. Dieses Mal griff sie nach ihm, und der Blick klärte sich. Was er sah, was er roch und was er fühlte, hatte sein Sein auf ewig verwandelt.
Amiel wachte auf, wenn es denn ein Erwachen war. Dies war kein Traum. Es war etwas anderes. Als hätten seine Füsse kurz

auf anderen, aber genauso realen Boden gestanden. Jetzt war er zurückgekehrt. Er blickte in den Sternenhimmel fern über seinem Kopf. Er hörte das leise Knistern der verlöschenden Glut, das Rascheln des Waldes und hie und die tiefen Atemzüge seiner schlafenden Freunde. Noch einmal schloss er die Augen, um sich die Bilder zu verinnerlichen. Minutenlang liess er sie nochmals auf sich wirken. Dann setzte er sich auf. Die Nacht war klar und wunderschön. Er wusste, dass er nun gehen musste. Die Zeit war da. Was jetzt vor ihm lag, galt ihm ganz alleine. Er würde zur Brücke gehen. Er blickte zu seinen Freunden. Er hatte jeden von ihnen lieb gewonnen, und der Abschied schmerzte ihn ein wenig. Er wusste nicht, was aus ihnen werden und ob er sie wiedersehen würde. Leise packte er seine Sachen zusammen und zog Mantel und Schuhe an. Er zog den Kompass aus seinem Rucksack, jener, den Dalin ihm in Luun mitgegeben hatte. Als hätte er es erwartet, zeigte der Zeiger nicht gewohnt nach Norden. Von einer ganz anderen Kraft angezogen, wies er den Weg. Er fand auch den leeren Umschlag mit dem Königssiegel. Seine Einladung war leer, bestand nur aus einer Hülle. Aber er spürte, dass sie genauso galt. Er brach auf, nicht nach Osten, nicht nach Westen, nicht nach Süden und nicht nach Norden.

*„Weit über die kalten Nebelberge,*
*zu den tiefen Verliesen und uralten Höhlen*
*müssen wir fort, ehe der Tag anbricht,*
*unser lang vergessenes Gold suchen."*

*Tolkien J.R.R. aus "der kleine Hobbit" Ein Lied Thorins*
*(2002)*

**Die zwei Bäume**

Der Mond schien noch immer hell über dem Horizont und tauchte die Nacht in anmutiges Licht. Die Sterne schienen, und kaum ein Wind war zu spüren.
Amiel ging durch den Wald. Bis auf das leise Rascheln der Blätter und das Zirpen der Grillen war es still. Eine Nachteule war zu hören.

Wo mochte diese Nacht ihn hinbringen? Er spürte die Veränderung. Seine seltsame Reise schien an eine Verzweigung zu gelangen, und er war entschlossen, nicht mehr umzukehren und das Geheimnis zu entschlüsseln.
Er war froh, nun alleine zu sein. Es gab Dinge, die waren nicht zu teilen.
So ging er durch die nächtliche Stille und wurde sich wieder seiner eigenen Geschichte gewahr. Das Ganze war mehr als verrückt. Niemand würde ihm jemals glauben. Er glaubte sich selber nicht mehr. War er im Wahnsinn stecken geblieben? Er war nie ein Realist gewesen, doch dies überstieg seine Vorstellungskraft.

Sein Vater war stets ein guter Geschichtenerzähler gewesen, und Amiel wuchs mit blühenden Phantasiewelten und abenteuerlichen Erzählungen auf. In seiner Kindheit hatte er sich nur zu gerne in diesen Welten versteckt, und hatte es geliebt, der Realität zu entfliehen. Alles war möglich, und alles war zu kreieren. Dies waren seine Welten, erbaut mit dem kindlichen Zugang nie ausgeschöpfter Phantasie.

Hatte er sich wolmöglich zu sehr darin verirrt und den Bezug zur Wirklichkeit verloren? Doch was bedeutete denn Wirklichkeit? Er erinnerte sich schmerzlich an den Tag, als er verstanden hatte, dass die Kindheit nun verstrichen war und er zu alt für sein Spiel in den Phantasiewelten wurde, denn es hatte seine Glaubwürdigkeit verloren. Wie sehr er es auch versuchte, er konnte sich dieser Welten nicht mehr erfreuen. Das war ein trauriger Augenblick.

Der Alltag kam, die Arbeitswelt und die Dinge des normalen Lebens machten sich breit. Interesse an Frauen, an Geld und gesellschaftlichen Themen brachen ein komplett neues Kapitel an. Es kamen turbulente Jugendjahre mit einigen nennenswerten Krisen, die irgendwann wieder zur Ruhe fanden. Das Leben kam in seine Bahnen und er wurde erwachsen.

Wie die meisten jungen Menschen malte er sich grosse Zukunftspläne aus. Er wollte etwas bewegen in dieser Welt und konnte sich doch nie ganz entscheiden, welche Richtung er einschlagen sollte.

Ja, und hier war er gelandet und war einmal mehr ganz alleine. War er im Grunde nicht die meiste Zeit seines Lebens alleine? Auch wenn sich all die Menschen um ihn tummelten und er sie mochte, fühlte er sich schnell nicht dazugehörig.

Er war eben anders. Damit entschuldigte er das Gefühl, sich im Abseits zu bewegen. Vielleicht war die Wahrheit aber auch, dass er irgendwann beschlossen hatte, das Leben eines Einsiedlers zu führen, weil er tief drin davon überzeugt war, dass er für reale Gemeinschaft zu wenig mitbrachte. Zuweilen fragte er sich, ob er damit wirklich der Einzige war. Denn wenn er sich umsah, sah er wenig von dieser echten Gemeinschaft und der Gedanke kam ihm, dass er nicht der einzige selbsterwählte Einsiedler inmitten der Masse war.

Versunken in Gedanken fiel ihm nicht auf, wie der Wald dichter und dichter wurde. Die Sträucher überwucherten den Weg, und der Mond war nur schwach zu sehen. Der Pfad ging nun abwärts, und er konnte ein Tal ausmachen, in das er hinunterstieg. Es wirkte bedrohlich und dunkel, aber was hatte er zu verlieren?

Der einzige Mensch, um den er sich wirklich sorgte, war sein Bruder Lyon und das wahrscheinlich einzig wegen des ewigen, an ihm nagenden Gewissens, das ihn bestimmt niemals loslassen würde. Er hatte kein Recht darauf, es loszuwerden. Er verdiente es, da war er sich sicher. Diese verzweifelte Liebe zu seinem Bruder war wohl der einzige Anker in ein anderes menschliches Herz. Das war der Klage genug Speise.

Ihn überkam nun das seltsame Gefühl, jemandem direkt in die Arme zu laufen, demjenigen er das alles hier zuschreiben konnte und er konnte nicht bestreiten, wie aufregend er dies fand.

Ein Zurück ohne eine Antwort gab es nicht mehr und würde auch kaum die Geschehnisse der letzten Wochen erklären. Da war etwas Übergeordnetes am Werk, und Amiel war mehr als vorbereitet, diesem Geheimnisstuer nun ins Angesicht zu schauen.

Ihn ergriff Ehrfurcht, und im selben Moment kroch ein kalter Schauer seinen Rücken hoch. Wem lief er da nur in die Arme? Gott? Welcher Kraft wanderte er da entgegen?

Er hatte sich viele Gedanken über Gott gemacht, doch war er stets überfordert gewesen mit der Fülle an Angeboten, die Religionen und Weltenlehren ihm darreichten. Er hatte kein Interesse, die Ideale anderer nachzuahmen und suchte nach der eigenen Überzeugung. Doch auch diese war nicht ganz leicht zu finden, wie er sich mehr und mehr eingestehen musste. Seine Vergangenheit schien ihm dies unmöglich zu machen, denn es gab kein Grund und Boden, auf welchem er sicheren Stand fand. Alles schien zweifelhaft und wackelig.

So überragte die Sehnsucht nach dem Verstehen seiner Herkunft und der eigenen Heimat stets alle Fragen nach Gott und dem Sinn des Lebens. Der Traum war sein Wegweiser und sein grosses Begehren. Ihn musste er entschlüsseln, bevor er sich anderem zuwenden konnte.

Er wanderte nicht gerne nachts. Wald und Dunkelheit lösten bei ihm eine erdrückende Schwere aus, die ihn immerzu an die Frage erinnerte, was in jener Nacht, als er als kleiner Junge am Waldrand erwachte, geschehen sein musste. Ein bekanntes, dumpfes Gefühl befing ihn. Auf einmal fühlte er sich wieder wie in jener Erinnerung, ausgeliefert und schutzlos. Über all den Jahre seines Lebens hing ein unsichtbarer Schatten. Es fiel ihm schwer, Worte dafür zu finden. Es war wie die Gegenwart einer ihn stetig begleitenden, surrealen Angst. Vor Was und Wem wusste er nicht genau, er spürte nur, dass sie da war und ihn nicht frei atmen liess. Er hatte versucht sie, abzuschütteln und sie zu ignorieren, aber es gelang ihm nicht.

Über all die Jahre hatte er jenen unsichtbaren Begleiter, und ihn liess nicht los, dass es jene Gestalt war, die ihm hier in Noer bereits zwei Mal begegnet war.

Diese Gewissheit erschreckte ihn. Er hatte einen Begleiter. Er war von Kindstagen an da gewesen und er hatte seine Gegenwart gut gespürt. Er erinnerte sich, wie er oft durch das Haus gewandert war, hinter jeder Türe in jedem Zimmer nachgeschaut hatte, weil er sich so sicher war, dass Jemand da war! Ein unheimliches, ungeklärtes Rätsel.

In Sekundenschnelle wandelte sich seine Abenteuerlust in Unbehagen. Er hatte ihn ganz vergessen, und auf einmal spürte er seine unumstrittene Gegenwart.

Diese Erkenntnis rückte seine friedliche Nachtreise augenblicklich in ein anderes Licht. Wie konnte er so dumm sein? War der Unbekannte sein heimlicher, wegbestimmender Gefährte? Nein, das konnte er sich nicht vorstellen. Er dachte an

Dalin und die vielen Begegnungen dieser Reise. Es konnte nicht sein, dass all dies Böse war. Aber dennoch, dieser unbekannte Schatten haftete an ihm.

Vorsichtig sah er sich um, und der nächtliche Wald wurde unheimlich. Würde er sich ihm wieder zeigen? Amiel zwang sich, nicht in den dunklen Wald zu starren, sondern nur auf den vor ihm liegenden Pfad.

Er konnte nun deutlich eine Anwesenheit spüren. Es war ihm, als sei der leere Wald auf einmal Schauplatz unsichtbarer Kräfte, die sich um ihn versammelten.

In diesem Moment lichtete sich der Wald, und Amiel atmete auf. Er war nun fast drei Kilometer in ein Tal hinuntergestiegen, und zu beiden Seiten waren Hügel und Felsformationen, die nur den Weg mitten durch das Tal zuliessen.

Als der Wald ein Ende nahm, ging er einige hundert Meter über eine sandige, mit Steinen bedeckte Fläche. In der Ferne konnte er ein riesiges, unbestimmtes Etwas ausmachen, das in den Himmel ragte wie eine Art Turm. Gespannt ging er darauf zu, und mehr und mehr enthüllte sich die Erscheinung.

Es war ein mächtiger, knorriger Baum. Er war riesig und ragte rund zweihundert Meter in die Höhe. Der Stamm hatte den Durchmesser eines grossen Autos. Dicke, uralte Äste woben sich zu einer riesigen Krone, an welcher grosse, schwere Blätter hingen. Amiel blieb stehen und legte den Kopf in den Nacken. Was für ein Gigant! Der mächtige Baum war so von Moos und Efeu überzogen, als stünde er seit Beginn der Welt an genau derselben Stelle. Er war ganz still, und kein Wind bewegte seine Blätter.

Es war in diesem Moment, als der Mond über dem Baumwipfel stieg und den Baum in silbernen Schimmer hüllte, dass plötzlich Konturen auf der Stammoberfläche sichtbar wurden. Amiel traute seinen Augen nicht. Da war eine Türe im dicken Stamm. Doch nicht aus Holz, sondern aus rostigem Stahl. Eingedrückt und zerbeult, doch fest und beständig seit Urzeiten. Er verspürte eine unglaubliche Anziehungskraft und das Begehren, sie zu berühren.

Amiel sah sich um. Niemand war zu sehen. Doch hörte er ein leises Flüstern aus den Wipfeln der Zweige. Ein leises Zischen, das er nicht verstand.
„Wer ist da?", fragte er und sah gespannt nach oben. Keine Antwort.
„Wo bin ich hier?", fragte er nun.
Er hörte wieder ein Rascheln und dann eine leise, rauschende Stimme, die ihm antwortete: „Tritt ein, tritt ein. Du bist im Tal des Baumes der Erkenntnis. Wer durch diese Tür geht, der wird sehen!"
Amiel sah noch immer keine Gestalt. Die Stimme hatte etwas Unheimliches, Hämisches an sich, wirkte aber gleichzeitig auf nicht zu erklärende Weise anziehend.
„Wo bist du? Wessen Stimme ist das?", sprach er.
„Zzzzzsss...", hörte er, und es raschelte wieder aus dem riesigen Geflecht von Ästen.
"Ich kenne dich gut, um nicht zu sagen, sehr gut! Und wolmöglich kennst auch du mich besser als es dir lieb ist. Du willst wissen, wer du bist. Ich kann es dir zeigen! Hier und jetzt, heute!"
„Ja!", sagte Amiel. „Ich bin bereit. Bitte zeig es mir!"
„Bist du sicher?" Die Stimme klang nun spöttisch. „Wenn wir ehrlich sind, bist du nicht als sonderlich mutig bekannt, zzzss..., ein ganz schöner Weichling, das träfe es wohl eher?"
Amiel war verwirrt. Die Worte kränkten ihn, und er konnte sie nicht einordnen.
„Ich werde gehen", sagte er entschlossen.
„Das ist gut, das ist sehr gut. Aber warte, da ist noch etwas."
Es polterte laut und etwas Schweres plumpste neben ihn ins feuchte Laub. Er blickte hinunter. Etwas Rundes lag neben ihm auf dem Boden.

"Nimm es!", forderte die Stimme. Er hob es hoch. Eine weiche, glatte Kugel war in seinen Händen.
"Und nun iss, es schmeckt köstlich!", lockte die Stimme."Erst dann kannst du eintreten, und ich werde dir zeigen, was hinter den Kulissen steckt."
Er zögerte. Es fühlte sich nicht gut an und sein Magen krampfte sich zusammen. Er betrachtete die runde Kugel in seinen Händen. Sie roch gut.
„Was ist das und warum sollte ich es essen?"
Es kam keine Antwort und kein Geräusch war mehr zu hören.
„Hallo? Bist du noch da?" Aber alles blieb still.
Er wartete und blickte auf die rostige Türe. Er legte die Hand an den Griff und versuchte, sie zu öffnen. Sie klemmte und war auch mit heftigem Rütteln nicht zu bewegen.
Er musste da durch, um jeden Preis! Er konnte nicht zurückgehen, auch wenn er der Stimme nicht vertraute. Er wollte nicht weiter wandern, er wollte es nun wissen.
Er biss in die runde Frucht. Sie schmeckte herrlich. Doch als er ein Knacken hörte und sah, wie die Türe sich bewegte, warf er die Reste in den Wald und legte die Hand an die rostige Klinke.
Sie öffnete sich mit einem lauten Quietschen.

Dahinter lag eine Öffnung und es war ihm möglich, durch den Baum hindurch zu gehen. Er betrat nun ein Tal, an die vierzig Meter breit, das beidseitig von hohen Felsen umschlossen war. Hindurch führte ein ausgetrocknetes Flussbecken mit sandigem und steinigem Boden. Alte, knorrige Bäume und Büsche standen zu beiden Seiten und zierten die sonst dürre Ebene.
Da vernahm er Stimmen! Sie waren ein ganzes Stück entfernt, und Amiel ging ihnen entgegen. Eine in Stein geschlagene Treppe führte ihn nochmals ein Stück tiefer hinunter, und er konnte sehen, wie das Tal enger wurde. Was sich nun vor seinen Augen auftat, überraschte ihn.

Auch dem Leser dieser sonderbaren Geschichte mutet es nun einiges an Skurrilität zu, und verlangt Ihnen viel Vorstellungskraft ab, denn im Tal der zwei Bäume vermischen sich Welten und Realitäten.

Aus dem Nichts heraus hing ein riesiger, roter Vorhang zwischen zwei grossen Bäumen. Er sah aus, wie der einer imposanten Theaterbühne. Amiel trat näher und strich mit der Hand über den dicken Samt. Mit viel Mühe schob er ihn beiseite, trat durch die Öffnung und nahm mit Staunen wahr, wie sich seine Umgebung erneut veränderte.

Er befand sich auf einmal innerhalb eines Gebäudes in einem grossen Raum. Ähnlich einer alten, leer stehenden Fabrikhalle. Die Decke war niedrig, und es fühlte sich kühl an. Er hörte Stimmen, obwohl dieser Ort aussah, als wäre er seit Ewigkeiten unbewohnt.
Ein seichtes Licht von wenigen, schwachen Glühbirnen erhellte den Eingangsraum. Zögernd trat Amiel hinein und hörte, wie sich hinter ihm eine Türe schloss, obwohl er sich an keine erinnern konnte.
Vorsichtig sah er sich um. Um die Ecke schien ein weiterer Raum zu sein, und er ging mutig weiter.
Er betrat den Raum und blieb verwundert stehen. Ein leeres Bett stand in einer Ecke, sonst war nichts zu sehen. Der Raum roch nach alter Farbe, und die Tapeten blätterten bereits ab. Der Boden war schmutzig und kalt.
Amiel trat einen Schritt nach vorn und erschrak. Eine Art Wind wirbelte auf einmal durch das Gebäude und innert Sekunden verwandelte sich der leere Raum in ein belebtes, hübsch eingerichtetes Zimmer. Aus dem Nichts entstand eine Szene, und Amiel stand mitten drin. Der Boden war jetzt aus hölzernem Parkett mit einem weichen, beigefarbenen Teppich. Das Bett war hübsch bezogen, an der Seite des Zimmers stand ein Schreibtisch, der mit Büchern, Notizblöcken und Ordnern

übersät qar. An den Wänden hingen Poster und Fotos mit bekannten Gesichtern von Berühmtheiten und Schauspielern. Ein schönes und gemütliches Schlafzimmer. Es roch nach Parfüm, alles war sauber und ordentlich.

Auf der Fensterbank sass eine junge Frau. Amiel wurde ihr nicht sogleich gewahr, denn der Raum war auf einmal sehr dunkel und nur drei kleine Kerzen gaben ein wenig Licht ab.

Sie sass zusammengekauert am Fenster und sah in den Nachthimmel hoch, wo der volle Mond ihr Gesicht erhellte.

Ihre Arme umschlangen die Knie, sie schaukelte sachte nach vorne und zurück, immer wiederholend, und Amiel hörte ihr leises Schluchzen.

Er wollte sie ansprechen, doch brachte er keinen Ton heraus. Dann wollte er auf sie zugehen, um sie zu trösten, doch seine Beine waren auf einmal schwerfällig und wie festgeklebt. Da verstand er: Er war in diesem Moment ein Zuschauer, und es war ihm nicht gestattet, in die Szene hineinzuwirken.

Er betrachtete die junge Frau und das Zimmer und spürte, wie diese Szene etwas Vertrautes in ihm anrührte. Sie glich einem dieser Momente, wo er nach einem vollen Tag am Abend die Türe hinter sich schloss und auf einmal alleine war. Dann, wenn es keine Ablenkung mehr gab und er sich selbst der Nächste war. Es gab Abende, da war dies kein einfaches Los.

Er konnte sie fühlen, die Bitterkeit ihrer Stunde. Im Raum lag eine Bedrückung und Schwere, die man beinahe mit den Händen greifen konnte. Seine Untätigkeit kam ihm feige vor.

Und dann sah Amiel das Messer an ihrer Seite und ihren blutigen Arm mit den Wunden, die sie sich zufügte.

Er erschrak, trat einen Schritt zurück und sofort verschwamm die Szene vor seinen Augen, und nur das leere Bett in der Ecke war zu sehen. Sein Herz raste. Er war verwirrt. Wo war er hier gelandet?

Er drehte sich schnell um und ging durch die zweite Türe in ein weiteres Zimmer.

Wieder hielt Amiel erstaunt inne. Im Raum stand ein Esel. Seine Ohren bewegten sich sachte und sein schwerer Atem war zu hören. Amiel sah, dass sein Rücken verwundet war. Fell und Haut waren aufgerissen, und der Knochen seines Rückgrates war zu sehen.

Zögernd trat Amiel einen Schritt nach vorne und wieder kam, mit dem rauschen eines warmen Windes, Leben in die Szene. Er befand sich an einer staubigen Strasse. Autos rasten an ihm vorbei. Der Esel stand verloren am Strassenrand, umgeben von stinkendem Müll und Fliegen. Er stand auf dem Gehsteig einer Stadt. Dürftige Blockbauten reihten sich aneinander, daneben standen einfache und zerfallene Hütten. Kein beschaulicher Ort, musste Amiel feststellen. Es roch nach Abgasen, die Luft war schwül und stickig. Nirgends war Grün zu sehen oder gar ein nettes Plätzchen, wo man hätte verweilen können.

Nun sah er die Kinder in einer kleinen Seitengasse. Sie spielten im Staub mit Steinen, ihre Kleider waren zerfetzt und schmutzig. Sie waren dünn und wirkten kränklich.

Neben einem kleinen Lebensmittelgeschäft an der Ecke sass eine Frau. Ihr Kopf war kahlgeschoren, ihre Kleider nur Lumpen. In den Armen hielt sie ein Baby. Sie bettelte, und Amiel sah den Hunger und die Perspektivlosigkeit in ihren Augen. Niemand der vorbeigehenden Leute schien Notiz von ihr zu nehmen.

Diese Szene hiess Armut. Er wusste, dass viele Menschen so leben mussten. In grossen, armen Städten ohne Arbeit und ohne Zukunft. Er fühlte einen Kloss in seiner Kehle und senkte den Blick.

Er schritt zurück und fand sich wieder in der kargen Fabrikhalle. Auch der Esel stand neben ihm.

Sollte ihn dieser Weg zu dem führen, der dieses Leid erklären konnte, so musste er weiter. Mysteriös war das alles, viel mehr als ihm lieb war. Wo es ihn hinführen würde, wusste er nicht. Doch war er bereit, diesem Jemand gegenüberzutreten und seine Wut herauszuschreien.

Als er in den nächsten Raum trat, zuckte er zusammen. Da sass ein Mann, Amiel schätzte ihn auf Mitte dreissig, an die Wand gelehnt. Er trug Jeans und eine Lederjacke, sein Bart wirkte ungepflegt und sein Haar wirr. Seine Augen waren leicht geöffnet, und er starrte mit leerem Blick in den Raum. Er wirkte abwesend, wenn nicht sogar tot.

Amiel trat einen Schritt näher. Wieder kam der warme Wind auf, wieder wandelte sich das kalte Fabrikzimmer in eine lebendige Szene.

Doch was er jetzt sah, war bedeutend düsterer als zuvor.

Im Raum – der abgenutzt und schäbig wie ein dunkler Keller war - sassen noch weitere Männer und Frauen. Es roch modrig und war nur mit mattem Licht erhellt. Laute Musik war zu hören, und dünner Rauch lag in der Luft. Es stank nach Schweiss, Bier und Exkrementen.

Hasch wurde geraucht und einige Bierdosen und Essensreste standen herum. Im Raum war ein schreckliches Durcheinander. Flaschen waren umgestossen worden, und der Boden war klebrig. Spritzen, Zigarrenstummel und Brenner lagen herum. Eine Frau lag halb entblösst und wie bewusstlos auf dem Boden. Sie war ausgemergelt und eingefallen, das Gesicht voller Narben. In der Ecke war ein junger Mann zu sehen, der mit einer Nadel am Hals eines älteren Herrn herumstocherte.

Und dann sah er noch etwas anderes, einen Schatten in der Ecke, klein aber schwarz wie die Nacht. Der Schatten bewegte sich und trat vor. Amiel sah Augen und Umrisse einer Art Gespenstergestalt. Mit einem tonlosen Aufschrei sprang er zurück und befand sich wieder im selben Raum, in dem der Mann immer noch an der Wand lehnte und in irgendeinem Delirium versunken war. Amiel wollte weg von hier, lief hastig in den nächsten Raum und schlug die Türe hinter sich zu.

Amiel sah nur einen Stuhl. Die Sache war ihm schrecklich zuwider. Er wollte keine weiteren Szenarien mehr. Dennoch

ging er einen Schritt weiter, und sofort war er in einem Wohnzimmer. Laute Rufe ertönten, ein heftiger Streit. Der Mann riss seine Frau am Arm und brüllte auf sie ein. Mit harscher Gewalt drückte er sie gegen die Wand und bedrohte sie lautstark. Sie schien wenig beeindruckt, und über ihre Lippen kamen verächtliche, erniedrigende Worte. Amiel sah, wie sich die Türe einen kleinen Spalt öffnete. Ein kleines Mädchen schaute dort hervor das verängstigt und mit grossen Augen der Szene folgte. Es zerriss ihm das Herz. Er trat zurück.
Langsam wurde es ihm zu viel. Würde das bald ein Ende haben? Er wollte hier raus, doch wie nur? Er betrat den nächsten Raum, diesen mit einem Tisch. Das Gesehene wiederholte sich bei seinem nächsten Schritt.

Amiel stand in einem Schlafzimmer. Am Fenster stand eine Frau und blickte in den Abendhimmel. Auf dem Tisch stand eine Kerze, beinahe niedergebrannt und leicht flackernd. Es war sehr still im Raum, nur das Ticken einer grossen Wanduhr war zu hören und das Springen des grossen Zeigers, der Zwölf entgegen wanderte.
Das Zimmer war ordentlich und warm. An den Wänden hingen Kunstgemälde, und die Fensterbänke waren liebevoll mit Blumentöpfen geschmückt. Ein grosses Bücherregal stand an der Wand. Er erkannte Bildbände und ihre Vorliebe für Kunst und Architektur. Er überflog mit einem Blick die vielen Bücher, Erzählungen, Romane und auf den unteren zwei Regalen eine ganze Reihe von Fotoalben.
An der Wand neben dem Regal hingen Bilder. Amiel trat näher und betrachtete sie. Das Bild eines blonden Kindes, welches vergnügt durch das hohe Gras sprang. Dann der erste Schultag, das Mädchen mit brav gekämmten Haaren und scheuem Blick. Auf dem nächsten Bild war sie bereits eine junge Schönheit, auf einem Bild mit ihren Freundinnen auf einem gemeinsamen Ausflug. Dann ein Hochzeitsfoto. Sie sah bemerkenswert aus, hatte ein makelloses Gesicht und dichtes,

blondes Haar. Dann hing da ein Foto, auf dem sie mit zwei Kindern zu sehen war. Zum Schluss hingen noch zwei Bilder der späteren Jahre. Die Jugendschönheit etwas verblasst, die Figur mager und eingefallen, aber immer noch ein Gesicht mit Ausstrahlung und Würde.

Die alte Frau drehte sich um und blickte in seine Richtung. Ihr Haar war nun dünn und hochgesteckt zu einem Knubbel. Ihr Gesicht war von vielen Lebensjahren gezeichnet, ihre Augen hatten an Ausdruckskraft und Klarheit verloren. Sei es durch das hohe Alter, durch schwierige Lebensereignisse oder durch Krankheit. Jetzt sah sie zerbrechlich aus, auch wenn sie nichts an Menschlichkeit verloren hatte und Amiel fand, dass sie noch immer schön war. Er fragte sich, was diese Frau in all den Jahren erlebt haben mochte an Schicksalen und Herausforderungen. Nun trat sie ihrer letzten Reise entgegen. Auf dieser letzten Etappe, da war sie allein.

Er trat zurück.

Alles verblasste. Er wollte umkehren, doch merkte er, dass die Türe hinter ihm verschlossen und nicht zu bewegen war. Mit aller Kraft stemmte er sich dagegen, aber sie rührte sich nicht. Ihm wurde übel. Wie lange würde dieser Zirkus noch andauern? Er fühlte sich eingesperrt und wollte den vielen traurigen Szenen entweichen. Es blieb ihm keine Wahl, er musste das nächste Zimmer dieses ihm aufgedrängten Theaters betreten.

Die Szene des nächsten Zimmers war kurz und grausam. Als er einen Schritt nach vorne tat, fand er sich auf einem offenen Feld wieder. Rauch und Gestank lagen in der Luft, und es dauerte einige Sekunden, ehe er sich seiner Umgebung gewahr wurde.

Es war das Schlachtfeld eines Krieges, und er stand mitten drin. Hunderte von toten, zerfetzten Körpern lagen verstreut auf der Ebene. Ihm gefror das Blut in den Adern. Er hörte laute Schreie, das Stöhnen der Verletzten und das Zischen der langsam verlöschenden Feuer.

Mensch gegen Mensch. Seit jeher hatte die Weltgeschichte sich solche Szenen geliefert. Es war zu viel für ihn und so rasch er konnte, trat er zurück. Er rang einige Minuten um Fassung. Er konnte nicht begreifen, warum es immer wieder soweit kommen konnte. Warum Kriege sich Jahrhundert für Jahrhundert wiederholten und Menschenleben so leichtfertig verspielt wurden?
Er ging weiter, niedergebeugt und geschwächt.

Im nächsten Zimmer stand nun ein braunroter, lederner Kinderwagen, den Amiel auf den ersten Blick wiedererkannte. Erschrocken wich er zurück, versuchte zur nächsten Türe zu gelangen. Er wusste, was er hier sehen würde und wollte fliehen. Doch beim zweiten Schritt Richtung Türe verschwammen die Strukturen des Gebäudes einmal mehr vor seinen Augen. Er wehrte sich diesmal heftig gegen das Geschehen, doch es war vergebens. Das Bild tauchte glasklar vor seinen Augen auf. Er befand sich mitten drin.
Diesmal stand er unten am Hügel und war nicht mehr als der untätige, starre Zuschauer eines wohl bekannten Alptraumes. Er hörte sich selbst schreien, den Amiel der Erinnerung, dreizehn Jahre alt, der ohne zu zögern in das Leben seines Bruders hineinwirkte und sein Schicksal manipulierte. So sah er, wie sein jüngeres Ich den Hügel hinunter rannte.
Entsetzt sah Amiel zu seiner Rechten, wo am Strassenrand lag sein Bruder lag. Dasselbe Bild, an das er gar nicht erinnert werden musste, denn nie hätte er es vergessen können.
Amiel schrie! Er wollte zu seinem Bruder, ihn halten, ihn beschützen! Wie hoffnungslos diese Szene doch war. Er, der all die Auswirkungen und all die Leiden kannte, die in den darauffolgenden Jahren auf Lyon zukommen würden!
Er war zu spät gekommen. Unten am Hügel, so nahe an Lyon, und doch zu spät um den Wagen aufzufangen und das Kind vor seinem Sturz zu bewahren. Diese Gnade wurde ihm nicht gewährt. Was hätte er nur dafür gegeben.

Es begann ihn zu schütteln. Er weinte, diesmal aus Bitterkeit, der Grausamkeit der Erinnerung so machtlos ergeben zu sein. Er sah sich selbst schreien, seinen Bruder auf die Arme nehmen und nach Hilfe suchen. Er sah die Verzweiflung in diesen, seinen eigenen Augen und all die Konsequenzen dieser falschen, schrecklichen Entscheidung.

Weinend wandte er sich ab. Und weinend stand er im Raum, unfähig, weiter zu gehen.

Sein Herz war zu müde, um noch einen Schritt zu machen.

In ihm war alles leer. Er war bereit, für alles zu bezahlen, was er getan hatte. Wo würde er Vergeltung finden? Wo war der Richter, der von ihm die geraubte Fröhlichkeit und gestorbenen Lebenschancen seines Bruders forderte? Wo war er, der ihn für das zugefügte Leid strafte?

Wo war die Instanz, die gegen die Grausamkeit dieser Welt seine Stimme erheben wird? Und konnte es denn einen geben, der dieses ganze komplexe Bild von menschlicher Begrenzung, Schuld, Hilflosigkeit und Angst gerecht differenzieren könnte? Die Tiefe und die Unergründlichkeit von Gerechtigkeit schnürten Amiel die Kehle zu. Jeder Mensch verletzte den Nächsten. Hinaus aus seinen eigenen Wunden und Mängeln wurden neue Schrammen in die Haut des Anderen geritzt. Absichtlich oder aus Unvermögen, mal aus Schwachheit, mal in Gewalttätigkeit und Macht. Das Greifen des Menschen nach Gemeinschaft und Halt, nach Würde und Anerkennung griff so oft zu schnell und zerriss das Hemd des Anderen. Schwäche wurde geboren von dem, der doch nur die eigene Schwäche überwältigen wollte.

Wer war dieser, der zurückerstatten konnte, was allen geraubt wurde? Der tiefer blicken konnte als in ein offenes Gesetzbuch voller Zahlen und Paragraphen? Der alle Umstände und jede kleine Bewegung eines Lebens kannte, jeden Schmerz und jede Bosheit, die sich ineinander verhakten und das Handeln bestimmten? Und wer war es, der der Ungerechtigkeit ein

Ende machen konnte? Wo waren die Politiker und diejenigen, die grosse, wirklich gute Entscheidungen fällten?

Wo war Gott? Wo war der Schöpfer, wenn es denn einen geben sollte, der dieses Unglück desinteressiert aus der Distanz zu beobachten schien, ohne darauf zu reagieren? Amiel war wütend auf ihn. Die unbändige Wut, die er für sich selbst und für sein Tun empfand, die empfand er auch für den, der über allem stand. Forderte er doch Gehorsam und Gerechtigkeit und liess den Menschen trotzdem alleine und lächelte über seine kläglichen Versuche, die Welt besser zu machen.

Wo war er?

Die ganze Tragweite des irdischen Leides übermannte ihn. Er dachte an all die unausweichlichen Zusammenhänge. Der Wohlstand Europas, das seine Hände in Unschuld wusch und gleichzeitig in bodenloser Blindheit vertuschte, wessen Zusammenspiel es doch mit der Armut und Not der Kontinente auf sich hatte. Die Gier nach Geld forderte das Blut von Menschen ganz anderen Teilen der Erde, die gerne auf Distanz gehalten wurden. Der Konsum, der bereicherte und ausbeutete. Die Lust, die übers Internet geheim und unerkannt ausgelebt werden konnte und doch in Realität Seelen und Körper von Frauen und Kindern forderte. Was gegen aussen an gesellschaftliches Normverhalten angepasst wurde, konnte im Stillen Kämmerlein solch andere Tragweiten haben. Ketten an Ketten inmitten einer grossen, globalen Verantwortung, die doch so wenige tragen wollten.

An allen Händen klebte heute das Unrecht. Es gab keine Entschuldigung mehr.


Die Türe hinter ihm war zu. Er war in eine Falle geraten, daran bestand kein Zweifel. Ob es jemals wieder einen Schimmer Licht geben würde oder einen Ausgang aus diesem Irrenhaus, das blieb offen.

Amiel war voller Zorn. Dalin hatte ihn vielleicht doch betrogen.

Er war nicht hier, hatte sich all die Tage nicht mehr blicken lassen und vielleicht war auch er nichts als eine kleine Figur in einer grossen Enttäuschung. Aber so lange er weitergehen konnte, würde er weitergehen.
Er schritt entschlossen auf den vor ihm liegenden Raum zu.

Amiel trat ein. Der Raum war leer. Kein Gegenstand, keine Farbe, kein Ton von Abwechslung war darin. Alles kalt und grau. Diesmal hörte er keine Türe, die sich hinter ihm schloss.
Und als der Wind kam, da verschwanden die Umrisse des kalten Raumes und der Fabrik, die ihn umgeben hatte, wie Rauch. Er spürte kühle Luft und sah, dass er sich wieder im schmalen Tal befand. Er atmete auf. Das schlimme Schauspiel hatte ein Ende!
Doch dann merkte er, dass die Landschaft sich verändert hatte. Er stand auf einer Wiese, die im Halbkreis von einem schwarzen Wald umgeben war. Sein Puls wurde schneller und jeder Muskel krampfte sich zusammen.
Etwas Düsteres beklemmte seine Brust. Er sah sich um. Da war niemand zu sehen. Doch er konnte etwas hören. Ein schwaches, ängstliches Wimmern drang an sein Ohr.
Und dann sah Amiel das Kind. Als er die vor ihm werdende Szene sah, fügte sich Fragment für Fragment einer lang gehüteten Wahrheit zusammen.
Ein winzig kleines Kind, gerade geboren, lag nackt und bloss im Gras am Rande des Waldes. Seine Haut war zerkratzt und blutig, sein Körper mit blauen Flecken übersät. Weit und breit war niemand zu sehen. Weder ein Haus noch Menschen noch irgendwelche Hilfe. Nur der dunkle, kalte Wald, der gespenstisch seine Schatten warf. Das Kind schrie und zitterte am ganzen Körper. Die Nacht umgab das Baby, und die Kälte zehrte seine letzten Kräfte aus. Doch die tiefgreifende Angst des Kleinen war das wahre Grauen. Das Kind war so unendlich schutzlos den finsteren Augen der Nacht ausgeliefert.

Keiner war da, der es schützte, niemand, der es wärmte und tröstete. Es war verlassen, vergessen und hilflos. Ungewollt!
Und Amiel erinnerte sich.
Das Kind im Gras brachte seine Erinnerung zurück. Nicht eine Erinnerung mit Bildern, dafür war er damals zu klein gewesen. Aber das Gefühl des weggeworfen worden zu sein, der erstickenden, lebensraubenden Trauer und Verzweiflung eines kleinen Wesens, das ungeliebt und nicht mehr als eine Last war. Ein Leben, das - kaum in die Welt gekommen - für lästig empfunden und ausrangiert worden war. Weggeschafft und ausgesetzt im Wald, seinem sicheren Tod überlassen.
Amiel durchfuhr ein Schauer.
ER war dieses Kind! In diesem Moment kam die sichere, unerschütterliche Klarheit in sein Leben, dass diese Szene nichts als sein eigenes Leben erzählte.
Wo waren die Eltern? Was hatten sie ihm angetan, dass er hier, verwundet und verstossen im Sterben lag?
„Ihr elenden Feiglinge", hörte er sich flüstern und dann schrie er es hinaus: "Ihr Feiglinge!"
Er wollte weg, er wollte es nicht sehen. Er trat zurück.
Doch dieses Mal verschwand die Szene nicht. Er trat weiter zurück, rannte, doch die Landschaft blieb dieselbe.
Er kehrte um, hin und hergerissen. Er wollte zu dem Baby, es mitnehmen, aus der Dunkelheit heraustragen. Doch er prallte ab, wie an einer unsichtbaren Wand aus Glas.
Mit Fäusten hämmerte er dagegen und rief ihm zu.
Das Baby schrie verzweifelt.
Amiel spürte eine eigenartige Gegenwart. Wie ein eisiger Wind durchfuhr etwas seinen Körper. Er fuhr herum.
Ihm gefror das Blut in den Adern.
Am Rande des Waldes tauchte eine graue Gestalt auf. In einen grauen, kühlen Mantel gehüllt, doch das Gesicht war nicht verdeckt. Das knochige, kantige Gesicht mit den eingefallenen, stechenden Augen. Der Blick durchbohrend und entwaffnend. Nichts als hämischer Triumph war darin zu erkennen.

Es war derselbe Mann, dem Amiel bereits begegnet war. Es war keine menschliche Gestalt, vielmehr geisterhaft und totenblass. Mit grossen Schritten und siegessicherer Haltung kam er auf Amiel zu.
Amiel hatte nie zuvor solch bodenlose Angst gekannt.
Dies war sein unsichtbarer Begleiter. Damals schon, kurz nach Amiels Geburt, als er im Gras lag, war sein Begleiter da und ergötzte sich an seiner Schutzlosigkeit. Damals hatte er seine Klauen in die Kinderseele gegraben, damit er ewig heimatlos und ohne Urvertrauen bliebe. Die erfahrene Gewalt und Verstossenheit hatten sich fest in sein Inneres eingraviert.
Er begegnete Amiel in den Träumen, besuchte ihn in seinen dunklen Gedanken. Nicht, dass Amiel sich dessen jemals bewusst war, doch in diesem Augenblick war alles glasklar.
Dieser Jemand war Amiel, obwohl er ihn erst einmal gesehen hatte, völlig vertraut. Amiel kannte seine Stimme, die sich nun an ihn wandte. Er kannte selbst seinen Namen, denn Träume haben ihn oft zu ihm geführt. Angst war sein Name. Tod. Dunkelheit.

Amiel rannte, und während er rannte, fügten sich die Erinnerungen und Gefühle zu einem Bild zusammen.
Seine Eltern hatten ihn verstossen. Wer auch immer sie waren, sie waren seiner schnell überdrüssig geworden und wollten ihn loswerden. Sein Körper zerkratzt, vernachlässigt, aus Grausamkeit oder aus Verzweiflung. Sie wollten sich seiner entledigen. Kein Funke Liebe oder Hingabe lag in seiner Menschwerdung. Er war ein lästiges Ärgernis vom Moment seiner Zeugung an.
Tränen liefen ihm übers Gesicht.
Er blickte um. Sein Verfolger kam in grossen, aber gemächlichen Schritten hinter ihm her. Keine Eile schien ihn zu bewegen, er war sich seiner Beute sicher. Es gab kein Zurück. Es würde niemals mehr ein Zurück geben. Dalin sollte nicht recht

behalten. Vor ihm war nichts als Dunkelheit und hinter ihm nichts als Verzweiflung.
Wäre er doch niemals hierher gekommen. Hätte er nie erfahren, was für Menschen seine Eltern waren. Er hätte sein ruhiges Leben weiterleben können. Er war auf seine Art glücklich gewesen, auch ohne dieses Wissen. Nun aber war die Mauer zerstört. Er lag in seinem eigenen Scherbenhaufen.

Während er noch rannte, tat sich vor ihm eine Kluft auf. Eine Treppe aus Stein führte hinunter in die Erde, in eine Art Höhle. Es gab keinen Ausweg und keine andere Möglichkeit. Amiel rannte, ohne nachzudenken, die Stufen hinunter. Er wollte sich verbergen.
Er hörte seine Verfolger. Es war nicht länger nur der eine, denn er hörte das Zischen vieler lebloser Gestalten - die nun von allen Seiten auf ihn zueilten - in den kalten Gängen widerhallten. Stufe um Stufe rannte er in eine schwarze Tiefe hinunter.
Je tiefer er kam, desto breiter wurde der Gang. Mit einem zögerlichen Seitenblick konnte er weitere Treppen ausmachen, die sich in einem gespenstischen Durcheinander kreuzten. Er befand sich nun in einer riesigen, schwarzen Halle voller steinerner Treppen, die wie ein schreckliches Labyrinth in alle Himmelsrichtungen ragten. Unter ihnen war das schwarze Nichts.
Angst packte ihn, als ihm klar wurde, dass er jegliche Orientierung verloren hatte. Er sprang auf eine gegenüberliegende Treppe und rannte die Stufen wieder hoch, hoffend, seine Verfolger abzuschütteln und wieder an die frische Luft zu gelangen. Die schwarze Tiefe wirkte bedrohlich, und er wollte ihr entfliehen.
Doch von oben kam ihm ein hämisches Lachen entgegen. Aus dem Schatten tauchten weitere Gestalten auf. Ihre Gesichter waren furchterregend und scheusslich. Amiel taumelte, drehte sich und rannte die Stufen wieder hinunter. Zwei-, dreimal

sprang er auf eine weitere Treppe, doch auch auf diesen warteten dunkle Schatten, die den Ausgang versperrten. Die letzte Treppe, die doch den Anschein machte, unbewacht zu sein, gab ihm Mut. Doch mit Entsetzen stellte er nach einigen Minuten fest, dass diese nicht hinauf-, sondern hinunterführte, obwohl er Stufe um Stufe nach oben rannte.
Panik befiel ihn. Er wusste nicht mehr, wo oben und unten war. Alles hatte sich verloren in diesen endlosen Treppen, die Raum- und Zeitgefühl verschluckten.
Seine Kraft liess nach. Er spürte die Erschöpfung. Sein Körper zitterte, und er rang nach Atem. Er blieb stehen und sah sich um. Völlige Mutlosigkeit umfing ihn, dies war das Ende. Er war zu müde, um weiter zu gehen. Dieses Gefängnis war nicht zu überwinden. Er liess sich auf einer Stufe nieder und krümmte sich zusammen. Das Zischen war überall. Er war einem nie gekannten Grauen ausgeliefert und wusste, dass seine Seele dies nicht lange aushalten würde. Abwartend und starr sass er nun ganz still.
Ein Murmeln kam aus der Tiefe und bohrte sich wie Eiszapfen in seinen Körper.
„Hier entlang", hörte er eine fahle Stimme.
Aus dem Abgrund schimmerte ein kaltes Licht.
Amiel rührte sich nicht. Er ahnte, was da unten auf ihn wartete. Die Stimme war schrecklich. Und doch zog ihn eine undefinierbare Kraft nach unten, liess ihn - all seiner Hoffnung beraubt - das Ende herbeisehnen.
Er erhob sich und ging langsam, Stufe für Stufe der Stimme entgegen. Wie in Trance liess er alles hinter sich und opferte sich der eigenen Angst.
Dort unten würde alles zu Ende sein. Er schritt in die offenen Arme seines unbekannten Feindes, der ihn beim Namen rief.
Er war Amiels Angst, seine Einsamkeit und seine Leere. Alle Schuld seines Lebens, alle Tragödien seiner Geschichte, alle Fesseln seiner Mängel waren in ihm zusammengefasst und nahmen Gestalt an.

Der Biss in die Frucht machte all dies offenbar.

Noch einmal hielt er kurz inne und kauerte sich am Boden zusammen, die Arme schützend um seinen Körper geschlungen. Hier unten verblassten die Erinnerungen an sonnige Nachmittage, an fröhliche Feste und nahestehende Menschen. Er hatte sie aufgegeben und für immer zurückgelassen. Jeder Schritt führte ihn weiter weg von Schönheit und Lebendigkeit. Alles Gute entzog sich ihm.
Etwas brannte in seinen Augen, sodass er sie schliessen musste. Wie konnte er es vergessen? All das Schöne, all das Gute? Doch wusste er, dass er aus eigener Kraft nie wieder zurückfinden würde. Es war finster, und er konnte kaum mehr etwas erkennen. Der dunkle Schlund hatte ihn beinahe verschlungen. Da erinnerte er sich an die beiden Kerzen, die ihm Dalin in den Rucksack gelegt hatte, und an die Streichhölzer. Er wühlte in seiner Tasche, und mit zittrigen Fingern versuchte er, das Streichholz zu entfachen. Es gelang. Der Schein war fahl und nicht mehr als ein glimmender Docht. Aber er konnte ein wenig von seiner Umgebung erahnen.
Als er sich umsah, sah er, dass sich an der Wand zu seiner Rechten schwache, silberne Linien abbildeten. Er sprang auf die gegenüberliegende Treppe und trat an die steinerne Wand. Da war eine Türe. Amiel sah, wie die fein schimmernden Linien sich verdichteten und die Furchen eine im Stein eingefügte Türe nachzeichneten.
Er sah voller Staunen, wie sich die Konturen nun immer klarer abbildeten. Es gab keinen Zweifel! Da war eine Türe, unscheinbar und leicht zu übersehen.

Amiel ging darauf zu, atmete tief ein und legte seine Hand auf die Klinke.
Schon bei dieser kleinen Berührung regte sie sich, und die Tür öffnete sich beinahe von selbst.

Mit einem Sprung war er draussen und sog die kühle Nachtluft ein. Er fühlte eine Schwere von ihm abfallen, als er die Türe hinter sich schloss.

Amiel befand sich nun wieder auf einem schmalen Pfad. Doch diesmal ging er steil aufwärts. Das Tal war eng, und auf beiden Seiten ragten hohe Anhöhen auf. Hastig ging er voran. Der Pfad zog sich den Abhang hoch, und Amiel spürte schon bald seine grosse Erschöpfung. Er hatte keine Kraft mehr.

Seine Seele war ausgezehrt und überschattet von quälenden Fragen.

Er ertrug es nicht länger. Er rief nach Dalin, doch vergebens.

Zu seiner Rechten sah er den Hang steil abfallen wie in ein schwarzes Loch. Am liebsten wäre er umgekehrt, doch wohin? Es gab nur noch den Weg nach vorne.

Keuchend und am Ende seiner Kräfte quälte er sich den Hang hinauf. Beinahe hätte er aufgegeben, dann aber sah er, dass die Anhöhe nur noch einige Meter entfernt war.

Mit der letzten Kraft schaffte er es nach oben und setzte sich einen Moment auf einen Stein.

Vor ihm lag eine flache Ebene mit niedrigen Büschen, Staub und Steinen. Er erkannte den Weg wieder. Tatsächlich, es war die Hochebene, über die er am vorigen Tag mit dem kleinen Jungen gegangen war! Da, weiter vorne, da musste die Klippe liegen. Er stolperte weiter. Vielleicht würde er Hilfe finden.

*„Und wenn du schreist: „Es gibt keine Wahrheit!", dann
beweise mir die Wahrheit an diesem Satz,. und wenn du es
nicht kannst, dann geh zurück in die Gräber und zersetz die
Leiber, die schon Tod sind, aber nicht meinen Geist."*

*„Wir haben ihn nicht mit Schwertern in die Unterwelt ziehen
sehen und mit wehenden Fahnen.
Sondern mit geschlossenen Augen, bleichem Mund und ohne
Herzschlag"*

*Esther Maria Magnis aus: „Gott braucht dich nicht" (2014)*

## Der Baum des Lebens

Er kannte diesen Pfad, auf welchem er nun weiter und weiter
rannte. War es denn möglich? Ja, so war es! Er kämpfte sich
die letzten Meter hoch und vor ihm tauchte die felsige Ebene
auf, die er am Tag zuvor gesehen hatte. Die riesige Erdspalte
war in weiter Entfernung auszumachen.
Doch, da war ein Baum. Er war sich sicher, dass dieser zuvor
nicht an der Stelle gestanden hatte. Nun aber thronte er über
dem Felsen, mächtig und schön ragte er in den Himmel empor.
Gewaltig war sein Erscheinen, noch überragender und prächtiger als der erste Baum des Tales. Der Anblick raubte ihm
einen Moment lang den Atem.
Ein Glitzern überzog die mächtige Baumkrone, und vom Boden stieg ein warmes Licht empor.
Amiel sammelte die letzten verbliebenen Kräfte und ging auf
den Baum zu.
Wieder sah er ein Feuer flackern. Ein Mann sass beim Feuer
und wärmte sich. Es war nicht der alte Mann, der am Tage
zuvor beim Feuer auf ihn gewartet hat. Dieser Mann war jung.
Konnte es Dalin sein? Zögernd ging Amiel weiter. Ehe er

überhaupt hätte wahrgenommen werden können, drehte sich der Mann in seine Richtung.
Es war nicht Dalin, nein. Oder doch?

Der Mann stand auf und trat ins Licht des Feuers. Er war dünn und ausgezehrt. Seine Gestalt war fast schmächtig. Er hatte braunes Haar und trug einen kurz geschnittenen Bart. Seine Kleider waren schmutzig und rissig, aber darüber trug er einen hellen, saubereren Mantel aus Leine.
Als Amiel näher kam, sah er das Gesicht des Mannes.
Der Ausdruck, der in diesen tiefgründigen und feurigen Augen lag, ergriff ihn auf der Stelle. Der Blick ging direkt in sein Herz. Wie die Augen von Dalin, hatten auch diese den kristallklaren, lieblichen Glanz
wie ein glühender Stern.
Er sah Dalin ähnlich. Wenn auch die Gestalt und das Gesicht sich unterschieden, der Ausdruck erinnerte ihn Augenblicklich an seinen verlorenen Weggefährten.
"Komm, lieber Freund." Ein Arm reckte sich ihm entgegen:"Setzt dich an mein Feuer und ruhe dich aus, du bist jetzt sicher."
Amiel wurde schwindelig ob der Wärme dieser Worte. Er trat zu ihm und sah ihn an. Der Mann lächelte und streckte seine Hand aus. Liebevoll strich er ihm die zerzauste Haarsträhne aus seinem Gesicht und berührte seine Schulter.
Amiel fühlte sich schwer wie ein Stein. Er sank zu Boden und eine Welle von Emotionen überrollte ihn.
Er fühlte sich endlich sicher! Hier, bei diesem Mann, mit Dalins Augen! Der Schrecken war vorüber.

Der Mann nahm eine Decke und legte sie ihm um die Schultern. Die Hände drückten ihn einen Augenblick und der Mann stellte sich schützend hinter ihn und fuhr ihm kurz durch die Haare.
„Ruhig mein Junge. Es ist vorbei!"

Amiel fasste diese Hand und hielt sie fest. Einen Moment barg er sein Gesicht in dieser Hand.
Dann sass er schweigend neben ihm, blickte zu Boden und versuchte, seinen springenden Atem ruhig werden zu lassen.

„Du bist endlich hier!", sagte der Mann. Amiel blickte auf.
„Sie sind ein Freund von Dalin, ich kann es sehen", sagte Amiel schwach.
Der Mann nickte lächelnd. „Ja, das bin ich! Du bist erschöpft. Hier, nimm!"
Er streckte Amiel eine Schale mit kühlem, klarem Wasser hin. Amiel nahm es und trank gierig.
„Ich dachte, ich werde sterben", sagte Amiel leise. „Noch nie zuvor war ich an einem solchen Ort. Es kam mir vor, als würde ich innerlich verkümmern. Ich fand keinen Weg heraus und wollte nicht tiefer hinuntergehen. Ich war mir sicher, dass es kein Zurück mehr geben wird. Da unten war der Feind!"
„Ja", sagte der Mann. „Da unten war er."
„Ich verstehe das nicht. Wie kann das alles sein? Ist das etwa die Antwort? Dass ich lebe um eines Tages zu sterben und eine einsame Treppe hinunter zu wandern, gejagt von meinen Versäumnissen?", Amiel schlang seine Arme um die Knie. Sein Herzschlag war ruhiger geworden und seine Gedanken klarer.
Der Mann blickte wieder ins Feuer. Er schien bewegt.
„Was hast du gesehen im Tal der Erkenntnis?"
„Die Kehrseite! Die Dinge, die so schnell vergessen gehen. Ich habe mich dafür geschämt, für jede einzelne dieser Szenen. Für uns Menschen habe ich mich geschämt, dass wir uns so gekonnt aus der Verantwortung ziehen und unsere Begrenzung so leicht vergessen."
Amiel war aufgewühlt.
„Am meisten aber habe ich mich für mich selbst geschämt! Du weisst, was ich getan habe. Mein Bruder, meine Eltern. All die Dinge, die ich getan und all die, die ich unterlassen habe. Ich

war ein langweiliges, schwächliches Kind. Wenig Freude habe ich ihnen gebracht. Aber weisst du was? Ich wurde auch vergessen, weggeschmissen wie vergammeltes Brot. Sie wollten mich nicht haben. Die Welt wollte mich nicht haben." Er blickte zu Boden, Tränen netzten seine Augen.

„Wie können Eltern ihr Kind wegwerfen?", fuhr er fort. „Wie können Menschen auf öffentlichen Strassen verhungern? Wie können wir diese Welt noch lieben?" Leise Schluchzer entglitten seiner Kehle.

Der Mann kauerte beim Feuer, sein Blick war weiter gesenkt. Er schwieg. Eine stille Minute verstrich. Der Mann gab etwas Holz ins Feuer und blies in die Glut. Dann begann er zu sprechen:

„Ich habe dir viel zugemutet. Ich weiss, dies war beinahe mehr als du tragen konntest.

Ich möchte, dass du es verstehst.

Dies ist das Tal der zwei Bäume. Sie erzählen dir vom Lauf dieser Erde und sie erzählen von mir. Du bist mir sehr teuer, sehr nahe. Es ist die Wahrheit. Hinter den Kulissen, hinter der äussersten Schicht spielen sich unzählige Tragödien und viel Leid ab. Manche sind öffentlich auf den Strassen sehen. Viele aber sind tief innen, in den Herzen und in den Gedanken der Menschen verborgen.

In den Herzen gibt es dunkle Kammern, vergessene Ecken und staubige Keller.

Du wolltest die Erkenntnis und bist durch den Baum gegangen. Du hast gesehen, was du sehen wolltest. Du hast die Entbehrung gesehen, mit all ihren Facetten. Es gäbe noch viel mehr Szenen, die ich dir jedoch nicht zumuten möchte. Das Böse hat noch viel mehr Finsternis zu bieten und auf der Menschheit lasten weit grössere Gräuel. Nebst aller Schönheit, Innigkeit und Liebe, die diese Erde mit so viel Licht und Leben schmücken und von denen es genauso viele Kapitel zu erzählen gäbe, gibt es eben auch diese Seite. Wir haben dich sie sehen lassen."

Amiel war wie gebannt.

Der Mann fuhr fort:

„Und könnte ich dir diese alte Geschichte erzählen, an die euch nur noch verstaubte Bücher auf euren Regalen erinnern - und könnte ich sie in eine fremde, unbekannte Szenerie verpacken, die du eben nicht sogleich als längst bekannt abwinkst, so würde ich dich auf eine Insel schicken, weit ab von der Realität, irgendwo im Indischen Ozean, mit unbekannten Koordinaten. Ich würde dich losschicken, die alte Sage zu erkunden und würde dir daraus diese eine Parallele ziehen:

Als das Volk Noamers beschloss, dass sie ihren König nicht mehr brauchten, da verschwand mit ihm auch das alte Land, der Garten. Wie wenn man bei einem Neugeborenen die Nabelschnur durchschneidet, so wurde die grosse Pulsader des Lebens von ihm abgetrennt. Der Mensch kann aus sich heraus nicht ewig leben. Er vergeht, so wie alles in seiner Welt."

Sein Gesicht zeigte Trauer, und er fuhr leise fort: „Ich habe die Ohren nicht zugehalten. Ich habe jeden einzelnen Schrei - auch die stummen - herausgehört. Auch den des kleinen Kindes im Gras."

Die Worte trafen Amiel direkt ins Herz. Nein, das hätte er nicht gedacht. Aber nun, nun wurde eine Ahnung in ihm wach: „Woher weisst du das alles? Bist du…"

Er konnte nicht zu Ende sprechen. Er wurde von einem Geräusch unterbrochen.

Er hörte ein Lachen. Ein kaltes, tödliches Lachen. Er sah sich um. Aus dem Wald tauchten Gestalten auf. Kleine, graue und schattenähnliche Gestalten traten auf die Lichtung heraus. Sie zischten, murmelten und versammelten sich alle in einem Halbkreis in einiger Entfernung.

Es waren dutzende fahle Augen und jedes davon spiegelte solch einen zum Himmel gerichteten Schrei der Menschheitsgeschichte: Die unglaubliche Komplexität irdischen Leides und überirdischer Bosheit. Dann trat auch der Verfolger im grauen Umhang auf die Lichtung. Er durchbohrte Amiel mit seinem Blick, sodass er erneut erstarrte.

Der Mann am Feuer stand auf und kehrte sich der versammelten Geisterwelt zu.
Dann wandte sich der Mann noch einmal an Amiel: ein solch liebevoller, inniger Blick voll von Güte.
Amiel konnte seinen Blick davon nicht abwenden, nicht genug bekommen! Selbst die umringende Bedrohung vermochte die Wärme nicht zu trüben, die von diesen Augen ausging. Amiel sah erstaunt, wie seine Gestalt sich veränderte. Auf einmal wirkte er nicht mehr schmächtig und gebeugt, sondern aufrecht und voll von Stärke.
Er begann zu sprechen:
„Heute kannst du alles zurücklassen. Hier, an diesem Ort. Alle Vergangenheit, alle Dunkelheit, allen Schmerz und alle Versäumnis! Die Antwort auf all das, sie reicht bis weit über die Ränder dieser Welt hinaus!" Er streifte seinen weissen Obermantel aus und warf ihn in den Staub.

Ruhig blickte er den Belagerern entgegen.
Er neigte sich zu Amiel nieder, berührte seinen Kopf und küsste sanft seine Stirn. Dann stand er auf und ging davon, ihnen entgegen.
Amiel sah zu, wie er mitten in die Menge der hässlichen, kleinen Fratzen trat. Sie bohrten ihm ihre Klauen ins Fleisch, beschimpften und verhöhnten ihn.
Amiel wollte sich verbergen, blieb jedoch wie angewurzelt stehen und sah zu, wie sie ihn den Pfad hinunterrissen und zerrten, bis zum Tor des Todes. Hinunter zu den endlosen Treppen.
Er betrat sie ohne zu zögern, und die mächtige Türe fiel schallend ins Schloss.
Amiel war allein. Er traute sich nicht, aus dem Schutz des Baumes hervorzutreten. Er horchte. Die Nacht war nun erfüllt

von hässlichen Schreien. Er spürte, wie der Boden bebte und klammerte sich an den Baum. Am Himmel begann es zu blitzen und dunkle Wolken zogen auf. Donner durchdrang die Luft.

Es folgte ein plötzliches Schweigen. Einige Minuten herrschte völlige Stille. Es war unheimlich, und Amiel fürchtete sich.

Dann begann die Erde erneut zu beben. Starke, kraftvolle Erdstösse liessen ihn verzweifelt Halt suchen. Er klammerte sich an den riesigen Baum, von dem sich nun einige der grossen Blätter lösten und zu Boden fielen.

Und dann, wie die eiserne, scharfe Klinge eines Schwertes, durchdrang es die Nacht, schrecklich und triumphierend, alles um sich zerschmetternd und zertretend: Das Brüllen eines Löwen, tosend wie das Meer und lauter als der Donner.

Amiel fuhr zusammen.

Das Beben verebbte, die Schreie verstummten und alles wurde ruhig. Die Nacht lag schön und friedlich über ihm und der Mond neigte sich dem Horizont zu.

Amiel stand auf und sah sich um. Das erste gebrochene Blau der Morgendämmerung zog herauf. Vor ihm lag die Klippe, deren Kanten sich nun im erstem Licht abzeichneten.

Vor ihm tat sich derselbe, gellende Abgrund auf, der die Erde zu spalten schien und in dem kein Boden zu erkennen war. Die Brücke war nirgends zu sehen, und auch der kleine Pfad musste sich an einem anderen Ort befinden.

Er drehte sich um und sah zum Baum, dem Baum des Lebens. Er trat näher, schaute genauer hin. Am Stamm glitzerten zwei Punkte, etwas, das aussah wie Metall. Er trat näher. Da sah er die Nägel, die in den Baum geschlagen waren, zwei dicke, eiserne Nägel.

Und dann sah er die Krone. Gebogen und zertreten lag sie neben dem Stamm im Staub. Die Edelsteine waren abgefallen und das Gold zerkratzt.

Amiel verstand.

Die Fragmente, sie setzten sich zusammen. Er erkannte ihn.

Und als im sanften Schein des Feuers wieder die grauen Gestalten aus dem Wald traten, hatte er keine Angst mehr. Er ging auf sie zu und blieb vor ihnen stehen. Schweigend sah er ihnen zu, wie sie sich stumm vor ihm aufreihten, ihn mit unsicheren Blicken musterten. Es waren nicht mehr viele, nur ein Rest dieser Schatten, die zum letzten, verzweifelten Schlag ausholten.

Doch nun war es Amiel, der lachte, einige Schritte auf sie zuging, sodass sie zurücktraten. Dann drehte sich Amiel um und rannte.

Ohne eine Sekunde zu zögern, rannte er auf die Klippe zu, sprang über den Abgrund und fiel in die Tiefe.

Der Welten Abgrund war überwunden.

*„Und dennoch ist Einer, welcher dieses Fallen unendlich sanft in seinen Händen hält."*

*Rainer Maria Rilke (1875-1926)*

## Neuer Boden

Blitzlichter vor seinen Augen. Seine Hände, seine Beine, vielmehr sein ganzer Körper schmerzte wie von eindringenden Messerstichen. Das Atmen tat weh und war schwer. Er lag auf einem festen Untergrund. Flach auf seinem Gesicht, Arme und Beine ausgestreckt und er rang einen Augenblick um sein Bewusstsein.

Er krallte die Hände zusammen. Der Boden fühlte sich rau an.

Wieder Blitzlichter, zuckende Sterne und vermischte Farben vor seinen Augen.

Dann kam langsam ein Bild zusammen. Er schien auf steinernem Boden zu liegen.

Sachte bewegte er sich und drehte sich zur Seite. Er stöhnte leise auf.

Eine Erinnerung kam zurück. Die Treppen. Hoch und nieder, ohne Ende. Dunkel und ohne Ziel, das Ende.

Der Baum. Der Mann und die Wesen am Waldrand.

Er stützte sich auf.

Der Sprung. War er tot? Wie konnte es sein....

Er hob den Kopf und sah zu beiden Seiten hoch aufragende Felsen. Zögerlich sah er sich um und obwohl er in seinem Herzen im Moment des Sprunges absolut klar gesehen hatte, schien es ihm nun unwirklich. Er war ein Träumender, verloren im Nebel der Surrealität.

Er sass auf der Brücke, jener goldenen Brücke, die mitten im Felsen des Abgrundes verborgen war.

Noch einmal blickte er hoch. Für diese Höhe hätte er sich mehr als nur ein paar blaue Flecken zuziehen müssen. Prüfend bewegte er seine Glieder, was zwar schmerzhaft, aber möglich war.

Einige Schrammen, da und dort ein Hautriss, sonst nichts. Das war schon verwunderlich.

Erst jetzt überkam ihn Freude. Er hatte es geschafft! Er hatte den Weg gefunden und war auf der Brücke. Er schaute zum anderen Ende. Ein Tunnel ragte am Ende der Brücke auf und führte in den Felsen hinein.

Er sah sich um. Er war alleine, seine Gedanken bei den letzten, unvergesslichen Stunden.

Er lächelte vor sich hin. Er hatte verstanden. Diese Brücke war nicht örtlich festgesetzt und bedurfte allen Mut einer freien, verrückten Entscheidung, den vertrauten, festen Boden zu verlassen und zu springen.

Die Worte des Mannes hatten ihre Wirkung nicht verfehlt.

Er war der Dunkelheit der Nacht und der schrecklichen Entdeckung seiner Vergangenheit vorerst entronnen. Er würde einiges zu verarbeiten haben und lange daran kauen. Aber hier

auf der Brücke, da fielen der Schrecken und die Starre von ihm ab.
ER war es also...
Hatte er es erwartet? Nein, das hat er nicht. Der grossen Frage nach Gott würde er gegenübertreten, das war ihm schon früh auf dieser Reise klar geworden. Aber dass ER es war, den er finden würde...damit hatte er nicht gerechnet.
Die meisten seiner Geschichten waren Amiel noch aus den Schuljahren vertraut. Und wie bei vielen bewirkten sie diese faszinierende Fremde: Auf der einen Seite hinterliessen sie einen spröden, gelangweilten Nachgeschmack und auf der andern Seite die tiefe Sehnsucht, das Geheimnis dieser Person zu lüften. Aber dabei half ihm all die Jahre niemand.

Ehrfürchtig trat er ans goldene Geländer der Brücke und blickte in die Tiefe. So mitten über dem Abgrund sah das Ganze noch um einiges eindrucksvoller aus. Als würde der Abgrund bis zum Mittelpunkt der Erde reichen und ihren Kern spalten. „Nur ein Verrückter würde sich jemals hier herunter stürzen", dachte sich Amiel mit zittrigen Knien.
Er überquerte die Brücke, die eine bemerkenswerte Länge hatte und sich zu seiner Erleichterung kein bisschen über dem Abgrund bewegte.
Am Ende kam er in den Tunnel und sah das helle Tageslicht aus der Höhe zu ihm hinabfallen. Eine Leiter ragte hoch bis zum Ausgang. Sie sah, wie Amiel feststellen musste, nicht gerade vertrauenswürdig aus. Die Sprossen waren aus dünnem Holz, und er zweifelte daran, ob sie sein Gewicht aushalten würde? Prüfend legte er die Hände an die Leiter und gab Gewicht auf die Querhölzer.
Da tauchte oben ein Schatten auf und verdunkelte die Öffnung.
„Amiel", hörte er eine Stimme rufen. „Was für eine Freude! Langsam habe ich mich echt um dich gesorgt! Komm herauf, es wird nicht brechen, hab`s ausprobiert."

Die Stimme passte zu dem runden, vertrauten Gesicht, das nun oben über dem Ausgang erschien.
Dalin!
Er war es tatsächlich. Er war hier!
„Dalin! Was bin ich froh, dass du hier bist! Was bin ich wütend auf dich und gleichzeitig so glücklich, dich zu sehen!"
Er kletterte hoch. Die Stufen quietschten und knarrten unter seinem Gewicht und das Holz bog sich erschreckend weit nach innen. Von oben streckte ihm Dalin beide Arme entgegen, und Amiel packte diese, behaart und kräftig, sobald er sie erreichen konnte.
Dalin zog Amiel aus dem Tunnel und schloss ihn in die Arme.
Die Sonne blendete sein Gesicht. Er brauchte einige Sekunden um sich daran zu gewöhnen.
Als er sich umsah, konnte er nur staunen. Sie standen auf einer Wiese mit unzähligen, bunten Blumen. Ihr Duft verlieh der Luft eine herrliche Frische. Die Landschaft dahinter bildete sanfte, hellgrüne Hügel. Vereinzelte Bäume standen auf der Wiese. Ganz im Hintergrund war ein Wald auszumachen und am Horizont erblickte Amiel Berge. Weisse, verschneite Gipfel hinter einer blühenden Frühlingslandschaft.
Hier war es schön. Unbeschreiblich schön!
Dalin lachte und drückte ihn nochmals fest an sich. Amiel lachte ebenfalls und reckte sein Gesicht zum Himmel, um die warmen Sonnenstrahlen einzufangen und die Wonne des Augenblickes festzuhalten.
Es roch frisch, voll von blühender Natur nach einem kühlen Regen. Er fühlte Freude, tief im Innersten fühlte er sich glücklich und wohl.
Mit einem breiten Lachen auf dem Gesicht suchten seine Augen die von Dalin.
„Ziemlich mutig von dir, einfach wieder aufzukreuzen. Ganz schön dreist, deine Vorstellung!"
Dalin grinste mit noch breiterem Mund zurück. „Ein Prachtkerl, dieser Junge, das wusste ich schon lange!" Er hob seinen

Arm und klopfte ihm mit schwerer Hand auf die Schulter.
„Ein Prachtkerl", wiederholte er.
Es erschien Amiel eine halbe Ewigkeit her, seit er seinen Freund das letzte Mal gesehen hatte. Immer wieder hatte er sich an ihn erinnert und über diese Figur nachgedacht. In Wahrheit war Dalin das eigentliche Rätsel dieser Reise, nicht Noer, nicht die erlebten letzten Wochen, sondern dieser geheimnisvolle Mann, der nun wieder in alter Blüte vor ihm stand. Bei seiner Präsenz war alles frisch, alles anregend und lebendig.
Er hatte gezweifelt, ihn wieder zu sehen. Aber das waren nur kurze Augenblicke, denn meist hatte er das Gefühl gehabt, dass er nicht weit sein konnte, ja vielleicht sogar bei jedem Schritt nahe war und ihn in unerklärlicher Weise begleitete.
Diese Vertrautheit erstaunte Amiel, schliesslich wusste er nichts über diesen Mann und seine Art war ihm fremd. Aber nun war er hier und wieder bedurfte es nicht langer Erklärungen, sondern alles schien bereits erzählt und anvertraut.
Auch Dalin sagte nicht viel, schaute Amiel nur mit freudigen, herzlichen Augen an und sagte schliesslich:
„Bist du bereit?"
„Wieder eines deiner Abenteuer?", sagte Amiel.
„Aber ja, mein Junge. Es hat doch gerade erst begonnen! Aber glaube mir, nun werden deine Schritte leichter werden!" Er bückte sich zur Seite, holte seinen Rucksack und buckelte diesen auf. Ein Blickwechsel reichte aus, und beide brachen auf.
Dalin würde schon wissen wohin.

Sie wanderten durch die üppigen Blumenfelder dem Gebirge entgegen. Amiel konnte sich nicht satt sehen an dem tiefen Grün und dem landschaftlichen Schauspiel um ihn herum. Alles war zauberhaft, überragte um eine kleine Nuance all das, was er aus seiner Welt oder aus Noer kannte. Es konnte nicht derselbe Ort sein. Ein geheimnisvoller Glanz überzog dieses Land.

Sie waren schon eine Weile unterwegs, und Amiel dachte über die vergangenen Tage nach. Wie dankbar er war, dass Dalin ihm einen Moment der alten Leichtigkeit zwischen ihnen gegönnt hatte. Jetzt aber begann er wieder über das Erlebte nachzusinnen. Die letzte Nacht hatte vieles aufgewühlt und erschüttert. Er hätte es gerne verstanden.
„Ich habe so viele Fragen!", sagte er. Er stand nun still und Dalin tat es ihm gleich.
„Ich weiss", antwortete Dalin und trat an seine Seite, „es gibt viel zu ordnen in den nächsten Tagen. Dafür wirst du hier die Zeit finden. Erinnerst du dich an jenen Morgen am Fluss, als wir uns getroffen haben? Du wurdest herausgerissen aus deiner sicheren Welt, und deine Erinnerungen. Nun, ich bin daran leider nicht ganz unschuldig. Ich wollte dir ja nicht zu nahetreten, aber du hattest angefangen, alles zu vergessen. Du wolltest vergessen! Du wolltest dir ein Leben einrichten, in welchem alles Frühere keine Rolle mehr spielen sollte, und damit hättest du etwas Kostbares verloren. Als Kind, da warst du hungrig nach dem Leben, warst voller Sehnsucht und Bereitschaft, dich Grösserem hinzugeben. Aber dann, als du erwachsen wurdest, ist diese farbige, fantasievolle Welt langsam vertrocknet, bis du dich alleine den irdischen Massstäben und den rationalen Begebenheiten eurer Zeit verschrieben hast. Da wurde dir Angst, denn diese Welt passte nicht zu der kindlichen, die du hattes von dir schieben wollen.
Ich wollte so gerne diese Kinderaugen wieder öffnen! Damit sie sehen und sich erinnern!"

„Aber woran denn?", gab Amiel zurück und sein Herz wurde wieder schwer. „An das, was ich gestern Nacht gesehen habe? An diese Finsternis? Ich weiss, dass du alles weisst, und das verstehe ich nicht!", sagte er. Er spürte nun doch ein Gefühl

von Wut in sich hochsteigen, als er sich an die Erlebnisse im Tal der Bäume erinnerte, und er sah wieder das kleine Baby, das nackt im Gras beim Wald lag. „Du, dessen wahres Gesicht ich nicht mal kenne, dessen richtigen Namen ich nicht weiss, du kommst, und nimmst meine Hand, hinein in dieses Märchen. Aber ich wollte die Kinderaugen nicht mehr öffnen, und nun, da du mich dazu gezwungen hast, da blutet die alte Wunde und ihr Schmerz übermannt mich!"
Dalin war einen Moment still und sprach dann mit Nachdruck: „Verliere es nicht! Hole es dir zurück, all das Farbige, all das Lebendige, all das Sehnende! Hol dir zurück, was in diesem kleinen Kind an Schönheit und an Bestimmung verborgen war, als es diese Welt betrat! Denn dieser Tag, als du uns geschenkt wurdest, das war ein Tag so grosser Vollkommenheit und Freude!"
Die Worte trafen Amiel tief. Tränen schossen in seine Augen. „Aber, du hast sie doch gesehen! Du hast es doch auch gesehen...", Er wollte das aufkommende Beben seiner Stimme verbergen und wandte sich ab.
Dalin zog ihn an sich heran.
„Es gab viele Räuber", fuhr er leise fort, „Räuber und viele falsche Entscheidungen, doch deshalb bist du jetzt hier. Sezt dich einen Moment."
Sie setzten sich ins hohe Gras. „Sage mir, welche Frage willst du mir denn stellen, wenn es vorerst nur eine sein kann?"
Amiel dachte nach. Warum war er eigentlich hier? Es gab eigentlich nur ein Ereignis, der sein altes Leben durchkreuzt hatte. Er antwortete: „Ich würde dich so vieles fragen wollen. Die letzte Nacht hat alles verändert! Aber zuerst will ich dich fragen, ob ich zu Hause bin? Ist dies mein Land, von dem ich immer geträumt habe? Könnte es denn sein? Liegt es jenseits der Brücke?"
Dalin lächelte. „Wieder antworte ich nicht so, wie du es dir wünschest. Ja, es ist es! Und nein, es ist es nicht. Noch nicht.

Denn wir machen hier nur Rast. Ihr braucht etwas Ruhe nach den Strapazen."

„Wen meinst du denn mit wir?", fragte Amiel.

„Also dies solltest du erraten können", zwinkerte Dalin zurück. „Und jetzt höre ich auf mit den Rätseln. Du bist zu Hause! Noch nicht da, wo du hin wolltest, aber schon sehr, sehr nahe. Denn genau hierhin wollte ich dich bringen, als ich dich aufgesucht habe. Einen langen Rast lang genug, um aufzuatmen und um zu finden, weswegen du gekommen bist."

Er machte eine längere Pause und fügte dann hinzu: „Nicht jeder wäre gesprungen. Du hast es gewagt! Dieses Land hat sich dir nun aufgetan. Du hattest recht, tief innen hast du es gewusst, als du gesprungen bist. Es schenkt sich dem, der es sucht, und dem, der das Alte zurücklässt. Nun wird alles neu, lieber Amiel, und alles heil."

Amiel wusste, dass sie vom Gleichen sprachen. Es war kaum in Worte zu fassen. Er erinnerte sich an die letzte Nacht und all die Szenen, die sich ihm erschlossen hatten. Es war, als hätte sich in ihnen die Welt offenbart, hätte ihr wahres Gesicht zum Vorschein gebracht. In jenem Tal war eine Dunkelheit aufgebrochen und er musste sich ihr stellen. Die Welt aus welcher er kam, sie hatte so manch verborgenen Abgrund und so viel schöngeredete, kaschierte Dramen. Die Tage Europas standen gut, noch nie zuvor hatte der Kontinent so viele Jahre in Frieden gelebt. Die Ära der Kriege, des Hungerns und der Ungerechtigkeit schien nach vielen Jahrhunderten des Ringens und Kämpfens zu Ende zu gehen. Es gab nur noch wenige, die wirklich am Nötigsten litten und denen ein menschenwürdiges Leben verwehrt blieb.

Auf den ersten Blick war dies das goldene Jahrhundert der Freiheit. Aber auf den zweiten, da wusste so mancher, dass die Tage düsterer waren. Dass hinter den Grenzen des Wohlstandes andere Völker dafür mit bitterer Armut und Not leiden mussten und der Westen viele Menschenleben klangheimlich verschlang. Die Freiheit und Schrankenlosigkeit der einen kostete Leib und Seele der anderen.

Aber diese Nacht war noch viel mehr. Sie zeigte ihm das eigene Herz: die tiefe Verletztheit und entbehrte Kinderseele, die, doch nicht zu Gutem fähig, Wunden in des Nächsten Fleisch riss.

Es war eine komplizierte Welt, und er wusste nicht, wie sie zu erklären war.

Es gab so viel Widersprüchlichkeit und selbstherrliches Streben.

Er hatte gespürt, wie das Dunkle ihn mehr und mehr nach unten gezogen hatte, bis sich am Ende seine ganze Wucht gezeigt hatte in nackter Angst und der Feindschaft eines unsichtbaren Gegners.

Dieser unsichtbare Begleiter, der ihm schon zuvor erschienen und in der letzten Nacht zum Verfolger und Feind geworden war, er schien sich ihm mehr und mehr zu enthüllen. Es schienen Kräfte an seinem Leben teilhaben zu wollen, die nichts Gutes verfolgten. Die Summe seiner Ängste, seiner Verletzungen und seiner Schuld. Die Summe der Schuld seiner Eltern, die ihn nicht haben wollten und nicht lieben konnten.

Es gab Mächte, denen er schutzlos ausgeliefert war und die ihn zu zerstören suchten.

Dieser Begleiter, er hatte ihm schon jahrelang nachgestellt. Hatte ihn an seine Wertlosigkeit erinnert, verhöhnte ihn als schwächlich, unansehnlich, identitätslos und hoffnungslosen Fall. Ganz leise ins Ohr geflüstert, in seine Gedanken gelegt, in gesellschaftlichem Miteinander zum Vergleichen angehalten, immer wiederkehrend berieselt. War er ehrlich, so hatte er den feinen Stimmen geglaubt. Hatte sich äusserlich zwar dagegen gewehrt und für ein gutes Selbstbild gekämpft, das er gegen aussen vertreten konnte. Innerlich aber hatte er sich mehr und mehr verkrochen. Ein Rückzug ins bürgerliche Leben, das bequem war und nicht hinterfragte, jedoch auch nicht mehr hoffte und sehnte, so wie Dalin es gesagt hatte.

Er hatte nicht mehr viel von sich und seinem Leben erwartet, denn dies schien wenig Sinn zu ergeben.
Gestern Nacht hatte er diese feinen, bitteren Stimmen, diese leisen, kleinen Widersacher als leibliche Wesen gesehen. Sie hatten hier, in dieser Welt, Körper und Gestalt. Er konnte sich ihnen, je weiter sie ihn hineinführten in ihre Dunkelheit, nicht widersetzen. In ihrem Sog des Hohns hätten sie ihn für sich gewonnen.
Es hätte ihn hinabgezogen, bis ins Nichts hinein.
Aber dann kam der Baum des Lebens, dort, wo die Nägel eingeschlagen waren! Dort war der Ausweg aus dem Labyrinth! Er hatte die uralte Geschichte verstanden und konnte sie annehmen.

„Wo ist er?", fragte er Dalin.
Es bedurfte keiner Erklärungen, Dalin wusste, von wem er sprach.
„Du hast sein Reich betreten. Das Tor zum Königsland! Das Volk hat lange nach seinem König gesucht und ihn nicht gefunden, denn die vollkommenen Tage waren vergangen. Schon bald und man wird nicht mehr daran denken. Es wird bei vielen gänzlich verblassen.
Nun müssen wir Noer zurücklassen für den Rest unserer Reise. Auch wenn noch nicht zu Ende erzählt ist, was mit Noer und seinem Volk geschehen wird in den Tagen der vielen Unruhen, die du miterlebt hast, wage ich diesen abrupten Bruch, und wir gehen weiter. Treten aus dieser Bühne der Geschichte wieder heraus. Die Zeit wird kommen, in welcher alles zu Ende erzählt wird, und zwei eurer Gruppe werden dabei ihre Rolle spielen. Ich kann dir noch nicht viel davon verraten, aber etwas mehr wirst du später noch erfahren.
Wir verlassen hier Noer und seine Menschen, weil es nun wieder deine eigene Geschichte ist, die wir zu Ende erzählen müssen.

Wir wagen jetzt diesen grossen Schritt nach vorne, zusammen!"
Dalin erhob sich und schnallte den Rucksack um. „Los, mein Freund, hinein in das Neue!"
Amiel war bereit. „Ich kommt mit dir!" Und sie begannen zu laufen.
„Du fragst nicht wohin?", fragte Dalin.
„Würde ich denn eine Antwort erhalten?", fragte Amiel zurück.
„Ja, aber natürlich! Dort hinter den Hügeln, am Fusse des Gebirges, da ist das Gasthaus des Königs.
Dort werden wir erwartet: eine üppig gedeckte Tafel, bekannte Gesichter, ein weiches Bett und vieles mehr. Ich kann es selbst kaum erwarten!"

Sie wanderten los, und es sollten noch vier weitere Stunden vergehen, ehe sie ihr Ziel erreichten. Doch war es nicht ermüdend, und die Beine trugen mit Leichtigkeit und ohne zu schmerzen.
Der schmale Pfad zog sich als aufsteigender Höhenweg über die Hügel und führte sie dem mächtigen, vor ihnen aufragenden Gebirge entgegen. Zu ihrer Seite erstreckten sich weite Wälder und eine herrliche Wildnis, durchzogen von vielen Seen. Auf den Berggipfeln lag Schnee, und der Himmel war tiefblau.
Amiel wanderte mit erhobenem Blick, das Herz frei, leicht und gefüllt mit Glück.
Diese Reise, sie war das Beste, was ihm je passieren konnte!

# An die Ränder der Erde - Teil 2

## Das Haus des Königs

Auf der Bühne dieses Märchens tat sich nun eine der malerischsten Kulissen aller Zeiten auf. Hinauf zog der Weg über die immer gröber wuchernden Hügel, die das nahende, mächtig erhabene Schneegebirge vorzeichneten. Die Berge, die sich mit der Kraft uralter Gewalten der Landschaft entrissen hatten und mit hoch türmenden, steilen Felswänden tausende von Metern in die Höhe schossen, hüllten mit ihrer atemberaubenden und unberührten Wildnis die Welt in geheimnisvolle, weisse Stille.
Am Fusse dieser aufragenden Schönheit erblickte Amiel einen sich von der Landschaft abhebenden Hügel, auf dessen Anhöhe ein ansehnliches Anwesen mit einem grossen, umliegenden Garten stand. Eine Allee zog sich den Hang hinauf und bildete die gepflasterte Strasse, die zum Gasthaus führte.
Das Gut bestand aus mehreren Häusern, die sich wohlformend aneinander fügten und dem grossen Haupthaus in ihrer Mitte zugewandt waren.
Es waren herrschaftliche Häuser, denen man ihr detailgetreues Handwerk und ihre sorgfältige Pflege ansehen konnte.
So kamen sie hinunter auf den Pfad, welcher wieder anstieg und schliesslich zu den Toren der Allee führte. Keine Garde bewachte den Eingang. Die Türen standen weit und einladend geöffnet.
Sie stiegen hinauf. Aus dem Garten waren Stimmen zu hören, Kinderlachen und aus einer Ecke drang leise Musik an ihre Ohren.
Sie betraten den Hofgarten, der vor dem Haupthaus angelegt war. Eine Gruppe älterer Herren sass im Schatten der Bäume

und plauderte fröhlich. Ein Gärtner und ein Junge kehrten den Platz, und hinten im Garten rannten Kinder herum, in heiteres Spiel vertieft.
Dalin begrüsste den Gärtner und den Jungen mit herzlicher Geste und schwatzte munter über die Geschehnisse des Tages.
Der Gärtner hiess Amiel willkommen und führte die beiden durch den Park. Welch herrlicher Ort! Jedes Haus zierte ein zugehöriger Garten, jeder von ihnen in ganz eigener Art. Da waren Heckengärten mit Brunnen angelegt, ähnlich den französischen, dort kunstvolle Teiche mit exotischen Pflanzenwelten gleichsam den japanischen Gärten oder auch ganz wild und bunt spriessende Blumenwiesen. Eine Ecke war schöner als die andere.
Überall waren kleine Gruppen von Besuchern, die sich an den schönen Ruheorten erholten, mal ganz für sich die Stille suchend, mal in belebenden Gesprächen und gemütlichem Beisammensein. Der Garten bot viele schöne Plätzchen, und er machte ganz und gar nicht den Anschein, überfüllt zu sein.
Amiel staunte und fühlte sich vom blossen Anblick erfrischt und belebt. Er wünschte sich, den ganzen Tag hier zu spazieren, den Vogelgesängen zu lauschen und an nichts zu denken.
Der Friede dieses Ortes nahm sein aufgewühltes Inneres bei der Hand und setzte sich mit ihm in die Sonne.
Es war gut, hier zu sein, einfach gut.
Sie sassen lange bei einem Teich, assen, ruhten sich aus und erfrischten sich. Amiel sprach nicht viel, genoss vielmehr das leise Glück und den freien Atem. Nach dem Essen schlief er ein, den Kopf auf eine Baumwurzel gebettet und erwachte erst kurz vor Sonnenuntergang.
Dalin kam und nahm ihn mit für das Abendessen.

Sie betraten das Haupthaus und den grossen Esssaal mit den hohen, geschwungenen Kuppeln. Der Saal war mit Kerzenlicht beleuchtet, und in drei Ecken brannte ein offenes, wärmendes Feuer. An langen Tischen sassen die verschiedenen

Gäste und trafen sich zum Abendmahl. Viele hatten ihr Essen schon beendet, da die Zeit bereits vorgerückt war.
Amiel blickte sich um. Dalin hatte gesagt, es sei das Gasthaus des Königs. Er konnte nirgends eine Tafel erblicken, an der vornehme Leute sassen. Er nahm an, dass die Königsgefolgschaft oder gar der König selbst bestimmt nicht in diesem Haus wohnen würde, wenn sie hier verweilten. Sicherlich gab es noch ein Haus für die noblere Gesellschaft.
Die Menschen in diesem Raum waren wohl keine Adligen, jedoch erkannte man ihr Bemühen, sich an der feierlichen, besinnlichen Stimmung dieses Hauses zu beteiligen.
Dalin führte ihn durch den Saal, vorbei an den vielen Reisenden bis in die hintere Ecke.
„Hier ist unser lieber Freund", sagte Dalin strahlend. Als Amiel sich etwas an das schummrige Kerzenlicht gewöhnt hatte, erkannte er die vertrauten Gesichter wieder, die ihm entgegenlächelten. Am Tisch sassen Joran, Nura und Lijah.
Es war ein schönes Wiedersehen. Kein überschwängliches, sondern vielmehr überwog das Staunen über das erneute Zusammensein nach vielen ereignisreichen Stunden. Alle waren müde, nachdenklich und berührt von dem Weg, der jeden von ihnen hierher geführt hatte.

„Ihr seid auch hier!", hörte Amiel sich freudig rufen. Er war wirklich erfreut und überrascht. Er hatte nicht mit einem Wiedersehen gerechnet und war nun sehr bewegt und gleichzeitig etwas beschämt über seinen plötzlichen Aufbruch.
Sie nickten nur und lächelten. Er setzte sich zu ihnen an den Tisch.
Der Blick von Nura zog ihn sofort in seinen Bann. Wie sehr hatte sich ihr Gesichtchen verändert! Es war ihm, als wären die lange eingefrorenen Gesichtszüge nun zum Leben erwacht, und er spürte die Frische, die durch ihr kleines Wesen gezogen war. Es war berührend, sie so zu sehen.

Und auch der alte Joran, dessen Stirn stets von markanten, leiderfahrenen Furchen durchzogen war, strahlte nun etwas Neues und Friedvolles aus.
Ob auch er selbst sich verändert hatte?
So sassen sie einen Moment nur da und schauten sich an, mit den Herzen ganz nahe beieinander.

Dalin holte das Essen und stellte es auf den Tisch. Er setzte sich hinzu und schöpfte jedem etwas aus den heissen Töpfen.
„Er hat gesagt, dass du auch kommen würdest", sagte Joran schliesslich. „Welch sonderbarer Abend."
„Nicht wahr?", sagte Dalin und zwinkerte ihnen wie gewohnt zu. „Das war in der Tat eine sehr ereignisreiche Nacht. Ich freue mich, dass wir nun so zusammensitzen können auf der anderen Seite des Schattens." Er erhob sein Glas: „Auf ein Neues! Wir feiern, wir stossen an auf den neuen Morgen und die neu anbrechende Stunde. Von nun an enden die düsteren Kapitel und die mühevollen Märsche. Hier ist die Zeit der Rast und der Ruhe." Er hielt kurz inne und fuhr dann fort: „Friede möge euch einhüllen wie ein warmer, weicher Mantel."
Sie assen und tranken mit fröhlichem, leichtem Geiste. Es schmeckte ausgezeichnet und jeder langte tüchtig zu.
Der Esssaal leerte sich langsam, und als sie fertig gegessen hatten, blieben sie noch eine Weile sitzen, gespannt darauf, von den anderen zu hören, was in jener Nacht geschehen war.

Joran berichtete:
„Wir lagen ja alle beim Feuer und schliefen. Ich kann mich nicht erinnern, welche Uhrzeit es war, aber irgendwann, als das Feuer längst erloschen war, wachte ich auf. Da war ein sonderbares Geräusch, das mich aufhorchen liess, etwas, das aus dem Walde kam. Es klang wie die Rufe eines Tieres, hatte jedoch etwas so Eindringliches, dass ich es nicht ignorieren konnte. Als ich mich aufsetzte, sah ich, dass Nura neben mir sass. Sie ergriff meine Hand und hielt sie fest. „Wir müssen

gehen", sagte sie und blickt mich dringlich an. Ich war so erstaunt, dass ich mich kaum rühren konnte. All die Monate hatte sie nicht gesprochen. Sie schien verändert, und auf einmal spürte ich, dass sie genau wusste, was nun zu tun war und dieses kleine Kind den alten, vergrämten Mann nun führen musste.

In mir drinnen überschlugen sich Gedanken und Gefühle. Seit Tagen fühlte ich, wie sich etwas Entscheidendes anbahnte.

Ich trug den Brief, die Einladung des Königs in meiner Brusttasche. Immer wieder legte ich meine Hand an diese Stelle und spürte, wie mein Herz darunter raste.

Alles hatte dieser Brief umgestoßen, alles verändert. Das steinerne Herz in meiner Brust gebrochen und gefühllos, ich nahm es wieder als mein eigenes war. Ein Hauch von Hoffnung wärmte mich.

Meine Herkunft, meinen Ruf, den ich über meinem Leben stets zu sehen glaubte, das alles war durch die letzten Jahre völlig eingefroren. Ich habe von meiner Existenz nichts mehr erwartet. Ich konnte nur atmen und warten, mehr vermochte ich nicht mehr.

Ein völlig Fremder war ich mir geworden, und ich konnte nichts tun gegen die Starre, die sich an meiner Seele festklammerte und mich all meines Glaubens beraubte.

Mein Volk war ein Volk, das durch all die Jahrhunderte der Weltgeschichte festhielt an dem Glauben, dass ER, der EINE, unser Schöpfer sei und wir an seiner Hand, stets nahe an seinem Herzen, stets vertraut in seiner Nähe sein durften und eines Tages heimkehren werden zu ihm.

Und wenn auch die ganze Welt seinen Namen zu gestalten versuchte, ihm Gesichter gab und Eigenschaften zusprach, für uns blieb er derselbe. Es war nicht an uns, ihn zu formen oder ihm eine Gestalt zu verleihen. Er hatte sich uns gezeigt als der, der er war.

Als ich seinen Brief in meinen Händen hielt, da war mir, als würde ein schmutziger Vorhang von meinen Augen geschoben. In seinen Worten fand ich einen kleinen Teil wieder von meinem verlorenen Selbst, denn auch wenn ich Ihn niemals mit meinen Augen gesehen habe, oder hätte sprechen hören, war er doch mein Leben lang da in mir.

Die Klarheit, die ich an jedem meiner Lebenstage innigst herbeigesehnt hatte, nämlich ein Wort von ihm und die feste Gewissheit zu erhalten, dass ER wirklich ist und dass ich nicht ein Leben lang einem Traum oder einer Ideologie hinterhergelaufen bin, war jetzt da.

Auch wenn sich mein Land mit allen Kräften darum bemühte, die Spuren unserer Herkunft zu verwischen, so wusste ich in diesem Moment, dass ich ihm begegnen würde und in dieser Begegnung, da lag meine einzige Hoffnung auf Heilung und Frieden.

Nura führte mich leichtfüssig durch das finstere Dickicht, als wäre es taghell.

Es tat sich eine Lichtung auf, und wir traten heraus aus dem Wald. Vor uns lag ein stiller und schwarzer See und wir vermochten nicht zu sagen, wie weit er reichen würde.

Wie düster der See auch war, umso prächtiger ragte der Sternenhimmel über unseren Köpfen auf, so fern von irdischen Lichtern, so herrlich klar. Die Sterne spiegelten sich im Wasser, und mit Erstaunen sah ich die vielen tausenden, glitzernden Punkte auf der Wasseroberfläche tanzen. Es war wunderschön, irgendwie magisch. Als ich meinen Blick vom Wasser lösen konnte, sah ich Nura unten beim Ufer. Sie hielt ein Tau in der Hand, und als ich näher trat, sah ich, dass sie ein Boot zu Wasser gelassen hatte.

„Weisst du denn, wo wir jetzt hingehen müssen?", fragte ich sie leise.

Noch immer staunte ich über das veränderte Gesichtchen, von welchem tatsächlich der harte, starre Schatten gewichen war.

„Ja", sagte sie nur.

Ich nickte und bestieg das Boot, voller Ehrfurcht und Spannung. Es war klar, dass hier jegliche Kontrolle aus meinen Händen gewichen war und in jene dieses Kindes gelegt worden waren, das so viel mehr verstanden hatte als der alte, vermeintlich weise Mann.

Nura begann zu rudern, und ich horchte dem klatschenden Wasser, dass die Stille um uns brach. Ich konnte meinen Blick nicht von den vielen glitzernden Punkten im Wasser abwenden.

Und da, auf einmal, hörte ich eine Stimme, leise, sanft, unverkennbar und deutlich. Doch alleine für meine Ohren bestimmt: „Fürchte dich nicht mehr."

Ich zitterte und hob meinen Kopf.

Und noch einmal sprach die Stimme, und mich schauderte am ganzen Körper.

„Hebe deine Augen auf zu mir und zähle sie. Zähle die Sterne!"

Und sie fügte noch an: „denn ich lasse meine Verheissung nicht los."

Ich begann zu weinen, bitterlich zu weinen. Ich weinte all die Tränen, an denen ich so lange gespart hatte, und hörte, wie meine gestaute Klage die Stille brach. ER war es. Noch immer derselbe. Noch immer da.

Ich weiss nicht, wie lange wir unter diesen Sternen sassen und ich fühlen konnte, wie der Stein in meiner Brust wieder zu schlagen begann.

Als ich wieder zu Nura sah, erblickte ich ein Netz in ihrer Hand. Sie sah mich mit grossen, glänzenden Augen an. In ihnen war kein Schmerz mehr zu sehen. Sie warf das Netz aufs Wasser, wartete und zog. „Ich sammle die Sterne", sagte sie, „und die vielen Tränen."

Da wurde ich ganz still und sah verwirrt und verwundert, was sie da aus dem Wasser zog.

Perlen! Die Spiegelbilder der Himmelssterne, die die kleine Nura nun als leuchtende, kleine Kristalle aus dem Wasser angelte und in das Boot warf, bis es völlig bedeckt war mit dieser leuchtenden Schönheit.

„Denn er sammelt meine Tränen in seinem Krug", sagte sie leise.

Und endlich wagte ich, der Stimme zu antworten:

„Du bist es!", kam es über meine Lippen. „Du!"

Und dann brachte ich kein Wort mehr heraus. Es schüttelte mich am ganzen Körper. Und nein, es bedurfte auch keines Wortes mehr zwischen uns. Ich bin dem „Du" begegnet. Nichts anderes auf dieser Welt hatte ich begehrt. Nichts hätte meiner gequälten Seele in einem einzigen Wort mehr Ruhe und Frieden verschaffen können: „Du."

Und waren da auch noch viele Fragen, die zwischen uns zwein standen, noch viel Ungeklärtes, das im Schatten dieser Welt mit ihren Abgründen lag, ihr Gewicht wurde jetzt kleiner. Und nein, ich würde sie nicht vergessen, die Gräueltaten an meiner Familie. Ihr Verlust würde nicht wegzuwischen sein. Genauso wenig wie Gottes Schweigen und Zulassen. Das Ringen und Kämpfen mit ihm hinterlässt Narben, hier auf dieser Erde.

Aber sie waren nicht länger die Herren meiner Seele.

Wir überquerten den See. Das Boot quoll über mit den glitzernden Sternensteinen.

Nein, zählen konnte ich sie nicht, die vielen Sterne. Aber sie haben mich erinnert an den, der ich bin, an meine Vorväter, an meine Bestimmung. Und an dieses uralte Versprechen zwischen ihm und uns, oder vielmehr, ihm und mir.

Und während wir über den See glitten und die Tränen meine Wangen nässten, betrachtete ich die kleine Nura, wie sie immer wieder das Netz auswarf und die sich im Wasser spiegelnden Sterne aus dem Wasser fischte. Und mit jedem Kristall mehr, der unser Boot bedeckte, verlor die Traurigkeit und Schwere in unseren Seelen an Bedeutung. Da war der Grauen der Grausamkeit eines einzigen Momentes, der all die Jahre

danach zerstörte. Jetzt löste er sich langsam auf in Anbetracht des viel Höheren und Grösseren. Was hatte die Dunkelheit uns schon zu rauben? Weilte sie doch im Grunde nur einen kurzen Moment. Dauerte der Schrecken des Todes für meine Liebsten auch lange Minuten, so war das liebevolle Auffangen der ewigen Arme danach weit mehr von Bedeutung. Und wusste ich nun ihr gehalten und geborgen sein in ihm auf ewig, so hatte auch ich nicht länger zu trauern.
Nura und ich, wir durften den Schatten loslassen, da draussen auf dem See.
Wir gelangten zur anderen Seite, wo wir aufrecht und frei den Pfad beschritten, der vor uns lag und uns schliesslich hierher brachte."


*„Doch eines weiss ich: Mein Erlöser lebt;*
*auf dieser todgeweihten Erde spricht er das letzte Wort!*
*Auch wenn meine Haut in Fetzen an mir hängt und mein Leib zerfressen ist,*
*werde ich doch Gott sehen! Ja, ihn werde ich anschauen;*
*mit eigenen Augen werde ich ihn sehen,*
*aber nicht als Fremden. Danach sehne ich mich von ganzem Herzen!"*

*Altes Testament (Buch Hiob Kapitel 19, 25- 27)*


## Lijah

Niemand fand in jener Nacht schnell den Schlaf, und alle sannen der Geschichte nach, die Joran ihnen erzählt hatte. Bis zum Morgengrauen lag Lijah mit offenen Augen in ihrem Bett und starrte aus dem Fenster. Ihr Weg zur Brücke war still und unaufgeregt gewesen. Als Letzte ist sie in jener Nacht am

Lagerfeuer erwacht und erschrak, als sie erkannte, wie alleine sie auf einmal war. Die anderen waren fort, und ihr war kalt. Kaum mehr eine Glut funkelte im Feuer, und sie wartete fest in ihre Decke gehüllt auf den Morgen.

Sie rechnete nicht damit, dass jemand zurückkommen würde. Auf einmal wurde ihr die Schwere ihrer Last wieder bewusst und nun - da sie ihren Gedanken nicht mehr durch ihre Gefährten abgelenkt werden konnte - prasselte Schwermut und Einsamkeit wie Eisregen auf sie hernieder. Wie lange schon währten die Qualen, wie müde waren ihre Beine von dem vielen Reisen. Sie sehnte sich so verzweifelt nach Rast und Ruhe. Sie hatte das Gefühl, als könnte sie es nicht mehr schaffen. Nicht alleine! Ihre Kraft war gänzlich aufgebraucht.

Als das erste Graublau am Himmel erschien und sie die Umrisse der Nacht nicht länger ängstigten, zwang sie sich aufzustehen.

Sie rollte ihr Hab und Gut zusammen und band es zu einem Bündel. Dann öffnete sie es wieder und legte einige Dinge neben das verlassene Nachtlager. Zwei Bücher aus der alten Bibliothek, die ihr sehr lieb waren, Kochgeschirr und ihre Ersatzschuhe. Sie vermochte die Last nicht mehr zu tragen und beschränkte sich auf das Nötigste. Sie spürte, dass sie die letzten Kräfte für diesen Abschnitt benötigte und dass sie ihn alleine gehen würde.

Sie ging hinunter auf den weiten Wald zu. Zielstrebig und unbeirrt.

Der Tag, unter dem dichten und schweren Wolkengrau, war mehr als beschwerlich. Sie hatte Mühe zu atmen, denn starke Schmerzen drückten auf ihr Gemüt. Wie lange währte doch nun schon ihre Reise. Eineinhalb Jahre war sie unterwegs mit guten Tagen wie auch äussert qualvollen. Doch es war klar, dass ihr Zustand sich verschlechterte und sie nicht mehr lange weitergehen konnte. Sie griff an ihre Brusttasche und spürte den Brief, den sie hütete.

„Es wird nicht mehr lange dauern", hatte der Mann aus Lilibon gesagt. Das war ihr grosser Trost.
Wie schwer war es an manchen Tagen die zuversichtlich zu sein, wenn man sich nur alleingelassen und sich in nie endender Bedrängnis der Gedanken, ob es nun wirklich sein könne oder nicht, verlor.
Wie schwer es war auszuhalten, dass Leiden manchmal so lange anhält und nicht - wie so sehr erträumt - durch einen Zauberspruch von ihr abfallen würde. Und wie schrecklich, dass sie wusste, dass ER es auch wusste und es ihr dennoch zumutete.

Ihre Wanderung dauerte lang. Viel länger als sie gedacht hatte. Sie übernachtete in einem dichten Fichtenwald, als sich der Weg langsam bergaufwärts zog. Am nächsten Morgen ging sie weiter, mit langsamen, kraftlosen Schritten.
Und anders als die anderen musste sie nicht lange suchen. Ihr Herz führte sie richtig.
Schon bald stand sie auf der Klippe und blickte in die Tiefen hinunter.
Und dann, dann fiel die Schwermut von ihr ab!
Sie wusste, nun konnte sie springen! Nicht in den Tod, nein, ins Leben! Wenn sie sprang, mitten hinein ins Vertrauen, dann würde die Bürde leichter werden.
Einsam war ihr Weg gewesen, und sie wusste, dass viele, die gesund waren, nie verstehen würden, wie sich solch ein Wandern anfühlt.
Und welch klangloser Kumpane der Schmerz doch war.
Wie lange sich Minuten oder Nächte hinziehen konnten, kratzend, würgend und endlos träge. Oder wie heldenhaft das Funktionieren doch war, wie erkämpft, ohne dass es von aussen gesehen wurde. Staubig, mühevoll.
Still eben, wie vieles im Menschenleben. Getragen auf den eigenen Schultern. Gekämpft im eigenen Ring, ohne Zuschauer.

Aber jetzt, da sie in keinem der Drangsale vollends ertrunken war, erhob sie stolz ihr Haupt. Sie war hier!
Sie setzte sich hin und genoss den Augenblick, auf den sie lange gewartet hatte. Sie hatte es nicht eilig, hatte Zeit, mit ihren Augen die Kanten zweier Wirklichkeiten zu betrachten. Die Enden der Erde! Der Anfang des Königlandes.

Und als sie sprang, spürte sie das Entsetzen der Haltlosigkeit, vermischt mit unaussprechlicher Freude und Lebenslust.

Auch sie erwachte mit schmerzenden Gliedern auf der goldenen Brücke und ging mit leichterem Fuss und neu gestärkten Kräften hinauf auf die Blumenwiesen.

*„Gott zu lieben ist die grösste Liebesgeschichte,*
*ihn zu suchen, das grösste Abenteuer,*
*ihn zu finden, der grösste menschliche Erfolg"*

*Augustinus von Thagaste (354 - 430 n. Chr.)*

## Die Begegnung

Die nächsten Tage waren ebenfalls still. Sie sassen wohl oft beieinander im Garten oder beim Essen oder spazierten durch die anliegenden Felder. Aber jeder war auf seine Weise vertieft in die persönlichen Erlebnisse. Nur Nura wanderte nicht nachdenklich umher, sondern spielte ausgelassen mit den anderen Kindern und jagte durch den Garten, während Joran ihr mit leuchtenden Augen nachblickte. Sie war wieder ein Kind.

Es waren immer noch Tage der Rast. Lijah fühlte, wie ihre Last merklich schwand und dieser Ort sie stärkte und belebte.
Es gab hier so viel Herrliches zu entdecken und die Begegnungen mit anderen Gästen waren wohltuend und beschenkend.
Niemand war in Eile. Niemand wurde zur Weiterreise aufgefordert. Jeder blieb genau so lange, bis es an der Zeit war, wieder aufzubrechen.
Amiel blieb sechs Tage. Dann konnte er nicht länger warten.

Er hatte sich die ganze Nacht im Bett gewälzt, als würde ihn andauernd etwas jucken oder in die Rippen stechen. Keine Lage war in irgendeiner Weise angenehm. Einige Stunden nach Mitternacht gab er auf, zog sich an und setzte sich ans Fenster.
Er hatte genug ausgeruht und sein Inneres drängte ihn, zu gehen. Wohin?
Er wusste es nicht. Aber er freute sich, dass er loswandern konnte. Also packte er, gestärkt von der alten Abenteuerlust, seinen Rucksack. Es gab genügend Proviant für eine Woche. Bei all den Früchten und Beeren, die hier im Lande zu finden waren, brauchte er sich nicht zu sehr zu bemühen. Er schnürte die Schuhe, ergriff einen Stock und bevor der Morgen anbrach, marschierte er los. Dalin brauchte er nicht Bescheid zu sagen. Diesmal sollte der sich wundern!

Der Tag war frisch, die Luft klar, und er wanderte einfach drauf los, hinunter zum See, den er schon lange von Weitem erspäht hatte und dessen wilde Schönheit ihn anzog.
Er genoss es, allein mit der Natur zu sein und sich im fortwährenden Gang zu verlieren. Hier wurde man einfach nicht richtig müde. Er konnte stundenlang gehen und fühlte sich gut dabei. Nach gut sieben Stunden Wanderung kam er beim See an, wo er beschloss, zu bleiben. Er mied zwar den Wald zum

Übernachten, aber hier im offenen Gelände fühlte er sich sicher.

Er hatte Dalin die letzten Tage über beobachtet. Die Vertrautheit, die Dalin in seinem Gegenüber auslöste, war durchaus nicht auf ihn beschränkt. Dalin schien jeden Gast persönlich zu kennen und verbrachte mit allen Zeit. Dennoch hatte man nicht das Gefühl, zu kurz zu kommen, und auch er schien sich nicht ohne Ende zu verausgaben. Er war natürlich, fröhlich und doch immer tiefgründig.

Amiel hatte das herrschaftliche Haus mit all seinen prächtigen Räumen sowie die herrlichen Gärten durchwandert. Es gab nur zwei oder drei Zimmer, die nicht für die Gäste bestimmt waren, und für Amiel blieb das Alles ein Rätsel. Aber wie gewohnt ging Dalin nicht auf die Fragerei ein und wies ihn nur an, vorerst mal das Essen und den Schlaf zu geniessen, alles andere würde folgen.

Und so kam dann die alte Unruhe wieder über ihn und er fühlte sich rastlos, da das, weshalb er hier war, noch nicht beendet war.

Also bedurfte es weiterer Erkundigungen.

Es schien ihm, als müsse er raus aus diesem allzu behüteten Ort. Hin zu den Feldern und zu den Fragen, die noch immer auf seinem Herzen lasteten!

Hier an der Stille des glatten Sees fand er Zeit, wieder einmal alles zu büscheln und zu überlegen, was zu tun sei. Er hatte schon verstanden, dass Dalin unberechenbar war und ihn nicht in seiner Reise manipulieren oder zu etwas drängen würde, was doch von selbst passieren würde.

Es gab wie immer keine Abkürzung.

War er ehrlich, so hatte er nicht die geringste Ahnung, was nun zu tun sei, und er musste über seine nüchterne, europäische Art und Weise lachen, die versuchte, mit dem Verstand die Dinge voranzutreiben.

Und doch schien ihn sein Unterbewusstsein beharrlich in die Seite zu stossen, als sei es doch gänzlich klar, was es nun zu klären galt.

Seit Tagen war er innerlich rastlos durch die Gärten gestrichen und durch das grosse, herrschaftliche Haus gezogen, um etwas zu suchen. Er hatte jede Szene beobachtet, keine Bewegung entging seiner Aufmerksamkeit. Er hatte Hinweise gesucht, Hinweise auf den König und sein Auftauchen. Oder auf seine Geschichte, seine Person.

Ihm war nun klar, dass er ihn so nicht finden würde. Erst brauchte er Zeit, Zeit, während der er alleine auf den See starren könnte und sich die zentral aufdrängenden Fragen in Ruhe stellen konnte, um sein Herz zu einer Positionierung zu bringen. Vorher gab es keine weitere Erkenntnis, das war ihm nun klar. Die Unruhe in ihm drinnen suchte er nun zu bändigen.

Er wühlte in seinem Rucksack und zog jene Worte heraus, die als Inschrift in den schmalen Pfad bei der Klippe geritzt waren.

„Ein Land, eine ferne Heimat,
eine längst verlorene Würde,
der Ort, der vergessen ward
und niemals mehr gefunden,

bis sich das alte Wort erfüllt
und heimkehrt des Landes König,
der einzog in die Trümmer,
der besiegte aller Tage Fluch
und errichten wird die neue Stadt.

Der erneuert das alte Erbe
und erbaut das neue Tor,
der weist den verborgenen Weg,
sodass einziehet jeder, der erkennt die Säulen des Friedens,
die Tiefe der Entäusserung, die ewige Gestalt der Liebe."

Lange liess er die Worte auf sich wirken und las sie mit behutsamer Sorgfalt immer und immer wieder. Dann zog er den leeren Briefumschlag heraus, den er besonders sorgsam gehütet hatte und strich mit den Fingerspitzen über das geschwungene Siegel. Dalin hatte ihm den Umschlag in sein Reisegepäck geschmuggelt, damals in Luuns Gasthaus.
Er dachte an Lijahs und Jorans Einladungen. Nie hatte er einen Blick darauf geworfen oder wusste um die Worte, die darin verfasst waren. Er faltete das Gedicht und steckte es in den leeren Umschlag. Lange Zeit hielt er ihn in der Hand und starrte aufs Wasser.

Er dachte an jene Nacht im Tal. An die finsteren Höhlen und Treppen, die ihm den Tod vor Augen gebracht hatten. Er war ein sterblicher Mensch, dies hatte ihm diese Reise gezeigt.
Er hatte nie darüber nachgedacht, wie winzig klein er in Anbetracht all dieser unendlichen Grössen um ihn herum, der Naturgewalt, der Weite des Universums und der Macht der Zeit war. Aber jetzt erschien es ihm klar wie Glas.
Er dachte an jene Begegnung beim Baum. Der Mann, die Nägel im Baum. Es erschien ihm so unsagbar geheimnisvoll und gleichzeitig so entwaffnend deutlich, wer jener Mann gewesen war.

Aber konnte es denn sein? Und warum war es so?
Diese Geschichte war derart verrückt. Und jetzt schien sie ihm langsam den Schleier von den Augen zu ziehen und ihm etwas zu offenbaren, das er so nicht erwartet hatte.
Sie zeichnete immer klarere Konturen. Sie führte ihn mit entwaffnender Ehrlichkeit durch die eigene Zerrissenheit und die eigenen Abgründe hindurch in ein fiktives Land, das ihm seine Hintergründe offenbarte, um ihn jetzt auf eine ganz bestimmte Spur hinzuweisen. Diese hatte klare Umrisse.
Er, der Philosoph, war sich das nicht gewohnt.

„Gott!", rief er aus, und horchte, wie dieses Wort durch die Stille drang. Die Angelegenheit drehte sich letztlich und zweifellos um Gott.
War er froh? Ja, das war er. Aber gleichzeitig fühlte er sich gehemmt, diesem grossen, unendlichen Wort und vielmehr seiner Gestalt näher zu kommen.
Noamer hatte sie kurz veranschaulicht, diese Fragen der Menschheit nach Gott. Und seit längerem schien ihm klar, dass Dalin auf dieses aus war, aber er wollte sich nicht festlegen lassen.
Er war kein Kirchenliebhaber. Um ehrlich zu sein, hatte er jene Menschen bisher innerlich als Heuchler, als etwas zu sehr hilfsbedürftig und schwächlich betrachtet. Doch nun war die eigene Schwäche ihm zu Genüge vor Augen geführt worden. Er war ein rastloser Reisender, der wohl zu überleben und zu beschönigen wusste. Aber wenn er denn ganz, ganz ehrlich war, dann war nicht viel Fleisch am Knochen. Dann traten hinter all der Leere seines ungeklärten Gesichtes und all der biographischen Lecke noch ganz andere Unzulänglichkeiten auf. Sie waren völlig natürlich, völlig unspektakulär und vollkommen menschlich wie bei jedem anderen.

Er entfachte ein Feuer, denn es begann zu dämmern und ihm wurde etwas kalt. Er ass von seinem Reiseproviant, vertrat sich dann kurz die Beine und setzte sich zurück ans Feuer.
Die ganze Nacht würde er still dort sitzen und nachdenken und erst kurz vor dem erwachenden Morgen in einen besänftigenden Schlaf fallen.
Die Nacht hatte etwas Heiliges, fand Amiel. Er fühlte sich sicher und seine Seele war ruhig. Er horchte den Rufen der Nachteule und dem gelegentlichen Rascheln von Tieren und dem Wind.

Was vermochte ihn zu überzeugen? Es ging hier nicht um Religion, nicht um eine Glaubenslehre und nicht um überirdische Weisheiten. Es ging einzig und alleine um eine Person! Ihr war er begegnet und sie zu sehen, ersehnte er von ganzem Herzen.

Diese Person, den vergessenen König und sein Reich, er kannte ihn längst aus seiner Kindheit. Kannte ihn aus unbequemen Kirchbänken einiger Pflichtbesuche und dem Regal kaum berührter Bücher, denen heute niemand mehr viel Wert beimass.

Dalin führte ihn also auf diversen Umwegen und vielen mühsamen Schritten nicht etwa zu neuen Ufern und ausgeschweiften, modernen Erkenntnissen- sondern vielmehr zum jahrtausendealten Erbe Europas und darüber hinaus.

Gott nahm in dieser Reise nicht etwa das berauschend neue Gesicht der allumfassenden und überall anzutreffenden, für jedermann frei gestaltbaren Gottheit an, an der in seiner Heimat so fleissig und eifrig gebastelt wurde. Nein, er hatte einen Namen, und er hatte einen Sohn. Und dessen Gesicht war klar, kantig und unbestechlich!

Derselbe, der schon immer war und auf ewig sein würde.

Diese Person, der er sich jetzt mit offenem Geiste näherte, beanspruchte, dass er sich ihr so näherte, wie sie sich ihm zu erkennen gab.

Er musste ehrlich sein, Das befremdete ihn und seine moderne Erziehung. Ihn war gelehrt worden, die Welt über das Denken zu erschliessen. Diese vernunftgemässe Welt war voll mit genialen Büchern und Einsichten, die der menschlichen Hand und dem menschlichen Gehirn entsprangen. Waren doch die vielen Erkenntnisse und Wissenschaften der Menschheitsgeschichte eine bedeutende Errungenschaft.

Aber es ging hier nicht darum, diese klein zu reden. Er wusste, es ging hier nicht um die verschiedenen Wahrheiten und darum, eine über die anderen zu heben. Es gab nicht einen einzigen Weg, eine für alle gültige Erkenntnislehre. Hier ging es einzig und allein um die Persönlichkeit, die sich ihm entschleierte.

Er kramte seine Sachen zusammen und machte sich auf. Es zog ihn zum Wald. Im Wald war es still. Nur das leise Rascheln des Windes und das dumpfe Auftreten seiner Füsse waren zu hören. Hie und da vernahm man leises Vogelgezwitscher.
Er atmete tief ein, roch den angenehmen Duft von Holz und Erde, von Moos und feuchtem Gras.
Er wanderte und wanderte, ohne dass die Füsse müde wurden. Er wusste nicht, wohin der Pfad ihn führte und fühlte sich dennoch in keiner Weise ziellos. Es war, als versöhne ihn jeder der getanen Schritte mehr mit dem Leben, das er geführt hatte, das er so oft als sinnlos und mühselig empfunden hatte.
Und dann spürte er es! Er spürte eine kraftvolle Urgewalt, die durch und durch heilig, hell und in sich vollkommen war. So etwas hatte er noch nie gefühlt. Da war jemand! Jemand, der ihn kannte, der um ihn wusste, ja, der selbst jede Sekunde seines verstrichenen Lebens gesehen und gehalten hatte.
ER hatte sich ihm gezeigt.
Amiel sah in der Ferne ein Licht. Er wusste, auf was er nun zuging, und sein Herz begann wild zu klopfen. Es war ihm, als würde er in tausende Scherben zerbersten, so kraftvoll war dieser Augenblick. Er hoffte, sein Körper würde die Gewalten aushalten können, und mit zittrigem Schritt bewegte er sich auf das Licht zu.
Hatte er nicht ein Leben lang begehrt, Jenem zu begegnen? Hatte er sich nicht danach verzehrt, auf jene Spur zu treten und seine Augen gänzlich geöffnet zu bekommen?
Er fühlte sich so klein und zerbrechlich in Anbetracht der Grösse, die ihm entgegentrat. Da, um die nächste Biegung, da würde er stehen und ihn ansehen. Amiel wusste es mit solch durchdringender Gewissheit, dass es ihm den Atem nahm.

Nach langem Suchen war er jetzt angekommen und alles, was er zu tun hatte, war mutig weiter zu gehen und ihm zu begegnen. Er fürchtete sich und freute sich im gleichen Moment so unermesslich stark, dass sein Herz ihm zu zerspringen drohte.
Der Wald gab die Sicht frei und da, wenige Schritte von ihm entfernt, stand ein Mann in weissen Kleidern. Amiel erkannte ihn.
Sein Gesicht war hell wie der Morgen und er streckte ihm die Arme entgegen und lachte. Da war nichts Bedrohliches, nichts, was ihm hätte Mühe bereiten müssen. Dennoch schaffte er es kaum, den nächsten Schritt zu tun, so angetan war er von jener Gestalt.
Und als Amiel näher trat, erkannte er voller Erstaunen zwei ihm vertraute Züge in jenem Gesicht!
Da war zum einen das Gesicht jenes Mannes beim Baum, dessen Gesicht er wiederzuerkennen erwartet hatte, und da war noch ein anderes! Ein ihm sehr nahes und vertrautes! Er erkannte Dalins Züge in jenem Gesicht wieder und blieb voller Verblüffung stehen.
„Dalin?", sagte er mit zittriger Stimme!

Der Mann lächelte.
Er trat zu Amiel, streckte seine Hände aus und umschloss mit beiden Handflächen Amiels Wangen. Eine kurze, sanfte Geste. Dann glitten seine Hände hinunter und griffen nach denen Amiels, die er umschloss und sanft festhielt.
„Wie schön, dass du gekommen bist!", sagte er. „Mein Freund, mein lieber, wunderbarer Freund!" Er hielt einen Moment inne, und sie sahen sich an. Hier, unter den hohen, grünen Baumkronen begegneten sich jene beiden Herzen, die seit Jahren aufeinander zugewandert waren. Amiel hatte das Gefühl, er müsse in der Intensität dieses Augenblickes, an dessen Schönheit, vergehen. In jenen Augen fand er sich wieder, fand er jene Kraft, jene Fülle, die er bisher nie gefunden hatte.

Der König trat einen Schritt zurück, und durch die anmutigen Züge seines Gesichtes drang jenes verschmitzte Lächeln, das Amiel so gut kannte.
„Ja, Dalin war tatsächlich jene Gestalt, mit welcher du mich bislang kanntest. Sie ist ein Teil von mir. Jetzt aber, da du mich gesucht hast, wirst du mehr von mir sehen."
„Dann bist du also als König getarnt in Dalins Gestalt durch die Lande gereist?", entgegnete Amiel.
„Nun ja", sprach der König, „so könnte man es tatsächlich nennen. Ich war nie weg aus Noer noch war ich jemals weg aus deiner Heimat. Aber sehen, sehen können mich so nur jene Augen, die bereit dafür sind."
„Du...du bist...", begann Amiel. Er unterbrach sich. Der König sah ihn liebevoll an.
„Ja, genau der bin ich. Du hast es erkannt. Du hast diese Geschichte in dein Herz gelassen, hast dich mitreissen lassen von dieser uralten Erzählung. Du hast nicht gescheut, deine Augen den Höhen und Abgründen zu öffnen. Du warst mutig genug, dich nicht zurück zu wünschen in die Bequemlichkeit und Leichtigkeit deines alten Lebens. Und du bist nicht umgekehrt. Du hättest die Wahl gehabt, denn der Weg zurück wäre ein Leichtes gewesen, nur ein paar kleine Schritte."
Amiel nickte. „Ich konnte es nicht. Und jetzt, da ich bei dir bin, da möchte ich dich gerne so vieles fragen!"„Ja", sagte der König, „jetzt ist die Zeit da." Er legte den Arm um Amiel. „Doch komm, lass uns erst zu unserem Nachtlager reiten, damit wir uns stärken können und die Nacht uns dann alle Zeit lässt, deine Fragen zu beantworten."
Er pfiff laut. Amiel hörte Hufe donnern, und aus der Ferne kamen zwei Pferde heran galoppiert. Grosse, edle Tiere von herausragender Schönheit. Sie waren beide gesattelt und trugen Gepäck bei sich. „Na, welches willst du reiten?"
Amiel besann sich seiner kümmerlichen Reitkünste und wählte das kleinere, grausilberne Tier zu seiner Rechten. Sie stiegen in die Sättel und trabten davon. Meilenweit erstreckte sich

der schöne Wald, und es war ein herrliches Gefühl, ihn zu Pferde zu durchreiten. Dann verliessen sie den Wald und ritten wieder dem Gebirge zu. Fast zwei Stunden waren sie so unterwegs.

Der König führte sie zu einem gemütlichen Rastplatz, der am Ufer eines stillen Flusses lag, der sich gemächlich durch die weite Ebene wand. Hier stand ein Zelt aus kostbaren Stoffen, in dem einige Schlafplätze untergebracht waren. Es gab eine Feuerstelle sowie einen Tisch mit Bänken unter dem schattigen Dach einer alten Weide.

Sie sattelten die Pferde ab und liessen sie grasen. Der König holte Decken, eine Öllampe und das Abendessen aus dem Gepäck, und sie machten es sich bei einem Feuer gemütlich. Sie assen helles, knuspriges Brot mit Ziegenkäse und Nüssen, dazu Beeren, Weintrauben und Honigkuchen. Ein köstliches Mahl. Der Abend war einmal mehr klar und warm.

Amiel fühlte sich wie ein Träumender.

Nun war es Zeit, die vielen Fragmente zusammenzufügen.

„Ich versuche, all dieses Eigenartige der letzten Wochen einzuordnen. Versuche, die Jahre, die ich gelebt habe, mit all dem zu verbinden, das mir hier widerfahren ist. Ich versuche zu verstehen, warum ich dir in meiner Heimat nie begegnen konnte, wo wir doch geschichtlich so eng mit dir verknüpft sind. Wo die Bücher über dein Leben noch herumstehen und einige wenige in der Gesellschaft dadurch auffallen, dass sie sich zu dir stellen und mit konservativen Meinungen die Allgemeinheit verstören. Ich bringe es einfach noch nicht zusammen", fuhr Amiel fort.

Der König lachte laut auf. „Ja, da gibt es wirklich viel, was wir uns erzählen können", erwiderte er. „Wo also wollen wir beginnen?"

Amiel dachte nach. Dann sagte er: „Am Besten, ich erzähle dir einfach mal, wie ich das so sehe. Ich meine, die grösste und brennendste aller Fragen, nämlich die, wer ich bin, die werde

ich jetzt noch nicht stellen. Ich hatte nicht das Glück wie die anderen Menschen, eine Herkunftsfamilie zu haben, von welchen ich gute Gene geerbt und Liebe empfangen habe. Alles begann mit diesem finsteren Loch, das in meinem Bewusstsein offen klaffte. Dann schlug ich die Augen auf und war einfach da. Allein und voll von Angst. Ich wurde gefunden, aufgepäppelt, in die Gesellschaft eingegliedert und hatte das grosse Glück, von tollen Eltern gemocht und gefördert zu werden."
Er schluckte. „Du kennst das Leid unserer Familiengeschichte, kennst meine erbärmliche Rolle darin. Hast gesehen, wie feige ich vor all dem davongelaufen bin. Ich konnte einfach nicht richtig leben, bis ich nicht wusste, was das dunkle Loch in meiner Erinnerung zu verbergen versuchte. Aber ich lenkte mich ab, hakte mich ein in die Gesellschaft, war ein stiller und angenehmer Mitbürger, der sich auf einmal ganz wohl fühlte in der Norm. Ich fing damit an, mich damit abzufinden, dass ich es nicht ändern konnte. Doch dann kamst du! Ich habe nie viel an dich gedacht, habe allen Glauben von mir ferngehalten, denn es waren einfach viel zu viele offene Fragen, die mir niemand hätte erklären können. Die Standardfloskeln mochte ich nicht. Und wenn ich angefangen habe, über Leben und Sterben, Sein und Vergänglichkeit nachzudenken, dann wurde mir das viel zu bedrohlich. Was hätte ich kleiner Mensch denn schon in Anbetracht all dieser grossen Fragen entgegnen können? Mich für eine bestimmte Wahrheit zu entscheiden, wo sich heute doch eine solch grosse Anzahl davon anbieten, das erschien mir zu plump."
Er seufzte, „Aber als ich dich an dem Fluss getroffen habe, da hast du in einem einzigen Augenblick all die aufgestaute Sehnsucht, all das zurückgehaltene und stillgesetzte Begehren nach Tieferem geweckt. Es war noch nicht tot, es war bloss ruhig gestellt. Und dann bin ich dir voller Abenteuerlust und voll Feuer nachgereist durch diese verrückte Welt Noer. Stets auf der Suche nach diesem Zuhause, nach dem Traum, der mich nie losgelassen hat. Ich hatte so ein Gefühl, dass ich am

Ende der Frage nach einem Gott begegnen werde, aber ich war zu verwirrt, um es klar zu sehen. Aber dann, dort unten im Tal der zwei Bäume, da kam sie mir in Erinnerung, die Geschichte aus dem alten Buch, die mit dem Baum und der Schlange beginnt und mit dem Baum des Lebens endet. Ich habe die Nägel im Baum gesehen. Erinnerte mich an deine blutigen Hände, die wir dir zugefügt haben und verstand, dass du es bist, der nun für mich in den Schlund des Todes schreitet, an meiner Stelle. Ich hätte dem Tod nicht länger entwischen können. Er hatte mich. Schon damals, als Säugling. All die Jahre war er ein stiller, schrecklicher Begleiter, und ich bin ihm nie entkommen, wie sehr ich es auch versucht habe. Das Entsetzen hat mich befallen, als ich sah, dass es am Ende meines Weges nur die Stufen gab, die mich in die Tiefe führten. So, als hätte der, der mich von Anfang an beraubt und betrogen hat, am Ende gesiegt."
Er hielt inne. „Und... du bist da für mich hinuntergestiegen. Die Geschichte von deinem Kreuz, ich konnte sie auf einmal verstehen und greifen. Und ich wusste, ich musste jetzt springen, dir mein Leben schenken. In diesem einen Moment wusste ich, dass ich aus allen Wahrheiten, die ich bisher gehört hatte, diese eine erwählen wollte, auch wenn das verrückt ist. Es hat mit einem mal Sinn ergeben. Gott, der zu uns hinabsteigt, mitten in die Vergänglichkeit, mitten in die Pein. Und sich selbst in aller Klarheit und doch in aller Stille und Einfachheit als Antwort auf all die Entbehrung und Ungerechtigkeit auf dieser Erde hingegeben hat."

Der König schwieg, doch seine Augen glänzten.
Amiel fuhr fort: „Und dann, dann wollte ich dich sehen! Und wollte dich aus tiefstem Herzen fragen, ob ich das so richtig verstanden habe?"
Er sah dem Mann in die Augen. Einige Augenblicke verstrichen, ehe der König mit leiser Stimme antwortete: „Ich kenne dich nun schon so lange, mein lieber, lieber Freund! Von der

ersten Sekunde an, als dein Herz zu schlagen begonnen hat. Ja, sogar weit davor. Es gibt nicht viel mehr Liebreiz, als ein Kind heranwachsen zu sehen, mit dabei zu sein auf seinem Weg. Und es gibt nicht viel, was mehr schmerzt, als mit anzusehen, wie die Welt ihre Wunden in die Menschenseele reisst, wie Schicksalsschläge das doch so Geliebte verdunkeln und verkümmern lassen. Ich wünsche mir nichts sehnlicher, als dir hier und jetzt alles zu schenken, was ich habe! Dich an all dem teilhaben zu lassen, was mein Königreich umfasst. Ja, du hast so vieles erkannt! Und gerade weil es so ist, weil ich gestorben bin, um den Fluch der Nichtigkeit und Vergänglichkeit zu brechen, und weil ich nun lebe, will ich dir das volle Leben schenken! Du sollst nicht länger herumirren mit gequälter Seele, sollst nicht länger trauern um das, was dir gestohlen wurde. Und du sollst auch nicht länger stolpern müssen über deine Schuld, die dich gefangen hält. Ich habe dich zu mir gerufen, damit du neu wirst! Vollkommen neu und frei!"
Amiel nickte, Tränen traten ihm in die Augen. „Bitte, ich wünsche mir nichts sehnlicher, als all das endlich loszulassen und neu anzufangen. Aber wie soll das gehen? Ich meine jetzt vor allem Lyon, ich habe doch sein Leben, seine Unversehrtheit auf dem Gewissen. All den Kummer und die Last seines Schicksals werden sich nicht ändern, wenn ich dich jetzt um Vergebung bitte! Und auch nicht das Leben meiner Eltern. Wenn du mir hier und jetzt meine Schuld vergibst, was wird sich dann für sie ändern?"
Der König strich ihm übers Haar. „Natürlich, es wird sich alles ändern! Ja, du hast Geschehnisse zu verantworten, aber du musst wissen, dass die Sache mit der Schuld um einiges weiter greift. Jeder Mensch prägt mit der eigenen Begrenztheit das Leben von anderen. Jedes menschliche Herz trägt Eigensinn und vermag nur begrenzt, zu lieben. Es gibt keinen, der davon ausgenommen ist, keinen, der sich mit seinem Leben nicht mitschuldig macht am Leid von anderen. Die Sache ist bereits sehr verworren, da hast du recht. Ja, ich starb um die Schuld

an sich, diesen ganzen, ewigen Kreislauf der irdischen Grenzen und u Mängel der Menschheit auf mich zu nehmen. Auf die Schultern Gottes! Wenn ich sie trage und jegliche Konsequenz dafür erdulde, so musst du es nicht länger tun. Und glaub mir, du wirst sehen, wie sich alles ändern wird, alles."
Amiel dachte lange nach, und die Worte sanken in sein Herz. Es kostete ihn Überwindung, die lang gehegte Bürde loszulassen. Dabei war es im Grunde klar, was das bedeuten würde. Er musste nach Hause gehen und die Wahrheit erzählen, ganz egal, was dann geschehen würde. Er blickte auf und sah in dieses sonderbare, schöne Gesicht seines Gegenübers.
So war das also mit den vom Menschen getriebenen Nägeln in die Hände des Erlösers. Gott antwortete damit der Welt und ihrem Leid auf seine Weise. Er hatte sie doch gehört, all die Schreie der Elenden und notleidenden Menschen. Er nahm die Schmerzen der Welt nicht durch einen Zauber weg, wie Amiel es von dem Gott, der diese Welt doch erschaffen hatte, im Grunde erwartete. Er befreite nicht durch das Wegräumen allen Leides, sondern überwand den tieferliegenden Bann.
Gott selbst, Herrscher des Universums, erschien der Erde in der Gestalt eines Babys, wurde einer von ihnen und wurde dadurch sichtbar. Ein Mensch eben, bedürftig und schwach. Und dieser Mensch zeigte der Welt, wie Gott ist, wie wir uns ihn vorstellen können durch die vielen, wundersamen Geschichten, die damit enden, dass er ganz und gar auf seine Grösse und Allmacht verzichtete und sich uns dadurch nahte.
Ja, diese weit ausgestreckte, sich verschenkende Hand eines sich zeigenden Gottes, die konnte er ergreifen.

*„Da kam ich an dir vorüber und sah dich und siehe, deine Zeit war da, die Zeit der Liebe. Ich breitete den Saum meines Gewandes über dich und bedeckte deine Blöße. Ich leistete dir den Eid und ging mit dir einen Bund ein und du wurdest mein. Dann wusch ich dich mit Wasser, spülte dein Blut von dir ab und salbte dich mit Öl. Ich kleidete dich in bunte Gewänder, zog dir Schuhe aus Tahasch-Leder an, band dir Byssus um und hüllte dich in Seide. Ich schmückte dich mit Schmuck, legte dir Spangen an die Arme und eine Kette um den Hals. Ich gab einen Ring an deine Nase, Ohrringe an deine Ohren und eine herrliche Krone auf dein Haupt. Mit Gold und Silber konntest du dich schmücken, aus Seide und buntem Gewebe war dein Gewand. Feinmehl, Honig und Öl aßest du. So wurdest du überaus schön, du wurdest tauglich zu königlicher Herrschaft.*

*Altes Testament (Buch Hesekiel Kapitel 16,10- 13, 2016)*

## Der Hirte

Als das Feuer niedergebrannt war und sie beide sich zum schlafen hinlegten, fragte der König: „Magst du dich noch ein letztes Mal auf etwas einlassen? Ich würde dir gerne noch etwas zeigen."
„Hat es vielleicht damit etwas zu tun, worüber ich mich heute Abend nicht getraut habe zu sprechen?", entgegnete Amiel.
„Ja, das hat es!", erwiederte der König. „Und für den letzten Teil unserer gemeinsamen Reise nenn mich doch wieder Dalin. Ich mochte den Namen so."
„Sehr gerne", antworte Amiel und grinste vor sich hin. Dann fiel er in einen tiefen, geruhsamen Schlaf.

Nur ungefähr drei Stunden später wurde er von einem ungewohnten Geräusch wieder geweckt. Er brauchte eine Weile, ehe er sich wieder bewusst wurde, wo er sich befand und genauer hinhorchen konnte. Was war das?

Das Geräusch musste ein Stück weit von ihnen entfernt sein, es hörte sich wie gequältes Schluchzen an. Amiel richtete sich auf.

„Dalin?", fragte er. Doch zu seinem Erschrecken sah er, dass das Bett neben ihm leer war.

Er stand auf, warf sich seinen Umhang über und trat aus dem Zelt.

Die Pferde waren verschwunden.

Er seufzte. Warum nur war er in solchen Momenten immer alleine?

Er horchte wieder.

Hörte er jemanden weinen?

Ja, da weinte ein Kind!

Augenblicklich erstarrte Amiel, und ihm wurde klar, was hier vor sich ging.

„Oh nein!", hörte er sich laut aussprechen. Er spürte, was nun kommen würde. Nun würde sich jenes Kapitel noch einmal öffnen, das er gerne für immer von sich geschoben hätte.

Er zwang sich, ruhig zu atmen. Die tiefe Nacht umgab ihn und es waren nur wenig Sterne am Himmel zu sehen. Bloss ein dünner, fahler Mond erhellte die Finsternis. Er wusste, was Dalin ihm zeigen wollte. Aber hatte er denn vergessen, welch tiefer Schrecken damit einherging? Er hatte ja einiges gewagt auf dieser Reise, aber dies hier würde seine letzte Kraft benötigen.

Er fühlte sich starr vor Angst, jenem Kind noch einmal zu begegnen.

Langsam und vorsichtig ging er in die Richtung, aus welcher das Schreien kam. Immer wieder blickte er sich um. Nur zu

gut erinnerte er sich an die letzte Begegnung mit seinem Verfolger. Was würde er tun?
Was wollte Dalin, dass er jetzt tat?
Er besass kein Schwert, keine Waffe, mit welcher er sich hätte verteidigen können. Aber wenn er genau darüber nachdachte, war es wolmöglich das Kind selbst, das ihm solche Angst machte. Ihm zu begegnen und damit seiner Vergangenheit, kostete ihn weitaus mehr Mut als noch einmal jener kahlen Gestalt gegenüber zu stehen.
Er fasste sich ans Herz. Genau wie alle anderen Szenen dieser Reise, würde auch diese begleitet sein von Dalins Hand. Bislang hatte es immer einen tieferen Sinn gegeben, und er wusste, es gab kein Zurück. Also ging er auf den dunklen Wald zu.

Die Szene war genau dieselbe. Er kannte diesen Wald, der sich in der Dunkelheit der Nacht wie in einem Halbkreis um die Wiese schloss. Er hörte das Kind wimmern im Gras. Er selbst lag da.
Einen Moment wollte er laut aufschreien, eingeholt von der alten Furcht, die ihn im Sturm einholte, als er sich in dieser Erinnerung wiederfand, genau an jenem Ort. Er wollte nicht daran erinnert werden.
Aber er wagte sich noch ein paar Schritte vor und nahm all seinen Mut und seine Entschlossenheit zusammen. Er würde jetzt nicht zurückweichen. Diesmal nicht.
Der unsichtbare Begleiter war nicht zu sehen. Und auf einmal wusste Amiel, dass er auch nicht kommen würde. Er war nicht mehr Teil dieser Szene.
Dann konnte er es sehen.
Das Baby lag im Gras.
Es hatte gerade erst diese Welt betreten und doch schon vom Leid gezeichnet. Amiel sah, dass es zerschunden und blutig war, als sei es geschlagen worden. Seine Glieder waren dünn und ausgemergelt.

Amiel traute sich nicht, es anzufassen oder ganz nahe zu treten. Er betrachtete das kleine Wesen und Tränen traten ihm in die Augen.

Das ganze Ausmass der Tragödie erstreckte sich vor seinem inneren Auge, als er sich selbst da liegen sah und wusste, dass er selbst genauso wenig tun konnte wie das Kind. Es waren die Eltern, die versagt hatten. Sie waren weggegangen und wollten, dass er bald sterben würde. Sie vermochten nicht, für ihn zu sorgen.

Wie Schuppen fiel es ihm von den Augen, als er verstand, woher seine ganzen inneren Kämpfe kamen. Es war diese lähmende Schutzlosigkeit, die er in sich selbst erblickte. Sein Leben lang war er rastlos und suchend geblieben. Früh schon hatte er sich geschworen, niemandem wirklich sein Vertrauen zu schenken.

Seiner zweiten Familie hatte er klare Grenzen gesetzt, die ihnen nie die volle Nähe gewährten. Da war diese Distanz zu jedem Menschen eine sorgfältig errichte Mauer um sein Herz.

Die Wurzel seiner ständigen Unsicherheit und seines Selbstzweifels lag hier vor seinen Füssen.

Die, die ihn in die Welt gesetzt hatten, hatten es verpasst, Eltern zu sein. Ja, er sah, dass sie ihm vielmehr Gewalt angetan hatten. Wie nur war so etwas möglich?

Er betrachtete das kleine, hilflose Wesen. Es war schon fast tot.

Was konnte er tun? Er hatte keine Macht, sich selbst zu retten.

Etwas flackerte auf. Amiel drehte sich um. Zwei Lichter erschienen auf dem Hügel zu seiner Rechten. Jemand kam direkt auf ihn zu. Amiel wich zurück bis an den Waldrand und beobachtete die Lichter. Er wusste nicht, was er tun sollte. Wer war das?

Auf einmal schien es Amiel, als ob die Nacht heller wurde. Als wäre der Morgen dabei anzubrechen, kam ein helles Blau

über den Nachthimmel, und Amiel konnte die Gruppe erkennen.
Da war ein Mann mit einer Laterne in der Hand. Gross gewachsen und in Weiss gekleidet. Er ging schnellen Schrittes, begleitet von zwei Wesen, die selbst leuchteten wie helle Lichter. Sie sahen aus wie Menschen und doch anders, gekleidet in schimmerndes Weiss und lange Mäntel. Sie trugen einen Korb bei sich und hatten Taschen umgehängt.
Der Mann selbst hatte weisse Haare und ein von vielen Lebensjahren geprägtes Gesicht. Dennoch konnte Amiel kein Alter für ihn festlegen.
Die Gestalt übte eine ungeheure Anziehungskraft aus und Amiel konnte seinen Blick kaum von ihm abwenden.
Sein Gang war aufrecht, und auch er trug eine Tasche bei sich.
Er schien auf direktem Weg auf das Kind zuzugehen.
Amiel zog sich noch weiter in die Deckung der Bäume zurück.
Dieses Gesicht. Auf diesem Gesicht lagen Entschlossenheit, Schmerz und Erbarmen.
Amiel wusste, dass dies dem Kind galt. Der Mann wusste genau, wo es lag und ging mit klaren Schritten auf es zu.
Und Amiel wusste, dass es genau das war, was er sich sein ganzes Leben lang gewünscht hatte. Jemand, der für ihn auszog.
Da war einer, der genau das tat, was sein leiblicher Vater verpasst hatte: ihn zu schützen und sich vor ihn zu stellen, alles bestrafend, was das kleine Kind bedrängen wollte. Von klein auf musste er sich selber schützen, und später, wo es vielleicht andere gegeben hätte, fehlte ihm das Vertrauen.

In dieser Sekunde wurde ihm etwas zurückgegeben: Der Vater, den er nie gehabt hatte.
Er sah, wie der Mann sich niederbeugte zu dem Kind und es sanft berührte. Die kleinen Hände griffen nach dieser grossen Hand, die sich zu ihm hinunter streckte. Amiel sah, wie der Mann es sanft hochhob und an seine Brust drückte.

Er hielt es, fest an sich gepresst, und verharrte mit ihm, Minute um Minute in dieser stillen Umarmung. Das Kind wurde ruhig.

Amiel sah, wie die Begleiter ihre Taschen zu Boden legten und begannen, diese auszupacken. Wasser wurde auf ein Tuch gegossen und eine Decke ausgelegt.

Er legte das Kind auf die Decke und wusch sorgfältig allen Schmutz und alles Blut von seinem Körper.

Amiel sah einfach nur zu. Vor seinen Augen war vor allem eines zu sehen: Mitleid und Wärme. Liebevoll legten sie es in Windeln, und einer der Begleiter nahm Kleider aus seinem Beutel, weiss und weich. Sie kleideten es in warme, schützende Kleidung.

Der Mann legte es in den vorbereiteten Korb, und einer der Begleiter deckte es zu. Niemals liess er die Hand des Kleinen los.

Dann gaben sie ihm zu trinken und stillten seinen Hunger. Das Kind lag ruhig da und sah mit grossen Augen in das Gesicht des Mannes.

Auch seine Augen ruhten stets auf dem Kleinen.

Als sie sich alle erhoben, wandte sich der Blick des Mannes von dem Kind ab und er sah direkt in Amiels Richtung. Amiel wusste, dass er ihn sah.

Dieser letzte, sanfte Blick galt ganz und gar Amiel, und es gab nichts mehr, was gesagt werden musste.

Und es war in diesem Augenblick, dass Amiel ein klares Bild vor seinen Augen sah. Wie ein innerer Film spielte sich eine weitere Szene vor seinen Augen ab als eine letzte, deutliche Vision.

Er sah ein dunkles Zimmer vor sich, fühlte dieses beengende Gefühl der Wände, roch die abgestandene Luft und spürte die staubigen, feuchten Böden. Er fühlte eine schreckliche, bedrückende Finsternis und Angst. Er war wie gelähmt und in die Ecke gedrängt. Sein Herz begann zu rasen, als dies ihn wie eine verborgene Erinnerung einholte.

Dann hörte er ein Geräusch. Eine Türe brach auf, und mit viel Kraft wurde sie aufgestossen, als sei sie eingerostet und seit Jahren verschlossen.

Ein Lichtstrahl brach herein in eine Dunkelheit, an welche sich Augen lange gewöhnt hatten. Amiel war geblendet und musste kurz die Augen schliessen.

Als er sie wieder öffnete, sah er die Szene wie ein Beobachter von oben. Da sass ein Kind in der Ecke des Zimmers. Zusammengekauert und verängstigt sass es da. Ein kleiner Junge, den Kopf in die Hände vergraben, jetzt hob er den Kopf und kniff die Augen zusammen.

Herein trat der Mann in dem weissen Gewand. Er ging auf das Kind zu und hob es hoch. Der Junge liess ihn gewähren und umklammerte seine Schulter, schlang die kleinen Arme um seinen Hals. Er stand einfach nur da, hielt das Kind in seinen Armen und strich ihm über seinen Rücken und über den kleinen Kopf.

Dann trug er das Kind heraus aus dem dunklen Raum, und als sie beide den Raum verlassen hatten, war ein lautes Getöse und Gurgeln zu hören. Der Raum brach in sich zusammen, alles zu Trümmern, und löste sich in Nichts auf.

Dann war die Vision vorbei.

Als seine Augen wieder klar wurden, sah er, wie der Mann mit dem Kind noch immer seinen Blick festhielt. Es traf Amiel ins Herz.

Er spürte, wie sich seine Muskeln anspannten, er schnappte nach Luft und spürte, wie sich etwas in ihm loswand. Er atmete tief aus, und der eiserne Griff, der für viele Jahre sein Herz umschlossen gehalten hatte, löste sich.

Er war nicht mehr der Verlassene. Jemand hatte ihn gefunden und die dunkle Kammer aufgebrochen, in der Amiel immer noch festsass. Wenn auch sein Körper gewachsen war, das verängstigte Kind war immer da geblieben. Nun war er frei.

Als sie gingen, den Korb mit dem Kind eng an die Brust des Mannes gedrückt, sah Amiel ihnen noch lange nach. Bis sie auf dem Hügel ankamen, wo sie schliesslich in der Morgendämmerung verschwanden. Und Amiel verstand, dass er, wenn auch Menschen sie ihm nicht gegeben hatten, eine Heimat hatte.

Langsam wanderte er zurück zu ihrem Zelt, der aufsteigende Morgen vor seinen Augen.
Wie wunderbar erschien ihm jetzt dieser Anbruch des Tages, und es fühlte sich an, als wäre es nur für ihn. Alles Dunkle brach endgültig von ihm ab. Mit jedem Schritt verliess er jenen Teil seiner Identität, der nie einen Morgen gesehen hatte, und übergab ihn der Vergangenheit. Versöhnt und nun losgelöst konnte er das Alte jetzt ziehen lassen.
Dalin sass bei einem Feuer und bereitete Frühstück.
Ihre Blicke trafen sich, und das Glück, das in Amiel aufkeimte, spiegelte sich wieder in den Augen jenes Freundes, der ihn bis hierher geführt hatte.
Er setzte sich ans Feuer, und ihm war warm ums Herz.
„Danke!", sagte er, „ich danke dir, dass du es mir gezeigt hast."
Dalin strahlte.
„Dann habt ihr mich gefunden?", fragte Amiel.
„Es ist wahr," antwortete Dalin, „deine Eltern konnten dich nicht lieben. Du musstest alle Konsequenzen davon tragen. Diese Welt, in der du lebst, weiss viel über mangelnde Liebe. Aber heute sollst du wissen, dass dir sehr viel Böses angetan wurde, noch bevor du es verstehen konntest. Es gibt keine Entschuldigung für ihr Handeln oder für ihr Unterlassen. Sie waren überfordert, eigensinnig und lieblos. Ihre Herzen waren hart, zu hart für ein Kind.

Aber ich war von Anfang an da, lieber Amiel. Schon bevor du geboren wurdest, wollte ich dir all dies zeigen, das du jetzt mehr und mehr entschlüsselst.

Weisst du, dies zu verstehen, ist bedeutend für alles, was danach kommt. Am Anfang steht nicht der Zufall. Der Ursprung ist nicht die Willkür der Natur.

Dies sollst du wissen! Jedes Leben kommt aus des Schöpfers Hand. Jede Geschichte ist bereits entworfen, bevor sie beginnt. Du bist ein Gegenüber Gottes, durch und durch. Das ist der wahre Kern deiner Identität und der wichtigste Grund überhaupt! Du bist nicht das Produkt einer zufälligen Verschmelzung von Zellen zweier Menschen, die das nicht geplant haben und genauso wenig ist die Missgunst deiner Erzeuger und die Umstände deiner Geburt ein Abbild für dein Leben. Ihre Entscheidungen waren menschlich, fatal und hatten viele Konsequenzen, aber es ist so wichtig, dass du verstehst, dass du dies allein nicht bist! Du bist viel mehr Amiel. Suche deine Identität nicht allein auf dieser Erde, wo du nur vergleichen kannst mit anderen und es niemals gut genug sein wird. Suche sie da, wo ihr Ursprung und ihre Quelle sind. Ich wollte, dass du lebst und wir haben dich gesucht und gefunden. Der Vater selbst hat dich zu sich genommen und dich versorgt bis du gesund und gestärkt warst. Die Jahre, an die du dich nicht mehr erinnern kannst, warst du bei uns. Horch einmal ganz tief in dich hinein. Schliess die Augen und wandere zurück in deine Kindheitsjahre! Durch all das Lachen, das Weinen, das Auf-Bäume-Klettern und Schokoladenkuchen-Essen. Irgendwann fällt es jedem schwer, sich zu erinnern. Aber war davor denn wirklich nichts? Ich sage dir, jedes Kind hatte diese Zeit davor. Die Zeit, bevor es im Bauch seiner Mutter entstanden ist.

Am Ursprung aller Dinge, da wohnt Gott, und wo Leben entsteht, da ist es bereits vorher geplant und lange Zeit in seinem Licht gereift. Vor jedem Anfang eines menschlichen Lebens ist diese Zeit bei Gott, ganz umspannt von Liebe. Du wirst dich nicht mit deinem Verstand daran erinnern können, denn

dieser vermag es nicht. Aber du erinnerst dich dennoch, du träumst, du suchst, bist rastlos und ständig auf der Suche nach dieser Heimat, die du damals erfahren hast.
Trauere nicht mehr um die verlorenen Jahre. Du wirst sie eines Tages alle wiederfinden. Aber du sollst jetzt wissen, wo du gewesen bist, ehe wir dich beim Wald wieder der Welt gegeben haben, damit du aufwächst, damit du eine Familie haben kannst und damit du diese Geschichte anderen erzählen wirst."
„Meine Geschichte?", fragte Amiel.
„"Deine Geschichte und die Geschichte vom verlorenen Königsland. Bald schon kommt das letzte Kapitel deiner Reise. Du wirst den Schlussteil schon noch finden. Aber heute ist nur wichtig, dass du das Alte, das Dunkle nun für immer loslassen kannst."

Amiel wusste, dass sich hier eine Lücke schloss. Er wusste, woher er kam. Er wusste, wer seine Eltern waren und er konnte ihnen vergeben. Er würde ihre Bosheit nicht länger auf seinen Schultern tragen und würde ihr Urteil über ihn nicht länger gültig sein lassen.
Er hatte erfahren, dass er nicht verloren, sondern gefunden wurde, dass seine Existenz nicht aus dem Nichts, sondern aus der Absicht eines viel Höheren entstand.

*„Und sie hörten die Stimme Gottes des HERRN, der im Garten wandelte, als der Tag kühl war; und der Mensch und seine Frau versteckten sich vor dem Angesicht Gottes des HERRN hinter den Bäumen des Gartens. Da rief Gott der HERR den Menschen und sprach: Wo bist du? Und er antwortete: Ich hörte deine Stimme im Garten und fürchtete mich, denn ich bin nackt; darum habe ich mich verborgen!"*

*Altes Testament (Genesis, Kapitel 3, Verse 8- 9)*

## Der Garten

Die nächsten zwei Tage ruhte Amiel. Schlief viele Stunden lang, spazierte und liess den Geschehnissen der letzten Tage Zeit, sich zu setzen.
Die Zeit des Gedankenkreisens war vorbei, auch die der schweren, belastenden Fragen.
Auch wenn er hin und wieder mit Dalin über das Erlebte sprach, zwischen ihnen spielte sich wieder jene alte Freundschaft ein, die viel Leichtigkeit und Fröhlichkeit zuliess.
Wie wohltuend es war, Dalin wieder beim stundenlangen Kochen, Summen und Schnitzen zu zuschauen. Mit welcher Innigkeit er sich den kleinen Dingen zuwandte und dem Moment Raum gab.
An den Abenden am Feuer, bei Wein und Käse schweiften ihre Gespräche wieder zum ganz Alltäglichen. Sie sprachen von Essen, von bereisten Ländern und über das Fischen.
Sie sprachen über Noer, über die eigenartigen Akteure, die ihnen begegnet waren und hielten sich die Bäuche vor Lachen. Leno, der Krückenverkäufer, die verrückte Töpferin, der Bazar. Davon, dass Amiel doch so gerne noch weitergereist, das Gebirge und das dahinterliegende Wüstenland erkundet hätte.

„Was geschieht nur mit Noer? Existiert es denn wirklich, oder war das alles nur für mich ausgedacht?", fragte er Dalin.
„Wo denkst du hin!", erwiderte dieser. „Das wäre mir dann doch etwas zu aufwendig erschienen." Um dann wieder mit diesem elenden Augenzwinkern zu ergänzen: „Den Rest aber, den muss ich dir überlassen. Es war und ist deine Geschichte, aber auch Jorans Geschichte, Nuras und Lijahs und die von vielen anderen. Nicht alles ergibt Sinn in dieser Erzählung. Muss es auch gar nicht. Noers Geschichte wird weitergehen, so wie auch die von deiner Welt weitergeht. Ich habe ja schliesslich Joran zu mir gerufen. Auch mit ihm verbringe ich viele Tage in Abgeschiedenheit und Stille. Es gibt so viel zu bereden und zu heilen. Und es gibt so viel, was nun noch auf ihn wartet. Er wird zurückkehren nach Noer und die Kapitel weiterschreiben. Sollte es einmal noch ein Buch darüber geben, so wird er die tragende Rolle darin haben. Es wäre schön, auch diese Geschichte fände ihren Platz auf Papier."
„Und Nura?", fragte Amiel. Dalin seufzte. „Sorge dich nicht um dieses kleine Mädchen. Sie hat schrecklich viel durchgemacht und wird Zeit brauchen. Aber diese hat sie jetzt. Ich werde sie lange hier bei mir behalten und ihre Seele wird all das Wohl und den Überfluss an Liebe und Fürsorge erhalten, bis dass sie als willensstarke Frau nach Noer zurückkehren wird."
„Dann werde ich sie nicht wiedersehen?"
Dalin schüttelte den Kopf. „Nein."
„Und werde ich erfahren, wie ihre Geschichte weitergeht?"
„Ja, das wirst du", sagte Dalin, „eines Tages."

Sie beide spazierten heute lange durch die Wälder. Sprachen, schwiegen und liessen den Gedanken freien Lauf.
Was hatte sich verändert? Nichts. Alles. Amiel sann darüber nach. Dachte an den Morgen im Herbstwald, wo er Dalin am Fluss getroffen hatte, und dachte an den, der er vor seiner Reise gewesen war. An jenem Morgen noch hatte er in den

Spiegel geschaut und war einmal mehr an der Frage verzweifelt, wer dieses „Ich" denn sei. Es war ihm beinahe unheimlich, sich selbst gegenüber zu stehen, sich zu betrachten und keine Antwort auf diese Frage zu wissen. Keiner hätte sie ihm beantworten können. Keiner. Die allermeisten Menschen, sie konnten sagen, dass sie das Kind jener Eltern waren und sich dadurch biologisch zuordnen. Aber beantwortete das die Frage in ihrem tiefsten Kern? War „Ich" denn nicht viel mehr als das?

Er hatte nicht erfahren, wer seine Eltern waren. Aber er wusste nun, was sie eben nicht waren und was sie an ihrem biologischen Auftrag alles unterlassen hatten. Wäre er also allein die Fortsetzung ihres genetischen Erbes, so käme er sich elend und verloren vor.

Wenn also eines komplett anders war als vorher, dann war es diese Sache mit der Identität. Sie war nicht mehr unbeantwortet. Da gab es ein grosses, helles Licht, von welchem er kam, lange bevor Eizelle und Sperma miteinander verschmolzen waren. Ein nicht fassbares, aber tief verankertes Sein in Gott. Schon lange bevor sein Leben begann, stand ein „Ja" über ihm, und in diesen grossen, ewigen Händen wusste er sich gehalten, bevor auch der erste Herzschlag seine Existenz einläutete.

Und das, ja das änderte wirklich alles. Wenn er jetzt an diese Jahre dachte, die in seiner Erinnerung fehlten, konnte er dieses Licht deutlich als eine alles durchdringende Wärme spüren. Diese Gegenwart die ihn umschloss und geborgen hielt, vier Jahre lang. Das Bild des Hirten, der ihn von diesem schrecklichen Wald hinfort trug, war das grosse Geschenk dieser Reise. Er konnte sich an kein Bild dieser vier Jahre erinnern. Es würde auch nie eines geben, ausser das seines Traumes. Es genügte ihm völlig, denn die Wärme und der Friede dieser Jahre waren Erinnerung genug. Mit ihrem Zurückkehren in seine Seele war der lange Durst gelöscht. Es gab keinen grösseren Trost als diesen und damit auch keine Lücke mehr, die zurückblieb. Die Splitter hatten sich zusammengefügt, und er fühlte sich nun ganz. Ganz und endlich: frei!

Noer musste durchwandert werden, um sich an jene Spuren zu erinnern, die in seiner Heimat langsam am Verwehen waren. Zu lange war es eine gefestigte, staatliche Ordnung. Zu viele Dinge waren damit verwoben, die Menschen waren ihrer überdrüssig. Was einst eine kraftvolle und revolutionäre Botschaft war, war nun für viele eine durchgekaute, geschmacklose Brühe geworden. Es war nichts Neues mehr, nur altbekannt und spröde, voller Altklügeleien.
Nicht für alle, aber für viele war es so. Er hätte diese Spuren wohl nicht wieder entdeckt, wäre er nicht weggesegelt. Hätte er die alte, vergessene Geschichte nicht in einem neuen Kleid erzählt bekommen. Und hatte er sich auch alles Mögliche vorgestellt, was er am Ende vorfinden würde, so war es dann doch ganz nahe an seiner kulturellen Herkunft. Wie seltsam, dies anzuerkennen. Welche Ironie.

So ging er neben jenem Mann, der ihn aufgesucht und herausgerissen hatte aus allem Zuwarten und Ausweichen. Er hätte wohl noch Jahre so weitergelebt im verzweifelten Versuch, die Seele zu vertrösten und abzulenken von der gestauten Leere. Die Seereise über das Meer hatte ihn in eine viel grössere Weite geführt, als er es sich jemals erträumt hätte. Freiheit, die war also nicht zu erkämpfen. Sie war ein inneres Geschenk, das er sich so nicht vorgestellt hätte. Doch nun fühlte er sich frei und leicht wie nie zuvor. Er musste nicht länger vor sich selbst davon laufen und brauchte nicht länger auszuweichen. Hier war der Ort der Ruhe und des Einklangs. Hier war es gut. Wäre es nach ihm gegangen, so wäre er hier geblieben, für immer.

Er wandte sich wieder an Dalin: „Niemand hier auf Erden hat Gott je gesehen. Doch ich habe jetzt verstanden, was dieses

seltsame Buch darüber schreibt. Du bist für uns sichtbar geworden, damit wir eine Ahnung davon haben, wie er ist. Du wurdest einer von uns, damit wir mit unseren irdischen Augen etwas von dem sehen, was über allem steht.
Von ihm, den wir niemals fassen können, niemals festmachen, niemals mit menschlichen Worten beschreiben. Wir werden sprachlos und unwissend bleiben, doch durch dich erhaschen wir einen kurzen, unglaublich schönen Blick auf ihn."
Dalin ergriff seine Hand und drückte sie schweigend.

Später brachen sie noch einmal auf. Er führte Amiel durch den Wald, der sich nun langsam wieder lichtete. Sie kamen zu einem grossen Tor in einer von Efeu überwucherten, hohen Mauer. Man konnte nicht erkennen, was sich auf der anderen Seite befand.
Die Türe war alt und gerostet. Dalin drückte sie, und sie öffnete sich knarrend.
„Hier geht's hinein. Ich komme nicht mit, sondern warte hier bei der Türe auf dich. Denn noch eines will ich dir nicht unbeantwortet lassen: Deinen Traum. Er erzählt nämlich das Ende dieser kurzen Seereise und ergründet gleichzeitig deine allererste und allerdringlichste Frage. Es wäre ein Jammer, dieses auszulassen."
Amiel sah Dalin verwundert an und zögerte einen Moment.
„Keine Angst mein Lieber", erwiderte dieser. „Ich warte hier auf dich, und es gibt von nun an keine dunklen Kapitel mehr in deiner Wanderung."
„Dann sag mir, was da drinnen ist", erwiderte Amiel.
„Der Garten", antwortete Dalin. „Beim Garten hat die Geschichte mit dem Menschen angefangen. Du wirst ihn wiedererkennen." Er streckte Amiel einen Brief entgegen. „Hier, den habe ich für dich als Erklärung verfasst. Lies ihn, wenn du mittendrin angekommen bist. Ich mache derweil einen kurzen Spaziergang."

Amiel nickte und nahm den Umschlag an sich. Vorsichtig zog er das Tor auf und blickte zögerlich zurück. Dalin nickte nur aufmunternd mit seinem Kopf. Amiel ging durch das Tor.

Der grelle Sonnenschein blendete seine Augen. Er kniff sie einen Augenblick lang zusammen und zog das Tor hinter sich zu. Die Bäume um ihn herum spendeten wohltuenden Schatten.
Er sah sich um.
Da waren sie wieder, das leuchtende Grün, der strahlende Glanz, der alles überzog, und die frische, klare Luft, die augenblicklich die Glieder belebte.
Er stand einen Moment still da und liess alles auf sich wirken. Betrachtete die feine Perfektion, die sich wie ein sanfter Schleier über diesen Ort zog. So ganz und gar anders und dennoch dem ihm Bekannten so ähnlich.
Ein schmaler Pfad führte durch einen dichten Wald in den Hang hinunter, der Boden übersät von einem dichten, weissen Blumenmeer.
Er ging den Pfad entlang und fühlte sich wieder wie damals als Junge auf seinen unzähligen Streifzügen durch die nahgelegenen Wälder. Dort, wo die Zeit keine Rolle zu spielen schien und es nur imaginäre Indianerschlachten, Schatzsuchen und Beutezüge gab. Fern von Schule und der Welt der Erwachsenen mit ihrer Ordnung.
Er stieg weiter den Hang hinab.
Dann lichtete sich der Wald, der Abstieg wurde felsig und schliesslich stieg er einige Stufen in einen wunderschönen, alten Senkgarten hinunter. Er mass im Durchmesser etwa einen halben Kilometer, und auf allen Seiten zog sich der Hang steil hoch.
Amiel hatte Gärten immer geliebt. Das war eine seiner liebsten Künste – die vom Menschen gestaltete Kulturlandschaft. Bereiste er eine der europäischen Metropolen, so waren die Parks und Gärten der Stadt immer sein persönliches Highlight.

Dieser Garten hier krönte das bisher Gesehene. An der Rückseite des Gartens stürzte ein prächtiger Wasserfall von einer Anhöhe hinunter und es bildete sich ein türkisfarbener See, der sich beim Betrachten des Gartens sicher als erstes hervorhob. Am Südrand befand sich eine hübsche Badestelle mit einem Holzsteg, einer Liegewiese mit Hängematte, einen Tisch und drei Stühle. Daneben stand ein schöner, alter Brunnen.
Der türkisfarbene See war mit Seerosen und Wasserpflanzen bewachsen. Der Rest des Gartens bestand aus verschiedenen Gartenkulturen und Bepflanzungen. Pappelgärten, japanische Teiche und Pagoden, Steinlandschaften und Buschskulpturen schmückten die verschiedenen Winkel.

Unten bei der Badestelle stand zudem ein weisser, verschnörkelter Pavillon, überwuchert von Efeu und Rosensträuchern. Dort stand eine barocke Bank, die zum Verweilen einluden.
Dankbar setzte er sich in den Schatten und liess den Blick in die Ferne schweifen. Dann zog er den Umschlag hervor und las den Brief von Dalin:

*„Mein Lieber, jetzt komme ich schon wieder mit einem Brief. Aber du hast noch einen von mir offen! Dein Umschlag mit der Einladung war bislang leer, und es verlangte mich, dich hier an diesem Ort mit einigen sich dem Ende nahenden Worten zu versorgen.*
*Weisst du, wir sind jetzt eine ganze Weile gereist und es ist an der Zeit, dass wir die Sache zu einer geeigneten Pointe führen, bevor dir die Angelegenheit zu langwierig wird mit den vielen Briefen, Träumen und bildhaften Schauplätzen. Wir müssen da mal einen guten Bogen schlagen.*
*Ja, dies ist deine Einladung, aber nicht die, nach Hause zu kommen, wie ich es anderen zukommen liess. Ich lade dich vielmehr ein, alles zusammenzutragen und mit in dein Häuschen am Meer zu nehmen, in dein Leben, das noch gelebt werden muss.*

*Es war einmal ein Garten. Der Schöpfung höchste Krönung und Ort, wo alles so war, wie es eben sein sollte. Wo all das, was ihr auf der Welt jetzt zu vervollständigen sucht, bereits da war, vollkommen gut eben. Du kannst die Geschichte ja mal wieder nachschlagen, es lohnt sich tatsächlich! Es gibt gewiss viel zu entdecken und zu diskutieren.*

*Jedenfalls, wie du auch in der Königsland- Geschichte Stück für Stück freigelegt hast, verlor der Mensch den Ort aller Fülle und versucht sich seit jenem Tag in einer Welt einzurichten, für die er nicht geschaffen wurde und wo er nie ganz hingehören wird. Eine Rastlosigkeit, eine Unruhe blieb an dieser Welt kleben.*

*Du hast mir von deinem Traum berichtet.*

*Klären sich deine Fragen?*

*Dir wurde gezeigt, wer du bist und woher du kommst. Aus dem Licht und der Kraft eines Gegenübers, der dich bei deinem Namen ruft und dich verborgen hielt bei sich, als dir der Tod die Klauen entgegen streckte. Als du bei uns warst, in diesen ersten vier Lebensjahren, da hast du etwas gesehen, was viele Menschen nicht zu sehen bekommen. Dennoch träumen sie genau wie du, ein Leben lang davon. Bei dir aber, da hatte der Traum klare Züge, es war eine wahrhaftige Erinnerung an jene Jahre!*

*Dieser wunderschöne Ort, es ist diese Heimat bei uns, die du tief drin kennst, so wie jeder andere Mensch sie in sich spürt. Die Ewigkeit, die in euer Herz gelegt ist.*

*Du aber hattest das Vorrecht, längere Zeit an diesem Ort zu verweilen, ihn zu verinnerlichen und mit allen Sinnen zu erfahren, damit du ihn nie mehr vergessen wirst. Damit du dich eines Tages aufmachst, diese Heimat zu suchen, die verloren ging.*

*Und wie wir darauf warten, wieder bei euch zu wohnen! Das ist die Botschaft, für die ich einer von euch wurde, damit ihr es verstehen könnt.*

*Eines Tages also, Amiel, da wird dein Herz vollends satt werden.*
*Doch noch nicht jetzt.*
*Vor dir liegen geschenkte Jahre, die du zwar in Sehnsucht und mit ungestilltem Herzen verbringen musst, aber das mindert in keiner Weise ihren Wert oder ihre Absicht.*
*Lebe, geniesse, lache, weine und stell all die schwierigen Fragen, die eure Welt mit sich trägt. Fange den Augenblick ein, verweile und warte. Ertrage den Alltag, den Nebel, die Kälte und den Durst. Schaue dem Frühling beim Erblühen zu und dem Winter beim Ausharren. Halte auch du aus, all die Verluste und Entbehrungen. Trage die Lasten, die Dürren, die Missgeschicke. Und lerne zu lieben! Denn dies ist die Essenz all deiner Tage.*
*Und zu guter Letzt: Es gibt diesen einen Garten, wo eure Geschichte begann. Das hier ist er nicht, aber in gewisser Weise ganz schön nah dran. Dies hier ist dein ganz eigener Garten, tief in dir. Denn dort, im Kern des Menschen, da wohnt Gott. Du musst also nicht allzu viel suchen, er ist dir näher als du selbst. Lausche da drin einen Moment und werde still."*

Amiel legte den Brief beiseite und schloss die Augen. Wie viel seiner Männlichkeit hatte er in dieser Reise schon in die Waagschale gelegt und sich zerbrechlich gezeigt. So viel Gefühlsduselei, so viel Innenschau.
Dies war sein letzter, mutiger Blick ins Innerste, danach musste genug sein.
Er horchte. Wartete. Sass eine Weile still da und fühlte in sein Inneres hinein.
Wie dieser Blick in den Spiegel, nur noch weit tiefer.

Nach einer Weile öffnete er die Augen und lass weiter. Die zweite Seite des Briefes war eine Illustration. Eines jener alten, barocken Portraits aus dem Mittelalter, die Adam und Eva

im Paradies abbilden und zeigen, wie die Frau die schicksalshafte Frucht weiterreicht. Die Lenden mit Blättern bedeckt.
Auf der dritten Seite folgten die Zeilen:

*„So beginnt mein Buch, deshalb, wenn du als Reisender dem Ursprung nachspürst, ist das nicht ganz ohne Bedeutung. Das allerhöchste Gut von Liebe ist ihre Freiwilligkeit. Das wird so bleiben seit jenem Tag. Was sich aber nach dem Essen der Frucht verändert hat, das war entscheidend. Von diesem Augenblick an wurde Gott ein Gott, vor dem man sich verstecken musste. Sie haben wohl - wie es ihnen von der Schlange versprochen war - alle Dinge klar erkannt, aber die Erkenntnis schloss die eigene, ungeschönte Selbstoffenbarung eben mit ein. Das grosse Verbergen der Menschheitsgeschichte begann. Verbergen vor Gott, vor den Mitmenschen, vor sich selbst. So erzählt es jenes Buch.*
*Ohne das wäre Überleben schlichtweg nicht möglich gewesen. Blätterst du nun ans Ende dieses Buches, durch all die Dramen der Jahrhunderte hindurch, stösst du am Ende auf jene Wiesen, die du so gut kennst. Auf die Vollendung der Tage, die einst kommen werden.*
*Aber davon reden wir beide später noch.*
*Was ich mit all dem sagen will, mein Sohn, mein lieber Amiel, ist dass du diesen Ort hier in deiner Erinnerung immer mitnehmen darfst. Es ist unser Ort. Da, wo wir uns treffen. Dein Garten, dein Kern. Hier drin gibt es kein Verbergen mehr, kein Zudecken. Frei sollst du sein - für immer. Bis später"*

Amiel kniete am Ufer des kleinen Sees nieder, dort unten beim Steg. Er streckte seinen Arm aus und berührte mit einem Finger sanft das Wasser. Er betrachtete die Ringe, die sich auf der Oberfläche bildeten und die Bewegung allmählich nach aussen weitergaben.
Er wusste, er war in seinem Innersten angekommen.

Es gab auf dieser Welt zwei grosse Reisen, die es zu gehen galt. Die Reise nach aussen hin durch all die Stürme und Gegebenheiten der Lebensjahre, und es gab die Reise nach innen. Diese Wesensmitte eines Menschen konnte kein Aussenstehender fassen oder erahnen. Es war dieser gänzlich einzigartige, verborgene Weg, der nur der eigenen Persönlichkeit zugänglich war.

Hier kniete er nun und berührte die Oberfläche des kühlen Wassers.

Zum innersten Lebensraum, zum wahren Grund seines Seins, da hinein hatte ihn seine Reise geführt.

Es war der Raum der innigsten Begegnung zwischen ihnen beiden, der sonst mit keinem zu teilen war. Niemand würde die Geheimnisse des individuellen Wesens eines Menschen jemals fassen können, ausser seinem Schöpfer.

Im tiefsten Innern war er angekommen. Ganz und gar erkannt von Gott. Bis in alle Tiefen.

Jede Faser, jede DNA, jede Molekülverbindung seines Selbst war hier und jetzt offenbar und völlig erfasst in Gott. Es bedurfte keinem grösseren Schritt mehr auf ihn zu.

Er war längst da.

Er tauchte seine Hand unter die Wasseroberfläche, spürte das kühle Nass, das seine Haut umgab. Er erkannte sein innerstes Wesen, welches durch und durch geliebt und gewürdigt war. Das war die neue Wirklichkeit, die ihn umgab. Das war der entdeckte, kostbarste Schatz aller Zeiten.

Er streifte sich alle seine Kleider über den Kopf und setzte sich auf den Steg.

Er streckte die nackten Beine ins Wasser.

Amiel gab sein Versteck auf. Sollte dieser Gott doch in all die verschlossenen Räume seines Herzens schauen. All die Abgründe, die Gewohnheiten, die Missgeschicke. Er schloss sie ihm alle auf.

Er stütze sich ab und tauchte ins Wasser, spürte die prickelnde Frische auf seinem Gesicht und seiner Haut.

Er hatte nichts mehr zu verbergen, keine dunklen, ungelüfteten Kammern, für welche er sich schämte.

Das fühlte sich so viel mehr als Freiheit an, als jene Freiheit, die sich nur darauf berief, zu tun, was er gerade wollte. Diese war unverblümt, ungeschönt. Wahres Menschsein mit all den dunklen, harten Kanten. Gott konnte damit umgehen. Wer, wenn nicht er, dessen Abbild wir sind?

Er schwamm und schwamm, tauchte kurz auf, schnappte nach Atem und tauchte erneut unter die kühle Wasseroberfläche. Es fühlte sich herrlich an.

*„Fängt echter Glaube nicht da an, wo man aufhört, seine Gebete zu zensieren, als könnte man Gott das Wüten seines Herzens nicht zumuten? Wo man aufhört, Dinge kontrollieren zu wollen? Endlich nur Mensch sein vor Gott?"*

*„Wie viele Jahre musste Gott auf meine Gottesbilder einschlagen, bis ich ihn endlich daraus frei liess."*

*Ute Aland „Die Pianistin"(2016)*

## Abschied

Amiel trat aus dem Tor. Das grelle Sonnenlicht blendete ihn einen kurzen Augenblick.

Dann erblickte er eine ihm vertraute Gestalt, die neben dem Tor auf einem Baumstamm sass und mit einem breiten Lächeln zu ihm hochsah: Es war Lijah.

„Hallo Amiel", sagte sie, „wie schön, dass wir uns noch kurz zu Gesicht bekommen. Dalin wird bald zurück sein. Er wollte

kurz etwas herumwandern und uns Zeit geben, uns zu verabschieden."
Er lächelte zurück und setzte sich neben sie auf den Baumstamm. Es roch nach Frühling, einem Frühling, der nicht vergehen würde. Ein warmer, freundlicher Tag und er freute sich sehr, dass er sie noch einmal sah. Sie beide hatten nie die Gelegenheit gehabt, einander all das zu fragen, was es zu fragen gegeben hätte. Die Ereignisse der letzten Wochen hatten sich überschlagen und gaben nicht den Raum, sich vertieft kennenzulernen. Dennoch waren sie sehr vertraut miteinander, und es schmerzte ihn, dass er ihr Lebewohl sagen musste.
„Du musst gehen, nicht wahr?", sagte er. Sie nickte.
„Ich darf endlich heim", sagte sie.
Sie griff an ihre Bluse und knöpfte ohne zu zögern die einzelnen Knöpfe auf und gab kurz ihren Oberkörper frei. Amiel schluckte. Über ihrer linken Brust klaffte die offene Wunde einer wuchernden Geschwulst. Es war ein schlimmer Anblick und es tat ihm im Herzen weh, als er erkannte, welche Bürde sie da schon so lange mit sich trug.
Sie legte eine Auflage auf die Wunde und knöpfte ihre Bluse wieder zu.
„Ich weiss, woher du kommst, ich wusste es vom ersten Moment, als wir uns trafen. Auch ich bin nicht in Noer geboren, sondern Dalin hat mich hergebracht. Meine Heimat ist in Ungarn. Vor drei Jahren bin ich an diesem Tumor erkrankt, der sich langsam und bestimmt durch mich durchfrisst. Ich war ein Jahr in Behandlung und machte all das, was man eben so macht mit diesen Dingern. Aber dann wurde ich müde. So wollte ich nicht sterben, inmitten all dieser Schläuche und grauen, langen Flure. Ich wollte raus in den Wald und dem begegnen, auf den ich da so unvermeidlich zuging. Ich liebte ihn schon lange, schon seit ich ganz klein war. Er war immer bei mir und die Freude jedes einzelnen Tages. Mir ging es gut, weisst du, ich hatte alles, was man sich wünschen konnte. Genug von allem, was man zum Leben brauchte, und dann

noch dieser schöne, ungezwungene Glaube an diesen verschenkenden Gott. Aber dann kam diese Krankheit. Meine Eltern haben alles versucht, die besten Ärzte des Landes aufgesucht, die teuersten Behandlungen organisiert und mich überhäuft mit Unterstützung in jedem Detail.
Was sie nicht wussten, war, dass an einem Tag ein Vogel auf meiner Fensterbank des Krankenhauses sass, und neben ihm lag dieser Brief mit seinem Siegel. Er hat mich eingeladen, zu ihm zu kommen. Ich wusste, dass ich nicht länger zu kämpfen brauchte. Klar, ich hatte mir mein Leben so nicht vorgestellt, ich hatte Pläne, Träume und lebte gerne! Aber gleichzeitig begann mein Herz an diesem Tag vor Aufregung wild zu klopfen. Ich durfte zu IHM gehen! Ihn, den ich mein ganzes Leben lang geliebt habe und der stets da war in meinen Gedanken. Er war doch diese Perle, die ich tief in mir trug.
Ich war also nicht traurig an dem Tag, als der Brief kam. Er war ein heller Lichtstrahl in den langweiligen, schmerzerfüllten Krankenhaustagen. Ich verabschiedete mich wie immer von meinen Eltern, als sie am Abend gingen, auch wenn sie nicht wussten, dass ich am nächsten Tag nicht mehr da sein würde. Ich habe gepackt und freudig gewartet und dann, als es still wurde in der Nacht, da kam Dalin und nahm mich mit nach Noer. Und da bin ich losgewandert, so wie du und habe all die quälenden Fragen gewälzt, die ein solcher Schicksalsschlag mit sich bringt." Sie senkte den Blick zu Boden.
„Es gab sehr schwere und einsame Tage voll von Schmerzen, Erschöpfung und Zweifel. Ich musste diese bittere Frage nach dem Leid in der Welt und nach diesem Gott, der helfen könnte und es dennoch unterlässt, durchkauen und sezieren. Das Schweigen Gottes in solchen Zeiten ist das am Schwersten zu Ertragende. Viele Tage habe ich einfach gewartet und ausgeharrt. Habe innerlich mit ihm gerungen, ja gekämpft. Ich musste es wagen, nichts mehr zu beschönigen an meinem Glauben, sondern die ganze Unklarheit und den wankenden Grund zu ertragen. Schwere Krankheit zeigt einem, was am

Ende von einem übrig ist, wenn die stützenden Gerüste fallen. Nicht sehr viel, musste ich feststellen - erschreckend wenig blieb mir. Ich bin vor allem durch die Wüste im Süden gewandert, wo es karg und staubig war und niemand meinen Weg kreuzte. Die kalten Nächte unter dem Sternenhimmel in Anbetracht dieses fernen Gottes quälten mich und setzten mir zu. Ach, es ist viel passiert in diesem schweren Jahr. Ich war wirklich nicht mehr als dieser glimmende Docht, der jede Sekunde zu erlöschen und verzweifeln drohte. Doch dann nahm es eine Wende. Schritt für Schritt kam ich zu neuen Kräften. Wenn man dem Gott Hiobs begegnet, dann wankt die Erde gewaltig und es gibt kein Entrinnen mehr vor der Erkenntnis, dass wir in Anbetracht der Erhabenheit Gottes ziemlich leere und bedürftige Hände haben. Man könnte an ihm verzweifeln oder in blanken Zorn verfallen. Oder aber man beginnt sich mit diesen leeren Händen ihm zu nähern, ganz schonungslos.

Das waren meine Schritte auf ihn zu, und dann kam er mir auf einmal rasch entgegen.

Ich habe einen Blick auf ihn erhascht, kurz und unauslöschlich. Seine Schönheit hat mich gänzlich verändert. Ich glaube, unsere Erde quält sich im Schmerz seiner Abwesenheit, wartet und harrt auf sein Kommen. Dieser Durst zeigt sich in jedem meiner Schmerzen, in den Wogen der Lieblosigkeit, die diesen Planeten mit Kriegen und menschlicher Macht heimsuchte. Die uns letzten Endes doch nie ruhig und gänzlich satt sein lassen. Der vollkommene Friede, der blieb noch aus. Aber dieser Botschaft, der wir beide jetzt monatelang nachgespürt haben, weißt hin auf diesen verheissenen Frieden und die Gerechtigkeit, die kommen wird, so oder so."

Amiel streckte seine Hand aus, fuhr durch ihr helles, feines Haar, legte schliesslich seine Stirn an ihren Kopf und hielt sie einen Moment lang fest. Sie erwiderte seinen Griff und umklammerte seinen Rücken.

Dann löste er sich von ihr, fuhr ihr nochmals durch das Haar und suchte nach Worten, doch wurde er unterbrochen von Dalins herannahenden Schritten. Dieser kam auf sie zu, das weisse Pferd führte er mit sich am Zügel.
Er setzte sich zu ihnen auf den Baumstamm.

„Nun, liebe Freunde", sagte er, „es ist Zeit, nach Haus zu gehen." Er fasste Lijah bei der Hand und hielt diese fest.
„Ich weiss", sagte sie. „Ich habe mich verabschiedet und freue mich. Habe die kleine Nura heute Morgen noch im Garten getroffen und bin von diesem schönen Haus hierher gewandert, bereit für das Neue. Lass mich Amiel nur noch schnell zu Ende erzählen." Sie wandte sich wieder an Amiel. Ihr Gesicht war fröhlich und unbeschwert. „Die Reise wurde dann also leichter. Ich habe das steile Gebirge mit viel Mühe überquert, und als ich wieder im Tal unten war, war der grosse innere Kampf durchrungen. Ich wusste, wohin ich gehen wollte und machte mich wie du auf die Suche nach Noers Geschichte, um jenen Weg zu finden, den ich gewählt habe. Es war auch eine lange Reise, aber eine weitaus fröhlichere Angelegenheit. Ich begegnete vielen spannenden Zeitgenossen, und der Weg wurde immer klarer und meine Liebe fest. Ich habe am Ende weit mehr gefunden, als ich mir für dieses Leben gewünscht hätte. Ein ganz anderes Glück als das eines langen, erfüllten Lebens. Ich misse nichts mehr."
Nun ergriff sie seine Hand. „Lebe wohl, Amiel", sagte sie, zeigte noch einmal ihr schönstes, lebensfrohes Lachen und stand dann auf. Sie schwang sich aufs Pferd.
Dalin stand auf, tat es ihr gleich und setzte sich hinter die junge Frau.
„Wir beide treffen uns heute Abend bei der Feuerstelle", sagte Dalin zu Amiel. „Dann ist es auch für dich Zeit, ans Heimgehen zu denken."
Lijah winkte, gab in die Sporen und sie beide ritten davon.

Er sah ihr nach, bis der Wald sie schluckte und der Weg sie forttrug.


*„Wie gern will ich dich unter meinen Kindern aufnehmen und dir*
*das liebe Land geben, das allerschönste Erbteil unter den Völkern!*
*Und ich dachte: „Du würdest mich dann „Lieber Vater" nennen und nicht von mir weichen."*

*Altes Testament (Buch Jeremia Kapitel 3.19)*

## Das Königsland

Amiel wanderte durch den abendlichen Wald. Er dachte an Lijahs Worte und stellte sie sich vor, wie sie mit wehendem Haar durch die weite Ebene ritt und mit jedem Hufschlag der Erfüllung aller Sehnsucht näher kam. Heute würde sie jenes Tor durchschreiten, das sich uns allen offen anbietet, am Ende unserer Reise. Heute würde ihr Atem versiegen und sich dafür jene ewigen Augen öffnen, die sehen würden, was den irdischen Blicken verborgen blieb.
Den, der sich ihm auf dieser Reise offenbart hatte, kannte sie schon lange. Heute würde sie den Unsichtbaren sehen.
Welch eine wunderbare Vorstellung.
Und er dachte an Joran und Nura, die in Noers Gewimmel zurückkehren und sich den Wogen der Ereignisse nochmals stellen würden. Sie hatten einen Auftrag zu vollenden, ehe die Bücher sich schlossen.
Und er? War er am Ziel angekommen? Hatte sich seine Hoffnung erfüllt?

Das Laub raschelte unter seinen Füssen. Die kühle Abendluft belebte seine Haut und Sinne.
Er schloss für eine Sekunde die Augen und sog die frische Luft tief ein.
Vielleicht wäre auch er gerne - hastig wie der Wind - dieser wartenden Vollendung allen Sehnens entgegen geritten. Hätte sich ausgestreckt nach dieser Heimat und sich darin für immer geborgen.
Ja, er hatte gefunden, was er suchte. Seine Seele war nun ruhig geworden. Die Lücken hatten sich geschlossen, der Himmel geklärt und das Bild sich zusammengefügt. Er würde niemals mehr Derselbe sein.
Er kam zu ihrem Nachtlager. Dalin war noch nicht da. Er entfachte ein Feuer und ruhte sich aus, liess die Gedanken in weite Ferne schweifen.
Zum ersten Mal gelang ihm ein unbeschwerter, liebevoller und dankbarer Blick auf sein Herkunftsland. Hatte er nicht alles bekommen, was er zum Heranwachsen gebraucht hatte? Sein Bruder, er erschien ihm nicht länger als Opfer. Lyon war nicht einfach der Gequälte, nein, Lyon war sein grosses Geschenk. Ja, er hatte mitzutragen an Lyons Bürde, aber er verstand jetzt, dass das nicht alles war, was diesen wunderbaren Menschen ausmachte. Er würde nicht länger vor ihm fliehen, sondern wieder in seine Nähe ziehen und sich mit ihm an dem vielen Guten freuen.
Er würde klären, was es zu klären gab, mittragen, unterstützen und doch wissen, dass er nicht der ist, der die Last der Menschen letztlich tragen kann. Dalin wird auch für Lyon sorgen und ihn an der Hand durch dieses hürdenreiche Leben führen. Lyon wird an dieser Hand keinen Mangel haben.
Er sah Dalin von Weitem herankommen. Wie so oft pfiff er vor sich hin und liess sich Zeit, das Gras zu betrachten und mit den Fingern durch dessen Spitzen zu fahren, sich vom Wind streicheln zu lassen und den Abend zu begrüssen.

Er trug nun wieder seine normale Alltagskleidung, von Krone und Schmuck keine Spur.

Dalin klopfte wie so oft kräftig auf Amiels Schulter und setzte sich dann schwungvoll neben ihn ans Feuer.

„Frag nicht zu viel, Amiel", sagte er, „Es geht ihr gut."

Amiel nickte nur. Dies war Lijahs Stunde gewesen. Es brauchte keine Worte mehr. Er wusste, sie war jetzt frei.

Sie schwiegen eine Weile, bis Amiel schliesslich wieder zu sprechen begann:

„Wäre es nicht einfacher gewesen, du hättest mir damals am Fluss die ganze Sache erzählt?", fragte er mit belustigtem Unterton. „Ich meine, dieser ganze Zirkus hier, daran werde ich noch Monate zu kauen haben."

„Das wirst du allerdings", erwiderte Dalin und setzte wieder sein breites Grinsen auf. „Was glaubst du denn, warum ich all die Mühen auf mich genommen habe? Da solltest du jetzt tatsächlich eine Weile was zu verdauen haben."

„Wie sieht denn dein verrückter Plan nun aus? Was kommt als Nächstes? Gibt es da wieder so einen Baumstrunk, über den ich stolpern kann, um dann sanft in meinem heimischen Bette zu landen, wo ich erwachen werde, mir die Augen reibe und mich frage, was um alles in der Welt das alles sollte?"

„Das hättest du wohl gerne", sagte Dalin. „So komfortabel mache ich es dir nicht. Und überhaupt, hab es mal nicht so eilig. Schau erst mal, was ich da wunderbares mitgebracht habe." Er sprang auf die Füsse, ging zum Zelt und kam strahlend mit einem Kessel zurück. „Ein riesiger Barsch ging mir auf dem Nachhauseweg ins Netz." Er hob stolz einen beachtlichen Fisch in die Luft. „Na, da staunst du, was? Und es kommt noch besser: Auf dem Nachhauseweg fand ich Rosmarin und Thymian und im Zelt liegen noch ein paar Kartoffeln, das wird ein Festessen!" Er rieb sich die Hände.

Es wurde wieder einer dieser langen, fröhlichen Abende. Mit Hingabe wurde gekocht und der Schmaus mit gutem Wein genossen, bis dass die Nacht schon fortgeschritten war. Viel frohes Gelächter begleitete den Abend, und Amiel würde später noch so oft an jenes Zusammensein denken.

Sie sassen beisammen, und Amiel wartete vergebens auf die Müdigkeit. Er fühlte sich hellwach und hatte kein Bedürfnis nach Schlaf.
Dalin sagte schliesslich: „Nun, mein Lieber, jetzt müssen auch wir beide noch ein kurzes Stück reiten. Du bist schliesslich noch fit, stimmts?"
Amiel nickte. „Bin ich! Werde ich jetzt nach Hause gehen?"
„Ja", erwiderte Dalin. „Das war unser letzter Abend auf dieser Insel. Du hast fast alles gesehen, was ich dir zeigen wollte. Beinahe alles habe ich dir erzählt."
„Schickst du mich zurück nach Europa?", fragte Amiel.
„Bist du denn damit einverstanden?", kam es zurück.
Amiel nickte.
„Das ist gut", sagte Dalin. „Es ist dir anzusehen, dass du etwas reisemüde geworden bist oder vielmehr, dass du rundum satt und zufrieden bist, auch, wenn man etwas tiefer, auf die Herzensebene, schaut."
Dann ergriff Dalin Amiels Hand und hielt sie fest.
„Von nun an, mein Freund, denke an diesen letzten Abend. Ich gebe zu, die ganze Sache war etwas aufwendig inszeniert, aber ich wollte sicherstellen, dass die Ereignisse nicht so schnell wieder verblassen. Deshalb musste ich etwas ausholen." Er zwinkerte noch einmal. „Und klar, es hat mir auch Spass gemacht, alles mal so ganz anders zu erzählen. Mal so ganz unkonventionell und in gesponnenen Bildern. Jetzt ist es erzählt. Halte es fest und kehre zurück, wo du jetzt noch hingehörst. Auch du hast noch einen Auftrag zu erfüllen: Ein Leben zu leben! Ein volles, buntes, oft normales und manchmal verworrenes Leben. Lebe es nun aus der Erkenntnis heraus, woher du kommst und wer du wirklich bist. Lebe es mit der Gewissheit, dass ich da bin und alle Tage deines Lebens vor Augen habe. Dass das Glück deines Lebens dieses ist, dass du

der sein darfst, der du bist. Längst in meine Hände gezeichnet, von Anfang an in mein Buch geschrieben. Lass dich nicht entmutigen von den Stürmen, die kommen werden, und den schwindenden Kräften. Lass dich nicht aufhalten von den nasskalten Tagen und den schlaflosen Stunden. Suche die Liebe, jeden Tag, und werde ihres Geheimnisses nicht müde."
Er drückte Amiels Hand fest. „Und jetzt komm, wir reiten los. Wir gehen nochmals kurz ganz an den Anfang, zu deinem ersten Augenaufschlag, zu deinem Traum. Lass uns dort die letzten Worte finden."
Er stand auf, zog Amiel hoch und pfiff laut. Das Pferd kam wiehernd aus dem nächtlichen Wald herangaloppiert und hielt schnaubend vor ihnen. Die beiden schwangen sich aufs Pferd, und Dalin lenkte es nach Westen.

Sie ritten im Galopp durch die Hochebene, vorbei an der weiten Wildnis. Sie entfernten sich jetzt vom Gebirge und ritten an die andere Seite der Insel. Amiel wurde gewahr, dass er vergessen hatte, zu fragen, ob sie sich eigentlich noch immer auf jener Insel im indischen Ozean befanden, die sie damals angesteuert hatten. Geographisch war die Reise nicht mehr nachvollziehbar. Er hätte nicht die leiseste Idee gehabt, wie eine Rückreise hätte aussehen können. Dalin aber schien die Angelegenheit im Griff zu haben, und so umklammerte Amiel hoffnungsvoll die Hüfte seines Kumpels. Der Ritt war lang und holprig. Diese Nacht hatte so manch Sonderbares an sich. Sie schien nicht fortzuschreiten. Er wurde nicht müde, wie lange es auch andauerte, und kein Morgen trat ein. Auch war die Nacht nicht gänzlich dunkel, und die Landschaft war sachte zu erkennen.
Sie bogen ab, und auf einmal trat aus der Landschaft ein riesiger Fluss hervor, der sich leise und gemächlich durch die hügelige Landschaft schlängelte. Die Hügel wurden immer runder und hoher und hoben sich immer deutlicher voneinander ab.

Je weiter sie ritten, desto märchenhafter wurde diese Gegend und der Fluss wandte sich durch eine Landschaft voller steil in die Höhe schiessenden, aber schmalen Hügeln. Sie sahen aus wie Drachenberge in einer Märchenlandschaft.

Dalin drosselte das Pferd, schnalzte mit der Zunge und brachte es langsam zum Stehen. Sie standen am Fusse eines gewaltigen Kegels, eines hochragenden, rundlichen Felsens, von Moos und Gras gänzlich überwachsen.

Dalin streichelte und tätschelte das Pferd und sagte zu Amiel: „Da geht es hoch."

Amiel sah nach oben. „Da hoch? Mitten in der Nacht?"

„Genau", strahlte Dalin, stemmte die kräftigen Arme in die Felsen und begann zu klettern. Seufzend tat es Amiel ihm gleich. Schweigend, mal ächzend, mal leichtfüssig erklommen sie den Hügel hinauf bis an dessen Spitze. Es war ein ziemlicher Aufstieg, und oben angekommen wurden Amiels Knie doch etwas weich.

„Setz dich lieber hin", sagte Dalin und tat es ihm gleich. Sie sassen da und schauten auf dieses Naturschauspiel vor ihren Augen. Den weiten, sich windenden Fluss und die tausend, dunklen Buckelberge.

„Weit bist du gekommen, lieber Amiel", sagte Dalin. „Bis hierher kommen wirklich nicht viele, glaube mir. Viel weiter kannst du nicht reisen, ohne über den letzten Rand zu fallen, hinein in die Unendlichkeit. Die Erde mag rund sein, ihre Geheimnisse gelüftet und selbst die umliegenden Galaxien schon durchleuchtet und entzaubert. Aber du bist nun exakt sechsundvierzig irdische Tage gereist, um festzustellen, dass die Erde ganz andere Ränder besitzt. Ein normaler Segler wird sie nicht finden. Auch nicht mit den Koordinaten, die ich dir notiert habe. In Zukunft führen sie dich nur aufs weite Wasser."

Sie sahen sich an und Amiel nickte. Er verstand, was Dalin damit sagen wollte.

„Du aber", fuhr Dalin fort, „du weisst schon sehr lange, dass dies so ist, nicht wahr?"
Amiel nickte.
„Dann erzähl du es mir doch, das mit dem Traum. Ich denke, du weisst so viel mehr darüber, als du dir eingestehen willst.", fügte Dalin hinzu.
Amiel sah hoch zum Himmel und seufzte. Dann sagte er mit leiser, ehrfürchtiger Stimme: „Es ist mein Zuhause. Es gab nie ein anderes. Und ich erwarte es jeden Tag."
Er schwieg einen Augenblick, betrachtete die fahlen Sternenbilder und fügte dann hinzu: „Du hast mir in diesen sechsundvierzig Tagen die verlorene Geschichte erzählt. Ich hatte sie vergessen. Genauso, wie wir eben die Ränder vergessen haben, vor lauter objektiver Rundung. Wieso bloss? Ging es uns einfach zu gut? Hatten wir zu viele Angebote an Wahrheiten, zu viele Weise auf den Bazaren? Zuviel Selbstzufriedenheit? Ich weiss es nicht. Ich weiss nur, dass ich schon vom ersten Augenblick an wusste, dass es nicht nur das Sichtbare gibt und nicht nur diese Welt „Welt" ist. Der Traum war letztendlich nur Abbild dieser inneren Gewissheit und Suche nach dem Darüberhinaus."
Dalin legte seinen starken Arm um Amiels Schulter.
Und Amiel legte seine Hand quer über seine Brust und drückte diesen Arm, der ihn hielt.
„Dann lass uns diese vielen langen Zeilen fröhlich und lustvoll zu einem Ende bringen.
Es waren einmal ein Garten - ein Land - ein König - eine Schöpfung.
Besungen, sagenumwoben, voller Geheimnisse und immaterieller Schätze. Das Land, das keine Grenzen kennt, keine Schranken, keine Begrenztheit der Herzen oder Schmälerungen der Liebe.
Doch es kamen Stürme, Erdbeben, Hitze und Kälte und immer wieder langes Warten. Kein König mehr da, kein Vater - die

Erde blieb rund und geklärt - die Sehnsucht schlief, bis dass sie hin und wieder mal kurz aufschreckte.

Aber dennoch ist er da, der Traum, vom allerersten Augenaufschlag an.

Erzähle es ihnen, Amiel! Erzähle ihnen, dass sie einst träumten! Den Traum, dass es Ränder geben möge! Welten über diesen Welten! Ein Zuhause nach dem Sterben.

Es ist nicht nur dein Traum, Amiel. Erzähle es ihnen, dass sie einst träumten!

Dass da ein Land warten wird, am anderen Ende.

Und, noch vielmehr, dass ich da warten werde mit weit offenen Armen. Für den, der kommen möchte."

Dalin stand auf. „Es ist Zeit. Es ist erzählt! Weisst du noch, den Kompass, den ich dir damals zugesteckt habe in Luun? Jetzt kannst du ihn gut gebrauchen. Südwestlich von hier, da kommt nach sieben Kilometern das Meer. Dein Boot steht bereit. Es ist alles da!"

Er lächelte. Diesmal nicht ausgelassen, sondern zaghaft, schüchtern. Oder traurig?

Nein, nicht traurig. Aber gerne liess Dalin Amiel nicht gehen, das war ihm anzusehen. Er reichte Amiel die Hand und zog ihn hoch, direkt in seine Arme.

Dort verharrten sie lange und innig. Das war ihr Lebewohl.

*„Es ist die ultimative Frage. Die unausweichliche Frage. Die Frage nach dem Meer um unsere Insel. Die drohende, verlockende, erschreckende und faszinierende Frage nach Gott. Tausend Phantomschmerzen erinnern den, der sie vergessen hat. Und unsere Welt ist voll davon. Es ist Zeit, sich dem Meer zu stellen."*

*Johannes Hartl in „Gott ungezähmt"(2016)*

## Meerreise

Der Wind peitschte gegen das Wasser und hohe, ungestüme Wellen stiessen kraftvoll gegen das Land. Dunkle, schwere Wolken hingen wie Fetzen am Nachthimmel. Der volle Mond, der zwischen diesen hervorlugte, legte seinen Schleier auf die stürmische See, und vereinzelt blitzten Sterne auf.
Amiel trat aus dem Dickicht heraus an den Strand. Sein Boot stand da, auf dem Sand, als sei es schon immer da gewesen, auch wenn nichts von dieser Umgebung an jene Küste seiner Ankunft erinnerte.
Er blieb einen Moment still stehen, liess die Szenerie auf sich wirken und spürte die nächtliche Kühle und den zerrenden Wind auf seiner Haut.
Er zog die Schuhe aus. Sie waren löcherig, feucht und völlig ausgelatscht von der langen Reise. Auch seine Kleidung war schmuddelig, eingerissen und roch modrig.
Unrasiert, mit zerzaustem Haar und ausgemergeltem Gesicht stand er dem Ozean gegenüber.
Wie klein er sich vorkam in Anbetracht der rohen Kraft der Elemente.
Dennoch fürchtete er sich nicht. Seine Füsse hatten festen Stand.

Die raue See zog ihn in ihren Bann. Er löste die Taue. Strich mit der Hand über das grobe Holz.

Diesmal hatte er nur wenig Proviant dabei. Wasser war nur genügend da für sechs Tage. Er konnte sich keinen Kursverlust leisten.

Noch einmal sah er zurück auf diese Insel. Unwirklich und nicht existent. Und doch gab es für ihn nichts Realeres in diesem Moment. Hier hatte er ihn gefunden, seinen Ursprung.

Noer würde verblassen und mit irdischen Kräften nicht wieder zu finden sein. Aber sie würde unauslöschlich, wie ein Siegel, wie eine Gravur, an ihm haften bleiben.

Mit aller Kraft stiess er das Boot in das Meer, das sich ihm arg widersetzte. Es benötigte alle denkbare Anstrengung, das Schiff aus der Strömung hinaus aufs offene Meer zu steuern. Doch er schaffte es, hiss die Segel und schlug die planmässige Richtung ein.

Der Wind pfiff ihm in den Ohren, riss an den Segeln und seinem Haar. Das Boot schlug hin und her, kämpfte sich durch die Wellen. Amiel hielt die Riemen straff in seinen Händen und wehrte sich gegen die Gewalten. Aber dann gab es doch einen kurzen Moment, in dem er den Blick zurück wagen konnte. Er sah nach jener mystischen Insel zurück, streifte mit den Augen liebevoll den immer schmaler werdenden Landstrich, der in der Dunkelheit versank. Kein Licht ausser seiner Öllampe und dem der Sterne blieb ihm.

Und Dalin war nicht mehr - schützend und beruhigend - an seiner Seite.

Wie schmerzlich es war, seine sichtbare Anwesenheit zu verlieren. Dennoch würde keine Macht der Erde ihn ihm wieder rauben können. Zu tief, zu wahr, war ihr gegenseitiges Erkennen gewesen. Die Nacht verschluckte schliesslich alle restlichen Konturen, und Noer war Geschichte. Seine Geschichte. Er würde sie mitnehmen, festhalten.

Er konnte die Furcht nicht leugnen, die ihm jetzt anhaftete, allein in den Weiten des wilden Ozeans auf diesem winzigen, kargen Schiff. Ebenso wenig aber die tiefgreifende Faszination dieses einen Augenblickes. In dieser majestätischen Meereskraft, den impulsiven Gewalten und der unleugbaren, eigenen Verlorenheit, spürte er ihn. Den Geheimnisvollen, den Unbändigen. Den, der schon immer war und den der Mensch niemals gänzlich fassen würde. Die Ehrfurcht, die sich ihm in dieser Stunde ins Herz schrieb, durchdrang alle zukünftigen Tage.

Der Mensch hatte diese Urkraft nicht im Griff. Gott entglitt allen Versuchen, festgehalten zu werden. Er war nicht leicht verdaulich und seicht. Er war nicht zurecht zu büscheln, sodass er ins gewünschte Weltbild passte. Man konnte nicht an ihm herumbasteln, bis er stimmig war. Er war frei, gewaltig, erhaben über den unendlichen Weiten. Der „ich bin, der ich bin". Seine Wege reichten weit über das menschliche Verständnis, über Zeitalter und Gezeiten hinaus.

Und er, Amiel, war nichts weiter als dieses staunende Kind unter dem Sternenhimmel. Dem Leben immer wieder auf Gedeih und Verderb ausgeliefert. Gehalten allein im Augenblick, ohne Kontrolle über Vergangenheit und Zukunft. Aber seine Geringheit ängstigte ihn nicht mehr. Sich dem Grösseren hinzugeben, sich unter die Grossherrschaft eines solchen Vaters zu stellen, der sich am Ende doch gezeigt und greifbar gemacht hatte - in jenem Stall - an jenem Kreuz - und nicht fern und kalt blieb, dem schenkte er sich, ganz und ohne Vorbehalte. Diese Erkenntnis steckte seine Grenzen weit.

Er ergab sich dem reissenden Tosen der Wasser und dem Nichtwissen, ob der Morgen noch kommen würde.

Sechzehn Stunden kämpfte er ohne Pause mit Wind und Wellen.

Rang mit dieser Urkraft in Staunen und Zittern. Seine Hände waren blutig gerissen von den Tauen, seine Glieder voller pochendem Schmerz und seine Kräfte aufs Äusserste erschöpft. Doch es wurde Morgen.

*"Deine Augen werden den König schauen in seiner Schönheit, sehen werden sie ein weites, offenes Land."*

Altes Testament (Jesaia Kapitel 33.17)

## Epilog - Eine Heimreise

*Ich stand vor dem Spiegel. Strich mit beiden Händen über den samtweichen, dunkelbraunen Anzug, rückte ihn leicht zurecht und glättete den Stoff. Ich knüpfte die grüne Krawatte und freute mich, dass es meinen alten, zittrigen Händen noch gelang, auch wenn sie eine ganze Weile dafür brauchten.*
*Ich betrachtete diese meine Hände mit ihrer ledrigen, zerfurchten Haut voller gezeichneter Lebensjahre. Die Gelenke waren verdickt und steif, die Bewegungen langsam und hölzern, das Gefühl der Fingerspitzen stumpf und taub.*
*Aber noch war alles da von diesem Körper, dem ich all die Jahre innewohnte. Ich streckte den gebeugten, schmerzenden Rücken, der mich stets daran erinnerte, dass meine Knochen brüchig und spröde geworden waren.*
*Ich sah an mir herunter. Mein bestes Jackett und die passende Hose habe ich für diesen heutigen Tag angezogen. Schon lange lag er gebügelt und schön gefaltet in der oberen Schublade meines Schrankes und wartete auf diesen Tag, an dem ich aufbrechen würde.*
*Nun war es also soweit, tatsächlich. Die schwarzen Lederschuhe hatte ich geputzt und geschmiert, sodass sie ihr Bestes zu meinem Erscheinungsbild beitrugen. Das weisse Hemd unter dem Jackett betonte das Grün der Krawatte, und ich gefiel mir ganz gut.*
*Da war ja noch der Hut! Ich zog ihn sachte aus dem Regal und hielt ihn einen Moment in den Händen, berührte den Stoff.*

*Dann strich ich durch die dünn gewordenen, weissen Strähnen, die mir beinahe bis zum Kinn reichten.*
*Da lag der Kamm. Ich griff nach ihm, formte den vertrauten Seitenscheitel des restlichen Haaransatzes und strich ein wenig Gel nach, damit die Frisur für die Reise halten würde.*
*Rasiert war ich schon, die Brille sass am rechten Ort und meine Tasche stand gepackt neben der Tür.*
*Vieles war nicht dabei.*
*Es blieb so wenig zum Mitnehmen - am Ende.*

*Ich seufzte und blickte wieder in den Spiegel, betrachtete dieses ach so vertraute Bild meines Selbst noch einmal eingehend. Wie sehr es sich doch über die Jahre verändert hatte und doch den ganz eigentümlichen Ausdruck – der mich so unverwechselbar machte - klar abzeichnete.*
*Ich dachte an jenen Morgen im Herbst, wo der Traum mich viel zu früh aufgesucht hatte. So unverhofft, so einschneidend.*
*Damals war ich ein junger, schöner Mann mit diesem schwarzen, dichten Haar und den klaren, blauen Augen. Leicht und kraftvoll erscheint mir der Körper von damals, geübt in täglicher Arbeit, gesund und voller Elan.*
*Ich schmunzelte beim Gedanken an diesen jungen Burschen. Wie gut, dass man in jungen Jahren noch nicht um die bevorstehenden Wogen des Lebens weiss und die Veränderungen, die einen aufsuchen. Auf das langsame Langsam werden, den sich neigenden Horizont, das Kleiner werden der eigenen Welt mit den schwindenden Kräften und verblassenden Sinnen.*
*Aber ich würde dennoch niemals mit diesem jungen Mann von damals tauschen wollen. Schon gar nicht heute, an diesem Tag.*
*Ich wollte genau der sein, der jetzt hier stand, ganz genau hier.*
*Mit den müden, geneigten Augenlidern, dem schweren Atem. Der, dem die Müdigkeit in allen Knochen steckte und bei dem die Liste der nervigen Altersgebrechen ziemlich lang war.*

*Ja, die Tage des Alters, sie konnten manchmal lang sein. Zäh wie Kaugummi und immer wieder einsam.*

*Meine liebe Frau, Hannah, sie war mir vor elf Jahren vorausgegangen. Wie schmerzlich war es, sie ziehen zu lassen und die Tage ohne sie zu gestalten.*
*Wir hatten vier Kinder und zogen an der wilden Küste der Bretagne, den Wind stets in den Knochen und das weite Meer vor dem Fenster unseres alten, schmucken Hauses.*
*Wir hatten Schafe, Hühner und zwei Esel.*
*Mein Leben lang habe ich Schiffe gebaut und repariert, habe Fische gefangen, auf dem Markt geholfen und dieses geliebte Küstenleben ausgekostet.*
*Ich habe die Meere bereist mit meinen Söhnen und meiner Tochter und war auch immer wieder ganz alleine für viele Tage draussen, alleine auf dem Ozean unter dem Sternenhimmel.*
*Wartend und sehnend, rastlos und unruhig. Habe die Stürme durchkämpft, die das Meer mit sich brachte. Und genauso die Stürme des Lebens. Den plötzlichen Tod unseres vierten Kindes, als es fünf Wochen alt war. Den Abschied von meiner Mutter, die an langwieriger, erbarmungsloser Krankheit starb. Mein Vater, der bis ins hohe Alter recht robust geblieben ist und dann doch ganz plötzlich ging.*
*Die aufreibenden Familientage mit viel Geschrei und blanken Nerven. Schulaufgaben, unaufgeräumte Zimmer und viel zu viel ungetane Arbeit.*
*Zeitungen voller düsterer Nachrichten. Politiker und Konzerne, die kamen und gingen und für erhitzte Köpfe sorgten. Geldsorgen, Langeweile, unerfüllte Wünsche und geplatzte Träume.*
*Und daneben all das pralle Glück! Die Innigkeit einer jahrelangen Ehe, um die täglich gerungen werden musste und die doch so viel Nähe schenkte. Das Wachsen der Kinder und das Staunen über die Einzigartigkeit ihrer Seelen. Sie haben alle*

*so andere Wege gewählt, dem Leben eigene Inhalte gegeben und mich als Betrachter dadurch reich gemacht.*

*Und ich erinnerte mich an all die Freunde und Weggefährten meiner Jahre. Die Kostbarkeiten des geteilten Glücks und Leids. Lyon, er ist mit 30 Jahren in unsere Stadt gezogen und war genauso Teil unserer Familie wie manch anderer, für den die Türen stets offen waren.*
*Wir lebten ein ganz normales, verrücktes Leben.*
*Mein Leben zählte viele Tage. Sonnengeflutete, mit Lachen durchtränkte Tage. Und dann endlos graue, mühselige Tage. Solche, die ich nur mit Ratlosigkeit und wartender Verzweiflung zubrachte und dann solche, wo eine Freude die nächste übertraf. Und dazwischen ganz viele hundsnormale, belanglose Alltagstage, die sich alle glichen und während der ich auf das nächste Ereignis warteten.*
*Aber hatten sie nicht alle auf dieses Heute hingezeigt? Voll eiliger, ängstlicher und sehnsuchtsvoller Erwartung? Haben sie nicht alle ausgeharrt, gewartet und sich vertrösten lassen? Sich ausgestreckt auf diesen einen Augenblick hin?*

*Wenn ich heute zurückdenke an jenen Tag, wo dieser seltsame Dalin unten am Fluss meinen Weg kreuzte, dann wird mein Herz warm.*
*Und auch etwas schwer, denn ich beneide den jungen Mann von damals nicht um das Spiegelbild, das ihn damals an jenem Morgen so leer anblickte.*
*Denn jetzt, heute, sehe ich in den Spiegel und grüsse den matten, alten Kerl, der mir da zulächelt, mit viel Heiterkeit und Brüderlichkeit. Lernten wir uns beide doch inzwischen recht gut kennen.*
*Denn der „wer ist dieses Ich?"- Brunnen hat sich geklärt, und ich habe Zugang zu jener Seele gefunden, die mir damals so fremd war.*

*Die Ohnmacht war verflogen. Ich hatte mich meiner ganzen Tiefe und Weite gestellt und keine der quälenden Fragen ausgelassen. Ich habe dieses innere Haus gründlich gefegt - vom Keller bis zum Dachstock. Habe all die stickigen Zimmer gelüftet, den Staub selbst unter dem Teppich fröhlich beseitigt und den Sonnenglanz durch die Fenster eingelassen.*

*Jene dunklen, gut gehüteten und verriegelten Zimmer, die mir nicht einmal bewusst waren und mich doch stetig hemmten, sie sind eingestürzt, gewichen und gehören nicht länger dazu.*

*Was ich damals auf dieser Reise fand, machte mich zu einem Menschen, der keine Verstecke mehr aufsuchte. Nicht mehr und nicht weniger von sich selbst denken musste als der, der er eben war. Es gab keinen Strom mehr, gegen den ich schwimmen musste, auch nicht den des fortschreitenden, eigenen Abbaus. In diesen alten, ergrauten Augen glänzte etwas. Etwas mit Bestand.*

*In diesem müden und langsamen Körper pochte ein noch brennendes, liebendes Herz und dem täglich mehr verschwimmenden Verstand wohnte eine grosse Klarheit inne.*

*Da sprudelte eine Quelle, tief in mir.*

*Ich war jetzt ganz da, bei mir, bei diesem lang ersehnten Augenblick. Wie lebendig mein Herz am Tage meines Todes doch war.*

*Meine Heimreise - sie war gekommen. Ich war bereit. Heute würde ich ihn sehen, ganz und gar wahr. Würde auch ich diese Tore durchschreiten und den Schleier über meinen Augen lüften. Heute würde mein Herz satt werden und die Seele alle Unruhe loslassen. Ich werde erstaunen, erbeben angesichts der Schönheit Desjeniger, nach dem ich ein Leben lang gesucht habe. Ihn, auf den ich mit jedem Atemzug zugegangen bin, dem ich mich mit jedem Herzschlag genähert habe. Dessen Enthüllung meine Vollendung werden sollte.*

*Er war da, dieser letzte, ungewisse und so bedeutungsvolle Schritt hinaus über den letzten Rand.*
*Heute würde ich jene Wiesen betreten und für immer bleiben dürfen.*
*Ich ging los.*

# Literaturverzeichnis

Literaturverzeichnis Teil 1

Buber,M.(1878-1965)Internetquelle:
*www.gutzitiert.de.zitat_autor_martin_buber*
Einstein, A. (1952). Internetquelle: *www.kunstzitate.de*.
Ende, M. (2005). *Momo*. Verlag Thienemann.
Exupery, A. d. (1950). *Der kleine Prinz*. Verlag Rauch.
Frank, A. Tagebuch 4.April 1944.
Gaarder, J. (2002). *Maya oder das Wunder des Lebens*. dtv Verlag. Gaarder,(1991) Sofies Welt. Internetzitat aus: www.myzitate.de/sofies-welt
Coelho, P. (1996). *Der Alchemist*, Diogenes Verlag AG.
J.Reus, W. (1959-2006)Internetquelle: *www.aphorismen.de*.
Lewis C.S. (2008) Aus dem Film „Prinz Kaspian von Narnia" Internetquelle: *www.filmzitate.info*.
Lewis C.S.(1959) Die Chroniken von Narnia. Der König von Narnia. Internetquelle: *www.myzitate.de*.
Lewis C.S. (1998)Die Chroniken von Narnia. Prinz Kaspian von Narnia.
Internetquelle: *www.myzitate.de*.
Magalhaes, F. *portugiesischer Seefahrer. Zitat aus Internetquelle, 2018 von www.aphorismen.de*.
Magnis Ester Maria. (2014). Gott braucht dich nicht. Rowohlt Verlag
Nietzsche, F. (1883) Internetquelle: *www.aphorismen.de*.
Reus, W. (1959- 2006)
Schiller, F."Über die ästhetische Erziehung des Menschen, in einer Reihe von Briefen, 1793- 1794"
Schiller, F. (1804) „Wilhelm Tell IV, 2, Atlinghausen) Internetquelle: www.friedrich-schiller/archiv.de/zitate
Stott, J. (1921 - 2011).

Tolkien J.R.R. (2001). Teil 1 der Filmtrologie von Peter Jackson. *Der Herr der Ringe - die Gefährten. Zitat Galadriel (Cate Blanchett)*
Tolkien J.R.R. (2002). Der kleine Hobbit. 6.Auflage. dtv Verlag.

Literaturverzeichnis Teil 2

Aland, U. (2016). *Die Pianistin.* Brunnen Verlag.
Bibel, D. (2016). *Buch Hesekiel Kapitel 16,10- 13* (Bd. Einheitsübersetzung 2016 (EU)). katholisches Bibelwerk.
Die, B. (2017). *Buch Jeremia Kapitel 3,19* (Bd. Lutherbibel 2017 (LUT)). Deutsche Bibelgesellschaft.
Die, B. (1983). *Buch Hiob Kapitel 19, 25- 27* (Bd. Hoffnung für Alle (HFA)). Biblica.
Die, B. *Genesis, Kapitel 3, Verse 8- 9* (Bd. Schlachter 2000 (SLT)). Genfer Bibelgesellschaft.
Die, B. *Jesaia Kapitel 33.17* (Bd. Elberfelder Bibel (ELB)). SCM Verlag.
Hartl, J. (2016). *Gott ungezähmt.* HERDER Verlag.
von, T. A. (354 - 430 n. Chr.). *www.livenet.ch - so prägt Augustinus die Kirche bis heute, 11.02.2017.*